秦簡牘所見倉儲制度研究

謝坤 著

上海古籍出版社

**圖書在版編目(CIP)數據**

秦簡牘所見倉儲制度研究 / 謝坤著. —上海：上
海古籍出版社，2021.5
ISBN 978-7-5325-9985-1

Ⅰ.①秦… Ⅱ.①謝… Ⅲ.①簡(考古)-研究-中國
-秦代②糧倉-經濟制度-研究-中國-秦代 Ⅳ.
①K877.54②F329.033

中國版本圖書館 CIP 數據核字(2021)第 076516 號

**秦簡牘所見倉儲制度研究**

謝 坤 著

上海古籍出版社出版發行

(上海瑞金二路 272 號 郵政編碼 200020)

(1) 網址：www.guji.com.cn

(2) E-mail：guji1@guji.com.cn

(3) 易文網網址：www.ewen.co

常熟市文化印刷有限公司印刷

開本 635×965 1/16 印張 18.25 插頁 3 字數 220,000

2021 年 5 月第 1 版 2021 年 5 月第 1 次印刷

印數：1—1,500

ISBN 978-7-5325-9985-1

K · 3008 定價：76.00 元

如有質量問題,請與承印公司聯繫

本書獲得教育部人文社會科學青年基金項目
“秦簡牘所見倉儲史料的整理與研究”（19YJC770054）資助出版

里耶 8-150+8-495 茬口處彩色照片

# 序

糧倉的建設和管理，是關係國計民生的大事。《管子·牧民》就說："凡有地牧民者，務在四時，守在倉廩。國多財則遠者來，地辟舉則民留處，倉廩實則知禮節，衣食足則知榮辱……"作爲社會經濟史的重要内容，倉儲制度的研究向來受到學者的重視。然而，受限於史料，秦代倉儲制度的探討長期以來較難開展，有關成果還並不多。近幾十年來，睡虎地秦簡、里耶秦簡、嶽麓書院藏秦簡等多批秦簡牘材料陸續整理公布，較多有關秦代倉儲制度的史料重見天日，秦代倉儲制度的研究因而有了更好的資料條件。謝坤的《秦簡牘所見倉制研究》正是利用新出土的秦簡牘材料，系統考察秦代倉儲制度的最新成果。

作爲學位論文和現在書稿的第一個讀者，對謝坤工作取得的進展，我有兩方面比較突出的感受。

其一，在簡文釋讀、簡牘綴合與編聯方面提出了較多具有説服力的新意見。比如，綴合 8－150、8－495 這兩枚殘簡，復原出一枚較爲完整的"倉課志"文書，進而根據綴合之後簡文出現的八項課目，詳細探討了秦倉考課的相關問題。又如，補釋里耶 8－2467 號簡中"倉"字，修訂該簡釋文作"倉稟人捕鼠"，指出秦倉的"稟人"也需要捕鼠。同時，書中還指出里耶簡中出現的多件"捕鼠"簡（9－1128、9－1134、9－1062、9－2276 等），很可能是集中存放的、與捕鼠有關的"鼠券"。

這些應該都是比較合理、可靠的見解。

其二,結合多批秦簡牘材料,勾勒出秦代倉制的諸多細節,推進了對相關問題的認識。比如,秦代"鄉倉"的管理問題,曾受限於史料不足,難以系統考證。該書借助里耶秦簡 9‐50 號簡中有關"貳春鄉倉"的記載,細緻剖析,提出了貳春鄉亦曾設有官倉,該倉的性質是離邑倉,鄉嗇夫對鄉倉行使一定的管理權。另外,根據簡文中的"備盜賊糧盡在倉中",推斷當時儲糧的一項重要功能是防備盜賊。書中又結合睡虎地秦簡《倉律》簡 21~23 中的"封倉"規定,指出當倉參與"雜封"時,需要提前核對封題是否完好,確認完好後才可以開倉發糧。9‐50 號簡中的"自封印"與秦律中的封倉規定違背相,這也是鄉守"平"被追責的重要原因。這些意見,可以豐富我們對秦代倉制細節的認識。

謝坤是在 2014 年考入武漢大學簡帛研究中心跟我讀博的,他的博士論文從確定選題到最終完稿大約用了兩年的時間,其間我們反復溝通,推敲完善。現在,謝坤的論文即將出版。我想,就秦代倉制而言,這本書的考察比較細緻深入,推進了學術認知,值得向朋友們推薦。當然,關於秦代倉制的研究還有很長的路要走,我也希望謝坤能夠結合更多材料,繼續在這個方向深耕,爭取做出新的成績。

陳　偉

辛丑暮春志於燕說齋

# 凡　例

1. 稱引簡牘釋文時，通假字、異體字用（）注出本字，訛誤字用〈　〉注出正字，擬補之字用【】表示，□表示無法辨認的字，簡文殘缺用……（中間）或▨（前後）表示；簡牘中表示提示的墨點，用●表示，斜綫用/表示。

2. 簡牘分欄、分行書寫時，釋文分欄、分行録寫。欄號用 A、B、C 表示，行號用Ⅰ、Ⅱ、Ⅲ表示，如第二欄第二行標作 BⅡ。

3. 簡牘正面書寫者，只用基本編號。正反兩面書寫時，反面用基本編號加“背”字表示。凡由多片綴合者，在相關編號之間用“＋”號相連。由多枚簡牘編連時，簡號標在各簡牘釋文之後。簡牘編號加括號表示。

4. 寫作使用繁體字，直接引述日文、韓文書刊名時使用日文或韓文漢字。

5. 引文中的下劃綫均爲筆者所加。

# 目　録

# 圖表目録

# 導　論

## 一、關　於　秦　"倉"

　　20 世紀 70 年代以來，以湖北雲夢睡虎地秦簡爲代表的多批秦簡
牘文獻陸續展現在世人面前，[①]令世界驚歎。在這些簡牘文獻中，有許
多記録與"倉"有關。比如，睡虎地秦簡中有管理糧倉的《倉律》，里耶
秦簡中有大量"倉"管理刑徒的徒簿文書，等等。以業已刊布的秦簡牘
爲主要材料，本書主要研究秦簡牘中與"倉"相關的問題。
　　需要説明的是，"倉"有廣義和狹義之分。狹義的"倉"，是
指儲藏糧食的建築物，它包括倉、廥、廩、囷、窖、京、庾等多種

---

　　①　這些簡牘主要包括以下幾批：(1) 1975 至 1976 年湖北雲夢睡虎地 M4、M11 出土
的秦簡牘；(2) 1980 年四川青川郝家坪出土的秦木牘；(3) 1986 年天水放馬灘出土秦簡牘；
(4) 1986 年湖北江陵嶽山 M36 出土秦木牘；(5) 1989 年湖北雲夢龍崗 M6 出土秦簡；
(6) 1993 年湖北江陵王家臺 15 號墓出土秦簡；(7) 1993 年湖北荆州周家臺 30 號秦墓出土
秦簡牘；(8) 2002 年與 2005 年湖南湘西里耶古井、城壕出土的秦簡牘；(9) 2007 年湖南大學
嶽麓書院收藏的秦簡；(10) 2010 年北京大學收藏的秦簡；(11) 2013 年湖南益陽兔子山遺址
出土的秦簡牘。除了上述秦簡牘之外，還有一些漢簡所記内容仍屬秦代，如張家山漢簡《奏
讞書》中記有二十二個案例，其中有四個案例的内容屬於秦代(四個案例分别爲：案例十七、
十八、二十一、二十二，詳見彭浩：《談〈奏讞書〉中秦代和東周時期的案例》，《文物》1995 年第
3 期)。對於這十多批材料的發掘情况以及主要内容，各批材料的整理者以及《秦簡牘合集》
(武漢大學出版社 2014 年)均有比較詳細的介紹，此不贅述。

類型。① 廣義的"倉",除了指建築物之外,還包括以下兩種含義:第一、秦代管理糧食、牲畜、徒隸、器具的機構。比如里耶秦簡中的"倉官",即是如此。第二、秦代的官職名。如里耶秦簡中有"倉武"(8-760)、倉妃(8-762),其中的"倉"當即"倉嗇夫"的省稱。② 在具體研究中,本書關注的主要是廣義上的"倉",並將主要精力放在倉的稟食制度、倉對隸臣妾的管理、糧倉的安全管理、倉官的考課等幾個方面,希望藉助這些分析可以深化我們對秦倉設置、職能、管理等方面的認識。

## 二、研　究　概　述

由於秦代的特殊地位,研究我國古代倉制史時,秦便成為一個難以迴避的時代。在秦簡牘發現之前,關於秦倉制的研究,大多散見於論述我國古代"民食""糧政""救荒"政策的通論類著作中。比如,于佑虞先生在《中國倉儲制度考》一書中將倉分"常平倉""義倉""社倉"三種類型,對我國歷代倉制分別進行考察,但有關秦倉的研究則摘錄《左傳》等篇中的相關記載,並未作過多論證。③ 此外,馮柳堂、鄧雲特、聞亦博等先生對秦代倉儲的相關問題亦有論及。④ 儘管上述研究多對秦

① 一般而言,"倉庫"也可指"糧倉"。不過,至少在秦漢時期,"倉"和"庫"存在明確的功能區分。其中最顯著的區別是"庫"主要存放武器設備,而"倉"主要存放糧食。因此,為了避免混淆,文中在談及糧食設備時只稱"倉",而不稱"倉庫"。
② 裘錫圭先生曾指出,睡虎地秦簡中的"倉嗇夫"可省稱"倉",與庫嗇夫、鄉嗇夫省稱庫、鄉同例。裘錫圭:《嗇夫初探》,《裘錫圭學術文集(第五卷)》,復旦大學出版社 2012 年,第 75—76 頁。
③ 于佑虞:《中國倉儲制度考》,正中書局 1948 年,第 4—7 頁。
④ 馮柳堂:《中國歷代民食政策史》,商務印書館 1932 年,第 52 頁;鄧雲特:《中國救荒史》,生活・讀書・新知三聯書店 1958 年,第 7、325、326 頁;聞亦博:《中國糧政史》,正中書局 1943 年,第 11 頁;郎擎霄:《中國民食史》,商務印書館 1934 年,第 179、184、203 頁;等等。

倉制着墨不多，但在材料有限的條件下，前輩學者們的篳路藍縷之功，
是值得特別肯定的。

　　1975 年以來，多批秦簡牘的陸續出土與公布，尤其是睡虎地秦簡、
里耶秦簡以及嶽麓秦簡等多批文獻的發現與刊布，極大改善了秦倉制
研究史料不足的局面，相關成果也開始不斷涌現。其中，對簡牘文本
的整理與研究，是學者較爲關注的問題之一，相關成果頗多。① 此外，
倉的職官設置、糧食管理、刑徒管理、安全管理、事務考課等方面更是
學者討論的重點，相關成果最爲豐富。

　　利用出土秦簡牘研究秦倉的相關問題，高敏、馬非百、安作璋、熊
鐵基、栗勁等先生是較早的實踐者。高敏先生在《雲夢秦簡初探》和
《秦漢史探討》兩部著作中，以睡虎地秦簡爲主要史料，全面探討了秦
代的土地、徭役、賜爵、户籍、上計等制度。書中雖未單列秦倉制的章
節，但論述中也涉及秦倉的類型、結構、設置以及官府授衣、稟食、傳食
等問題。② 馬非百先生在《秦集史》中，結合典籍與睡虎地秦簡將十二
個秦倉製成“積貯表”，分析積貯之制與其作用。該書還根據地域將秦
倉分爲四組，從糧倉功用的角度出發，突破糧倉所在地的地域界綫，探
討以糧倉爲主的運糧路綫。③ 安作璋、熊鐵基兩位先生利用睡虎地秦
簡的相關記載，總結了秦代中央與地方的職官體系，同時也考察了秦
代選官、考課、上計、秩俸等制度。其中所言的考課，亦涉及倉的考課
内容。④ 栗勁先生在其專著《秦律通論》中，歸納了睡虎地秦律中有關
“物資管理”的内容，並指出秦在物資管理方面，實行“統一掌握，分散

---

　　①　關於幾批簡牘材料的整理意見，《秦簡牘合集》已有非常詳細的搜集，此不贅。詳見
陳偉主編：《秦簡牘合集：釋文注釋修訂本（壹）～（肆）》，武漢大學出版社 2016 年。
　　②　高敏：《雲夢秦簡初探》，河南人民出版社 1981 年，第 170—181、196—219 頁；高敏：
《秦漢史探討》，中州古籍出版社 1998 年，第 174—191 頁。
　　③　馬非百：《秦集史》，中華書局 1982 年，第 945—950 頁。
　　④　安作璋、熊鐵基：《秦漢官制史稿》，齊魯書社 1984 年，第 177、218、219、389 頁等。

保管”,“消費有標準,供應有定額”,“糧食有題識,公物有久刻”,“集體負責與個人負責”等管理方法。①

　　同時,還有不少學者將秦漢倉制緊密聯繫,考證了這一時期的倉儲制度。比如,王子今先生在《秦漢交通史稿》“秦漢倉制與主要糧路”一章中,結合傳世典籍與睡虎地秦簡的相關律文,對秦漢時期“敖倉”“畿輔大倉”“河西諸倉”的規模以及在糧食儲運中的功用進行了專門討論,並認爲在秦代“官倉糧食轉輸已實行程式化的嚴格管理”。②

　　隨着研究的不斷深入,對秦倉制進行專門研究,也得到學者的重視。其中,蔡萬進先生《秦國糧食經濟研究》以及王偉雄先生《秦倉制研究》可謂此方面的代表作。前者是以蔡先生研究睡虎地秦簡的多篇文章爲基礎修訂而成。③ 該書以秦國的糧食經濟爲主要綫索,利用睡虎秦簡的相關材料,對秦國糧食生産、儲藏、倉儲管理、分配、運輸、貿易等問題作了全面研究,並總結了秦國糧食經濟政策的得失。④ 王偉雄先生《秦倉制研究》以“秦倉制”命名,主旨更爲明確。該書主要結合睡虎地秦簡和考古發掘實物,對秦倉的建築形式結構、秦倉的管理、秦倉之間的糧草儲運、秦倉的機能和歷史作用等問題分別進行了考察。⑤ 該書也是筆者目力所及,研究秦倉制最爲系統的一部著作。

---

① 栗勁:《秦律通論》,山東人民出版社 1985 年,第 441—454 頁。
② 王子今:《秦漢交通史稿(增訂本)》,中國人民大學出版社 2013 年,第 333 頁。
③ 蔡萬進先生有多篇論文涉及秦代糧食的管理。如《秦國廥籍制度探略》(《中州學刊》1993 年第 4 期)一文,詳述了秦國廥籍的內容、編造與呈遞,並指出廥籍是由各縣儲糧的官府編撰的。廥籍便於中央準確全面掌握全國糧食的數量和分布,也有助於糧倉自身管理和封建中央政府對地方官吏的考核。《試論春秋戰國時期秦國的賑災》(《中州學刊》1997 年第 3 期)指出,“春秋戰國時期秦國自然災害的發生是比較頻繁的,政府對賑災基本上是采取一種敷衍的態度,主要靠動員社會力量和鄰國援助的辦法以解救災荒,而國家‘積粟如丘山’卻不曾動用”。《秦國“是縣入之”糧倉社會功用述論》(《秦文化論叢》第七輯,西北大學出版社 1999 年)一文,對秦國縣倉的功用進行了評述,指出秦代糧食的主要用途是“出給官祿”“供應軍隊”“發放刑徒口糧”“遺糧爲種”“驛站傳食”。《雲夢秦簡中所見秦的糧倉管理制度》(《華北水利水電學院學報》1999 年第 4 期)一文,對睡虎地秦簡所反映的秦國糧倉封隄制度、廥籍制度、核驗制度、負償制度、行政人事制度、宿衛制度分別進行了探討。
④ 蔡萬進:《秦國糧食經濟研究(增訂本)》,大象出版社 2009 年。
⑤ 王偉雄:《秦倉制研究》,花木蘭文化出版社 2013 年。

除了上述比較系統的論著之外，還有不少散見的單篇論文對秦倉進行過研究。下面，結合論文的研究重點，將當前研究中有關秦倉設置、稟食管理、刑徒管理、安全管理、倉的考課等方面的成果，簡述如下：

## (一) 倉的設置

秦代的倉儲體系，是學者論述較多的一個問題，而討論的焦點之一在於秦代是否設置有郡倉。持謹慎態度者如康大鵬先生，認爲秦國倉廩的大規模建置當開始於戰國時，秦國倉廩爲中央太倉和地方縣倉、鄉倉三級，太倉與內史共同負責管轄地方倉廩。秦律對倉廩的糧芻收藏、頒發做出了嚴格規定。[①] 蔡萬進先生持類似意見，他認爲"戰國時期秦國在中央和地方普遍修築的糧倉主要是太倉和縣倉；秦國糧倉種類單一，缺乏以振貸和平糴平糶爲主的倉儲設施"。[②] 同時，還不少學者主張秦代應當存在郡倉一環。比如，盧鷹先生則指出，秦倉按規格和業務可分爲太倉、郡倉、縣倉、漕倉、軍倉、神倉等六種類型，而參與秦代正倉儲糧的分配主要是皇室宮廷、百官諸府和軍隊三大集團，此外正倉還要供應官府服役者口糧，發放種子等；[③]楊際平先生在《秦漢財政史》中設專章討論"秦漢對倉廩、府庫系統的管理與監督"。該書認爲，秦漢時期的倉廩系統有"太倉、郡倉、縣倉、漕倉、中央一些機構和各屯區的專倉、軍倉"等類型，並且秦代制定了雜封、廥籍、防護、賠償等詳細的倉糧保管規定。[④] 慕容浩先生在認可郡倉存在的情

① 康大鵬：《雲夢簡中所見的秦國倉廩制度》，《北大史學》，北京大學出版社 1994 年，第 28—44 頁。
② 蔡萬進：《從雲夢秦簡看秦國糧倉的建築與設置》，《中州學刊》1996 年第 2 期。
③ 盧鷹：《秦倉政研究》，《人文雜志》1989 年第 2 期。
④ 楊際平：《秦漢財政史》，湖南人民出版社 2015 年，第 303、322—328 頁。

況下,提出一種新的解釋,他説"秦代的倉廩系統大致可以這樣劃分,在中央是太倉,太倉之下依據職能與所屬政府部門的差異,可以分爲四大系統:郡縣倉系統、田官倉系統、漕倉系統與軍倉系統"。①

另外,還有不少成果關注的是糧倉類型、建築技術、儲藏物資方式等問題。比如,呼林貴先生將古代儲糧建築分爲地上與地下兩大類,並辨析了儲糧的廩、倉、囷、京、庾、鹿、窌、竇、窖等建築名稱,指出倉是專門用來儲糧的。② 襟振西、杜葆仁先生指出,倉的種類有圓形的囷、方形的倉、地下的窖,其中倉有干欄式、露天式與高大倉樓、重檐倉房等多種形式。③ 余扶危、杜葆仁、劉叙杰等先生追溯了我國古代糧倉起源和發展史,并對典籍所見秦倉的相關記載進行了梳理,探討了秦代糧倉的類型、設置等問題。④ 韓偉先生將陶囷模型分爲四種,探討秦囷器型之形式、結構與貯糧技術,並認爲秦囷在貯糧方面具有"造價低廉""封閉性好"等優點。⑤ 王偉雄先生在《秦倉制研究》第二章"秦倉建築的形式與結構"中指出,"秦倉建築結構主要組成部分爲倉頂、倉身、倉底,而糧倉每個細部組成構建又有其功能,例如高臺、門窗、木材、草墊等糧倉結構或構件,對於防潮、防濕、通風、防蟲、鼠、鳥雀等利於貯糧的建築功能,都可達到良好的效果"。⑥ 又,該文第三章"倉儲物資管理"一節提出,秦倉貯存物資除糧草外,尚有度量衡具、雞、犬、木頭和草墊等各種糧食管理所需的物資。秦倉物資核算實行分類、分時、分

---

① 慕容浩:《秦漢糧食儲運制度研究》,中國人民大學博士學位論文,2014 年 6 月,第 71—72 頁。

② 呼林貴:《古代倉名考》,《農業考古》1985 年 1 期。

③ 襟振西、杜葆仁:《論秦漢時期的倉》,《考古與文物》1982 年第 6 期。

④ 余扶危:《我國古代地下儲糧之研究(中)》,《農業考古》1983 年第 1 期;杜葆仁:《我國糧倉的起源和發展》,《農業考古》1984 年第 2 期;杜葆仁:《我國糧倉的起源和發展(續)》,《農業考古》1985 年第 1 期;劉叙杰:《中國古代的倉廩》,《建築歷史與理論》第六、七合輯,中國科學技術出版社 2000 年,第 76—77 頁。

⑤ 韓偉:《秦國的貯糧設施淺議》,《考古與文物叢刊》1983 年第 3 號。又見韓偉:《磨硯書稿:韓偉考古文集》,科學出版社 2001 年,第 34—37 頁。

⑥ 王偉雄:《秦倉制研究》,第 31 頁。

倉(室)貯藏、發放與核算等辦法。①

　　關於遷陵縣倉的設置,學者亦有論述。比如,葉山先生指出:"倉曹主要負責倉儲和支出不同種類的粟米供應,大部分以稅收的形式送交到倉曹或是在政府所擁有的公田中種作。在户曹之下至少有四個穀倉,它們爲徑廥、乙廥、丙廥、西廥。"②董琴先生則指出,里耶秦簡中衆多的稟食記録,表明縣倉、啓陵鄉、貳春鄉和田官都是發糧單位,遷陵縣官府所在地是都鄉是縣倉的設置地點,啓陵鄉和貳春鄉發糧單位屬於縣倉系統的離邑倉。③

## (二) 稟食制度

　　我們知道,倉的主要職責之一是管理糧食,稟食發放則是糧食管理的重要内容。關於倉對稟食的管理,目前已有不少優秀的研究成果。

　　其中,有不少學者藉助睡虎地秦簡,討論糧食的加工、出入倉等環節。比如,陳振裕先生曾對睡虎地秦律中有關糧食管理的規定進行了詳細考察,指出糧食管理包括糧食加工、入倉、出倉、核驗、增積、貯藏以及人員交接手續等内容。④宫長爲先生則認爲,秦代對糧倉的管理注重抓好"穀物入倉""穀物出倉""穀物增積""穀物核驗"等幾個環

---

　　① 王偉雄:《秦倉制研究》,第 93—96 頁。
　　② [加]葉山:《解讀里耶秦簡——秦代地方行政制度》,《簡帛》第八輯,上海古籍出版社 2013 年,第 108 頁。
　　③ 董琴:《簡牘所見秦漢廩食問題探析》,東北師範大學碩士學位論文,2015 年 5 月,第 8 頁。按:文中"遷陵縣官府所在地是都鄉是縣倉的設置地點"一句表述不暢,疑當是"遷陵縣官府所在地是都鄉,都鄉是縣倉的設置地點"。
　　④ 陳振裕:《從雲夢秦簡看秦國的農業生產》,《農業考古》1985 年第 1 期。

節。① 李孔懷也提到，秦糧倉管理包括"糧、草分類，有序進倉"，"嚴格出入倉"，"嚴密的管理和檢驗校正衡量器"等具體內容，且秦代十分重視糧食生產和管理問題。② 馬怡先生結合睡虎地秦簡的相關記載，指出漢晉畫像中倉廩圖人、物之組合，特別是人與糧倉、量器之組合，展現了"糧食出納"的場景。畫面裏那些被人握在手中的細棍和束狀之物，很可能是用來記錄糧食出納的券或簡札，統稱爲簡牘。③

里耶秦簡公布之後，學者多藉助睡虎地秦簡《倉律》等相關記載，對里耶秦簡稟食文書所見的稟食機構、稟食方式、稟食標準等問題進行詳細考察。比如，沈剛先生提出，倉是遷陵縣主要廩給機構，屬鄉、司空和田官也承擔部分廩給職能。刑徒稟食有"二石半石""二石""一石半""一石二半石""一石""半石"等六個標準。④ 趙岩先生分析，秦洞庭郡遷陵縣的糧食來源主要包括本縣田租、公田產出、外縣輸入三部分。遷陵縣對個體人員的糧食支出分爲供給、出貸兩類，供給的對象包括官吏、戍卒、刑徒及刑徒的嬰兒、冗作等，出貸的對象則主要是戍卒。倉、司空、田官、尉官、啓陵鄉及貳春鄉是遷陵縣支付上述人員糧食的機構，這些支出機構與支付對象存在一定的對應關係，受支付對象的所屬機構及工作地域制約。多數情況下見有稟人協助進行糧食支出，至少有一部分稟人是由刑徒包括女性刑徒隸妾來擔任的。⑤ 另外，對於稟食的分類、稟食標準、發放時間等問題，吳方浪、平曉婧、黃

　　① 宮長爲：《秦代的糧倉管理——讀〈睡虎地秦墓竹簡〉札記》，《東北師大學報》1986年第2期。
　　② 李孔懷：《秦代的糧倉管理制度》，《上海師範大學學報》1990年第1期；李孔懷：《秦律中反映的秦代糧倉管理制度》，《復旦學報》1990年第4期。
　　③ 馬怡：《簡牘時代的倉廩圖：糧倉、量器與簡牘——從漢晉畫像所見糧食出納場景說起》，《中國社會科學院歷史研究所學刊》第七集，商務印書館2011年，第163—198頁。又見於簡帛網2012年1月13日，http://www.bsm.org.cn/show_article.php?id=1622。
　　④ 沈剛：《〈里耶秦簡〉（壹）所見廩給問題》，《吉林大學古籍研究所建所三十周年紀念論文集》，上海古籍出版社2014年，第135,137—141頁。
　　⑤ 趙岩：《里耶秦簡所見秦遷陵縣糧食收支初探》，《史學月刊》2016年第8期。

浩波、宮宅潔、劉鵬、代國璽等先生均有論及,亦值得注意。①

　　除了各批材料的整理者之外,還有不少學者也曾對秦倉的相關材料,提出了整理或解讀意見。比如,冨谷至《文書行政的漢帝國》第三章中列有"睡虎地秦簡中的穀倉"一節,文中指出《倉律》104 號簡中的"食者籍"相當於漢簡中的"食名籍","廥籍"相當於漢簡中的"穀出入簿"。同時"發户"應當是指去掉封印、打開封泥。② 鄔文玲先生分析了里耶秦簡中"續食"文書的生成、傳送和處理的流程,並認爲"雨留不能"承前省略了主語"過所縣鄉"和賓語"以次續食","投宿、齎"意即提供住宿和相應的糧食物資,承前省略了主語"過所縣鄉"。③ 張春龍、大川俊隆、籾山明等先生在《里耶秦簡刻齒簡研究——兼論嶽麓秦簡〈數〉中的未解讀簡》一文中指出,里耶"校券"簡側面帶有刻齒,並且刻齒與所記錄的錢、糧食、物品等物資存在對應關係。④ 張馳先生考察了里耶秦簡的券類文書,指出屋脊形券類文書的刻齒位置與券書上的付受行爲有着明顯的關聯。刻齒在右者(左券)對應的付受行爲是"受""入"等物資的收受行爲;刻齒在左者(右券)對應的是"出""付"等物資的支付行爲。左券是物資收受憑證,右券是物資支付憑證。⑤

　　① 吳方浪、吳方基:《簡牘所見秦代地方稟食標準考論》,《農業考古》2015 年第 1 期;平曉婧、蔡萬進:《里耶秦簡所見秦的出糧方式》,《魯東大學學報(哲學社會科學版)》2015 年第 4 期;黃浩波:《里耶秦簡(壹)所見稟食記録》,《簡帛》第十一輯,上海古籍出版社 2015 年,第 117—139 頁;宮宅潔:《出稟與出貸——里耶秦簡所見戍卒的糧食發放制度》,《中國簡帛學國際論壇 2017 會議論文集》,武漢 2017 年 10 月。劉鵬:《秦代地方稟食的幾個問題》,《中國農史》2018 年第 1 期;劉鵬:《簡帛所見秦代縣倉經營管理的業務》,《簡帛研究 2019》春夏卷,廣西師範大學出版社 2019 年,第 49—73 頁。代國璽:《秦漢的糧食計量體系與居民口糧數量》,《歷史語言研究所集刊》2018 年第 89 本第 1 分。
　　② [日]冨谷至著,劉恒武、孔李波譯:《文書行政的漢帝國》,江蘇人民出版社 2013 年,第 326—340 頁。
　　③ 鄔文玲:《里耶秦簡所見"續食"簡牘及其文書構成》,《簡牘學研究》第五輯,甘肅人民出版社 2014 年,第 1—8 頁。
　　④ 張春龍、大川俊隆、籾山明:《里耶秦簡刻齒簡研究——兼論嶽麓秦簡〈數〉中的未解讀簡》,《文物》2015 年第 3 期。
　　⑤ 張馳:《里耶秦簡所見券類文書的幾個問題》,《簡帛研究 2016》秋冬卷,廣西師範大學出版社 2017 年,第 133 頁。

## (三) 倉對隸臣妾管理

睡虎地秦簡公布之後，隸臣妾的性質、來源、有無刑期等問題，是秦漢史學界、法律史學界比較關注的焦點問題，對此學者曾展開熱烈討論。相關研究，李力先生有非常詳盡的梳理，他將 1975 年之後對隸臣妾的研究分爲四個階段分別進行了詳細回顧、評述。[①] 同時，李力先生還對秦簡牘中隸臣妾的性質逐條予以辨析，認爲睡虎地秦簡中的隸臣妾不僅可以作爲官奴婢，還可以作爲刑名；龍崗和里耶秦簡中的隸臣妾均是刑徒；張家山漢簡《奏讞書》案例二十、二十一可以確定爲秦刑徒名。[②] 在之後的研究中，陶安先生曾據睡虎地秦簡中隸臣妾主要集中於《倉律》，推測隸臣妾可能是由倉管理，[③]而該意見在里耶秦簡公布後得到了充分驗證。

近年，隨着里耶秦簡的公布，隸臣妾的相關問題又引起不少學者的關注。關於里耶秦簡徒簿文書内容，整理者已公布全部釋文並介紹了其内容。其中，張春龍先生曾在《里耶秦簡中遷陵縣之刑徒》一文中公布了 9‑18、8‑1637、8‑664、10‑1170 等四枚徒簿文書的釋文及圖版，並指出"刑徒或在本縣、或在相鄰縣被强制勞動，工作涉及面極寬，特別是'與吏上計'、'守囚'等，與常人無異"。[④] 另外，湖南省文物考古研究所《龍山里耶秦簡之"徒簿"》一文公布了里耶秦簡中 178 枚徒簿文書的釋文，並對其主要内容、格式等問題進行了分析。文章還指出，

---

① 關於隸臣妾的早期研究，可參李力先生《"隸臣妾"身份再研究》一書（法制出版社 2007 年），此不贅述。

② 李力：《"隸臣妾"身份再研究》，法制出版社 2007 年，第 681—682 頁。

③ ［德］陶安あんど：《秦漢刑罰体系の研究》，創文社 2009 年，第 54—59 頁。

④ 張春龍：《里耶秦簡中遷陵縣之刑徒》，《古文字與古代史》第三輯，"中研院"史語所 2012 年，第 453—464 頁。

"作徒簿"（或"徒作簿"）、"田徒簿"、"倉徒簿"等，由鄉、司空、倉或田官記録並向縣報送，使用並記録徒隸的有啓陵鄉、貳春鄉、都鄉、田官、司空、庫、倉、少内、發弩等單位。[①]

利用里耶簡中的徒簿文書，學者對徒隸的概念、徒隸的管理、各機構管理徒隸的分工、徒簿的形成等問題展開了討論。比如，高震寰先生指出，作徒簿是"當天任務執勤的實况"，"隸臣妾主要由倉管理，其他刑徒則主要由司空管理。縣廷可能根據各單位的任務安排，指示倉、司空派發徒隸給畜官、庫、田官、少内等單位。倉和司空還需要向縣廷上報向各單位派發了多少人數。倉與司空控制的徒隸，視各單位的任務需要派給，事畢後歸建"。[②]　賈麗英先生則指出，"徒隸"是一個泛稱，不同時代、不同語境中，其所指對象並不完全相同。里耶秦簡中所見秦遷陵縣監管刑徒的官署有兩個，一個是司空曹，一個是倉曹。司空曹主城旦舂、鬼薪白粲和居貲贖債，倉曹主隸臣妾。[③]　曹書林先生對徒簿文書中的"受倉隸妾"一詞進行分析，指出"受倉隸妾"是都鄉、庫曹等機構"接受來自倉曹分派的隸妾"之意。[④]

沈剛先生認爲，作徒簿分爲臨時付受與月度統計兩種。秦代各級地方機構對刑徒管理的分工爲：郡提出指導原則，縣掌握本縣刑徒的資料，縣屬機構負責具體管理。徒隸是"倉"所掌財產的一部分，隸妾如果受到居貲的處罰，則要劃歸司空管理。[⑤]　梁煒杰先生指出，8－815號簡中的"冣"即所有"作日徒簿"的統稱，推測其有"基礎記録"的意

①　湖南省文物考古研究所（張春龍執筆）：《龍山里耶秦簡之"徒簿"》，《出土文獻研究》第十二輯，中西書局 2013 年，第 101—131 頁。
②　高震寰：《從〈里耶秦簡（壹）〉"作徒簿"管窺秦代刑徒制度》，《出土文獻研究》第十二輯，第 132—143 頁。
③　賈麗英：《里耶秦簡牘所見"徒隸"身份及監管官署》，《簡帛研究 2013》，廣西師範大學出版社 2014 年，第 68—81 頁。按：孫聞博、郭洪伯先生指出，秦代官曹分職，曹主内而官主外。結合來看，文中負責管理徒隸的機構應當是"倉官"和"司空官"。
④　曹書林：《"受倉隸妾"解》，《魯東大學學報（哲學社會科學版）》2013 年第 5 期。
⑤　沈剛：《〈里耶秦簡〉（壹）所見作徒管理問題探討》，《史學月刊》2015 年第 2 期。

義,作用在於方便縣廷對各官署"作徒薄"進行核校。[1] 胡平生先生則持不同意見,他説這裏的"最"不是牒數的總計,應當是作徒人數、分工數據的總計。[2] 馬碩先生曾歸納里耶秦簡中"作徒薄"文書的内容、格式,並認爲徒薄文書中的刑徒往往從事一些與行政相關的任務,但他們並非嚴格意義上的專業的管理人員。[3] 金垌吾先生指出,遷陵縣徒隸規模大約 400 人,作徒薄中的徒隸參與土木工程和手工業生產類的勞作比率不太高,而參與行政雜役和狩獵、采集、飼養類的勞作比率比較高。遷陵縣的隸臣主要從事於行政雜役,似乎不參與耕種勞作,這可能是縣廷不允許他們從事其他勞作。[4]

陳偉老師指出,里耶秦簡倉徒薄中有向庫付徒隸的記録,其中與庫史上省、取漆應該是在庫外勞作,大概直接由倉派遣,與其他徒隸分派到庫,再由庫自行安排不同;派遣到庫中的徒隸,則有擔當工匠與充任雜役的分别。[5] 黄浩波先生對里耶秦簡牘中"日作徒薄""月作徒薄"的格式、内容、術語、呈報、形成等問題進行了探討。文章指出,以"徒計"爲代表的從"薄"到"計",是"計"文書形成的一種途徑。[6] 魯家亮老師對 8-145+9-2294 號牘進行考察,並分析了作徒的監管、"徒薄"的分類、"徒薄"的記録形式、記録載體等内容。文章指出,里耶秦簡

① 梁煒杰:《讀〈里耶秦簡(壹)〉札記——"作徒薄"類型反映的秦"冣"意義》,簡帛網 2013 年 11 月 9 日,http://www.bsm.org.cn/show_article.php? id=1949。
② 胡平生:《也説"作徒薄及最"》,簡帛網 2014 年 5 月 31 日,http://www.bsm.org.cn/show_article.php? id=2026。
③ [俄]馬碩(Maxim Korolkov):Convict labor in the Qin empire: A preliminary study of the"Registers of convict laborers"from Liye,《簡帛文獻與古代史·第二屆出土文獻青年學者國際論壇論文集》,中西書局 2015 年,第 132—156 頁。
④ [韓]金垌吾:《秦代縣的徒隸運用和其特點——以里耶秦簡"作徒薄"爲中心的探討》,《中國古中世史研究》第 40 輯,2016 年,第 1—40 頁。
⑤ 陳偉:《關於秦遷陵縣"庫"的初步考察》,《簡帛》第十二輯,上海古籍出版社 2016 年,第 175 頁。
⑥ 黄浩波:《里耶秦簡牘所見"計"文書及相關問題研究》,《簡帛研究 2016》春夏卷,廣西師範大學出版社 2016 年,第 81—119 頁。

"徒簿"所見倉向司空調派隸臣妾,或與作徒監管、領導的需求有關。[1]

　　在研究隸臣妾的衆多論著中,高震寰先生博士論文《從勞動力角度看秦漢刑徒管理制度的發展》,尤值得重視。[2]在論文第二章"秦及漢初各級刑徒的身份與管理"和第三章"秦及漢初刑徒的勞動"兩個章節中,高先生分別對候、司寇、城旦舂、隸臣妾等刑徒的身份、管理、勞作等問題予以系統考察,其中與隸臣妾有關的研究包括"隸臣妾的私有財産與經營""隸臣妾的買賣與繼承""隸臣妾的管理""隸臣妾的勞動""遷陵縣隸臣妾的人數"等多個方面。在論述中,高先生提出了諸多新的解讀意見。比如,他指出:隸臣妾可以參與備作、借貸或賞金、在市場經商,並且隸臣妾有從事低階吏職的可能性;隸臣妾没有選擇留在原籍的權利,其調遣單位以政府的勞力需求與分配爲準;隸臣妾所屬單位會安排一個特定居住區,隸臣有居住在官府中的可能性;隸臣妾的管理機構主要是倉,倉以簿籍控管的只有屬於縣的隸臣妾,他們的管理與役使辦法可能隨着所屬單位而有變化;隸臣妾的勞動受性別、年齡,以及服務單位的影響;倉轄下隸臣妾的勞動圍繞着服侍官吏展開;遷陵縣隸臣妾的總數可能在一百五十人左右。這些研究,將隸臣妾的生存勞作狀態以及倉管理隸臣妾的諸多細節勾畫得更加清晰,爲今後的研究提供了很好的基礎。


## (四) 安全管理


　　倉儲安全,在糧倉管理中必須嚴加確保。對於秦代糧倉的安全

---

[1]　魯家亮:《再讀里耶秦簡 8-145+9-2294 號牘》,《簡帛研究 2017》春夏卷,廣西師範大學出版社 2017 年,第 134—150 頁。

[2]　高震寰:《從勞動力角度看秦漢刑徒管理制度的發展》,臺灣大學 2017 年博士學位論文,第 31—42、51—76 頁。

管理,學者亦有頗多研究。比如,劉向明先生指出,睡虎地秦簡中已有了我國最早的防治糧倉蟲害、鼠害的相關法律規定,並且制定了防止農作物蟲害的舉措,這包括制定防治農作物蟲害的法律、開展防蟲害方法的探索、開展滅蟲行動、開展賑災活動等具體措施。[①] 曹方向先生認爲,周家臺秦簡中的"塈囷垟穴",應當包括打埽囷倉和堵塞孔穴兩件事,文中亦比較了出土文獻與傳世文獻所見應對鼠患的方法。[②]

王偉雄先生在《秦倉制研究》第二章中,利用睡虎地《倉律》與《日書·室內門》中的相關記録,對倉"防鼠雀和蟲害""防火防盜"的措施進行了分析。[③] 劉薇先生指出,秦地方倉庫穀物的保藏主要由倉守、倉嗇夫承擔監管的責任,包括對糧倉的看管、修築、防腐防火、防蟲等相關的事宜。[④] 董琴先生認爲,秦代倉儲有"守衛制度",以防止穀物腐爛敗壞、糧倉失火和穀物被偷盜。[⑤]

另外,慕容浩先生在其博士論文《秦代糧食儲運制度研究》第三章"倉廩設施與糧倉管理"中,分别對秦倉的形制設置、儲糧技術等問題進行了考察。文中指出,"秦漢時期的糧食儲藏技術已經可以滿足防雨、防潮、散熱通風、防蟲、防鼠、防鳥雀、防火與防盜等諸多要求,加之百姓因地制宜,在不同區域建造不同形制的糧倉,大大提高了糧食的儲藏水準"。[⑥] 蕭高洪先生則專門探討了印章在糧倉管理中所發揮的

① 劉向明:《從睡虎地秦簡看秦代糧倉蟲害、鼠害的防治》,《農業考古》2008 年第 3 期;劉向明:《從出土簡牘看秦朝應對農作物蟲害的舉措》,《農業考古》2008 年第 4 期。

② 曹方向:《試説秦簡"垟穴"及出土文獻所見治鼠措施》,簡帛網 2009 年 8 月 4 日,http://www.bsm.org.cn/show_article.php? id=1126。按: 塈,原整理者釋"溉"。《合集》改釋"塈",並認爲"塈囷"即塗抹囷倉(《秦簡牘合集: 釋文注釋修訂本(叁)》,武漢大學出版社 2012 年,第 245 頁)。此從《合集》意見。

③ 王偉雄:《秦倉制研究》,第 35—40 頁。

④ 劉薇:《里耶秦簡與秦代地方行政研究——以農倉管理和公物管理爲中心》,湖南師範大學碩士學位論文,2015 年 5 月,第 24、25 頁。

⑤ 董琴:《簡牘所見秦漢廩食問題探析》,第 19、20 頁。

⑥ 慕容浩:《秦漢糧食儲運制度研究》,第 103 頁。

作用,認爲"封印"之制爲糧倉管理中重要的一環,與鎖交相使用,可達
到以防奸萌的作用。①

## (五) 倉的考課

睡虎地秦簡、嶽麓秦簡中有不少關於物資考課的内容,對此學者
有不少解讀意見。比如,李金鮮先生對秦簡所見的官吏考核思想、考
核内容、考核方法、考核特點等内容作了詳細分析,認爲雲夢秦簡反映
了"自商鞅變法至秦始皇統一初期的秦官吏考核情况"。② 于洪濤先生
對嶽麓秦簡《爲吏治官及黔首》反映的秦代糧倉"封隄制度","糧倉監
管、核驗"制度進行了考察。③ 王偉雄先生在《秦倉制研究》第三章"秦
倉的管理"指出,秦倉的考課應由内史、太倉中央機構對縣及置於縣之
都官進行考核,縣對其下屬負責糧食事務的有關人員亦進行考核、
獎懲。④

里耶秦簡所見,秦遷陵縣"倉"是一個管理隸臣妾、糧草、禽畜等各
種資産的職能機構,對倉官的考課則是縣級政府實現物資監管的重要
手段。對於里耶秦簡中"倉"的考課,學者從文本解讀,到倉官職掌、考
課項目、考課標準、諸曹在考課管理時的職能等方面,均有考察。比
如,彭浩先生指出,倉不僅管理糧食,還管理其他物資;支付祠先農所
用的牪、鹽等,餘物的售賣也由倉負責;倉在縣級政府中,似乎是與司
空、少内並列的機構。⑤ 葉山先生認爲,"倉曹"的工作不僅只是管理糧

---

① 蕭高洪:《倉印與古代糧倉的管理》,《農業考古》1992 第年 1 期。
② 李金鮮:《從雲夢秦簡看秦官吏考核》,《渤海大學學報》2013 年第 6 期。
③ 于洪濤:《嶽麓秦簡〈爲吏治官及黔首〉研究》,花木蘭出版社 2015 年,第 67—74 頁。
④ 王偉雄:《秦倉制研究》,第 79 頁。
⑤ 彭浩:《讀里耶秦簡"校券"補記》,《里耶古城·秦簡與秦文化研究——中國里耶古
城·秦簡與秦文化國際學術研討會論文集》,科學出版社 2009 年,第 198 頁。

食的支出,8–481 號"倉曹記録"顯示倉曹還有日常支出現金、管理馬匹等職能。①

李均明先生考察了里耶簡中"計録""課志"兩類文書的性質、特點,並指出"計録"爲"計"之集成,"計"是主體與基礎,而"課志"是"課"的集成,"課"是主體與基礎。計録、課志的内容與計、課的項目一致,與國家管理的需要直接挂鈎,故不同機構的設置項目也不盡相同,如"戸曹記録"主要涉及戸口、田地、徭役、而"倉曹計録"的項目主要涉及錢糧物品。② 徐世虹先生對里耶秦簡中"倉課志"的内容及性質進行了概括,認爲"倉課"與"倉律"具有一定的對應關係;里耶秦簡所見課文書,是依據既定的標準對機構或官吏職責進行核驗而產生的文書,與睡虎地秦簡中的"牛羊課"性質不一。③ 沈剛先生對里耶秦簡中的"課"與"計"進行了辨析,指出"計"是對現有國家資財的静態總結與統計,其考核對象是國家機構;"課"則是對國有資財增減情况的動態記録和監督,其問責對象是具體的職官和實際責任人。④

郭洪伯先生認爲,倉是一種稗官,成員包括嗇夫、佐、令史、稟人。秦漢時期的基層機構中,稗官爲職能部門,諸曹爲輔助部門,雙方共同參與運作,發揮不同的作用。⑤ 孫聞博先生指出,里耶秦簡所見縣級組織的突出特點是曹、官之分,其中諸曹事務匯總記録稱"計録",諸官事務匯總記録稱"課志"。列曹進行人員、物資集計,而諸官以管理具體事務爲多,並定期接受上級的考課。列曹處内,無印綬,多稱"廷某

① [加]葉山:《解讀里耶秦簡——秦代地方行政制度》,《簡帛》第八輯,第108—110頁。今按,根據學者倉曹分職的研究來看,葉山先生所言的"倉曹",應當是"倉官"。
② 李均明:《里耶秦簡"計録"與"課志"解》,《簡帛》第八輯,第149—159頁。
③ 徐世虹:《秦"課"芻議》,《簡帛》第八輯,第251—267頁。
④ 沈剛:《〈里耶秦簡【壹】〉中的"課"與"計"——兼談戰國秦漢時期考績制度的流變》,《魯東大學學報(哲學社會科學版)》2013年第1期。
⑤ 郭洪伯:《稗官與諸曹——秦漢基層機構的部門設置》,《簡帛研究2013》,第101—127頁。

曹”，與令、丞關係更密切；諸官在外，有印綬，未見稱“廷某官”者，具有更多獨立性。[①] 黎明釗、唐俊峰兩先生對於諸官考課的程序進行分析，指出第 7－304 號簡同時記録了倉和司空兩稗官的課、隸臣妾課，應即里耶 8－495 倉課志之“倉徒隸死亡課”。秦代縣曹的一項重要職責，便是“定課”，稗官在呈交“課”予縣廷之後，便需由曹執行“定課”的程序。定課，大多涉及所課項目的日期、數字，又或者是課的格式、内容有没有錯誤、遺漏。[②]

　　通過前文的回顧，可以看到關於秦“倉”的相關問題，目前已取得不少成果。然而，以上研究成果中也存在一些問題，值得我們注意。比如，有些研究的結論可能並不準確。比如，有學者將里耶秦簡中的“倉官”“倉曹”混淆，認爲“倉曹”是官名或官吏名，[③]事實上則並非如此。還有學者認爲，睡虎地秦簡中的“實官”是專指“倉”。現在來看，這一理解或亦需要糾正。[④] 總之，秦簡牘所見倉相關問題的研究，目前還有比較充分的空間。同時，隨着新材料的陸續公布和研究成果的不斷豐富，對倉的相關問題進行系統、綜合的研究，並對前期研究予以必要的審視、檢驗，亦變得很有必要。

　　① 孫聞博：《秦縣的列曹與諸官——從〈洪範五行傳〉一則佚文説起》，《簡帛》第十一輯，上海古籍出版社 2015 年，第 75—87 頁。
　　② 黎明釗、唐俊峰：《里耶秦簡所見秦代縣官、曹組織的職能分野與行政互動》，《簡帛》第十三輯，2016 年，第 151—156 頁。
　　③ 劉薇：《里耶秦簡與秦代地方行政研究——以農倉管理和公物管理爲中心》，2015 年 5 月，第 24 頁。
　　④ 陳偉老師利用嶽麓秦簡中例證，指出“倉”“廥”“庫”應當都屬“實官”。陳偉：《關於秦遷陵縣“庫”的初步考察》，《簡帛》第十二輯，第 176 頁。

# 第一章
# 秦簡牘所見倉廥的設置


我國古代,貯藏糧草常用到倉、廥、廩、困、窖、京、庾等設施,其中倉和廥是較爲常見的兩種類型。據秦簡牘來看,秦代的倉和廥是儲糧設施,也是管理糧食的"實官",它們是秦帝國倉儲系統中的重要組成部分。藉助秦簡牘中的相關記載,我們可以進一步了解秦代倉、廥的功能區分,以及地方糧倉設置與管理的基本面貌。


## 第一節　秦簡牘中的倉和廥


倉和廥,是我國古代兩種常見的儲藏設施,二者常見於典籍。比如,《管子·度地》云"當冬三月"時,利以"平度量,正權衡,虛牢獄,實廥倉"。① 又,《史記·平準書》云:"其明年,山東被水菑,民多飢乏。於是天子遣使者虛郡國倉廥以振貧民。"②兩則記録均將倉、廥並列,指儲藏糧食的糧倉。不過,根據秦簡牘的相關記載來

---

① 黎翔鳳撰,梁運華整理:《管子校注》,中華書局 2004 年,第 1063 頁。
② 〔漢〕司馬遷撰,〔南朝宋〕裴駰集解,〔唐〕司馬貞索隱,〔唐〕張守節正義:《史記·平準書》,中華書局 2014 年,第 1719 頁。

看,倉和廩不僅是指儲藏糧草的建築,也是管理糧草的機構,二者的主要功能有所不同。作爲倉儲機構的倉,不僅設置有儲藏物資的倉房,同時還有相關人員住宿的房舍、圍墻、稱量器具等基礎設施。

## (一) 倉和廩均屬"實官"

睡虎地秦簡中多次出現"實官"一詞:[1]

　　實官佐、史被免、徙,官嗇夫必與去者效代者。節(即)官嗇夫免而效,不備,代者【與】居吏坐之。故吏弗效,新吏居之未盈歲,去者與居吏坐之,新吏弗坐;其盈歲,雖弗效,新吏與居吏坐之,去者弗坐,它如律。

(《秦律十八種·效》162~163)

　　有實官縣料者,各有衡石嬴(纍)、斗甬(桶)期躠。計其官,毋叚(假)百姓。不用者,正之如用者。[2]　　(《内史雜》194)

　　有實官高其垣牆。它垣屬焉者,獨高其置厀廥及倉茅蓋者。令人勿新(近)舍。非其官人殹(也),毋敢舍焉。善宿衛,閉門輒靡其旁火,慎守唯敬(儆)。有不從令而亡、有敗、失火,官吏有重辠(罪),大嗇夫、丞任之。　　(《内史雜》195~196)

　　實官户關不致,容指若抉,廷行事貲一甲。

(《法律答問》149)

---

[1]　陳偉主編,彭浩、劉樂賢等撰著:《秦簡牘合集:釋文注釋修訂本(壹、貳)》,武漢大學出版社2016年,第127頁。本書中的睡虎地秦簡釋文,都引自該書。除特殊情況外,不再另行加注出處。

[2]　該簡原釋文作:"有實官縣料者,各有衡石嬴(纍)、斗甬(桶),期躠。計其官,毋叚(假)百姓。不用者,正之如用者。"今按,"期躠"或當改爲與上連讀。

實官戶扇不致,禾稼能出,廷行事貲一甲。

(《法律答問》150)

簡文中的"實官",多被視作儲藏糧食的官府。比如,整理者注"實,《國語·晉語》注'穀也'",又語譯作"貯藏穀物官府"。① 蔡萬進先生對"實官"的性質及設置亦有分析,他指出:"在内史機構之下,設置於各縣的糧食行政管理部門是'實官'。……'實官'也確實與糧食管理有關。《國語·晉語》注:'實,穀也。'在所有有關'實官'的法律條文中,也充分表明'實官'乃是一儲藏糧食的官府。……實官是隸屬各縣的地方糧食行政管理部門,在它所轄諸鄉往往還設有'離官屬於鄉者',參與糧倉管理,負責糧食的入倉、出倉和發放。"②

上揭諸例,"實官"主要在物資管理規定中出現。而作爲管理糧食的主要機構,倉屬於律文所言的"實官",應當没有疑問。另外,第三例是關於"實官"加高墻垣,這一要求同樣適用於"置𥥆廥及倉茅蓋者"。可見,"𥥆廥"亦與"實官"有密切關聯。

隨着嶽麓秦簡《内史襍律》的公布,倉、廥與"實官"的關係變得更爲明晰。相關律文作:③

内史襍律曰:𥥆橐廥、倉、庫實官積,垣高毋下丈四尺,它廧(牆)財(裁)爲候,晦令人宿,候二人。備火,財(裁)爲【池】□水官

---

① 睡虎地秦墓竹簡整理小組:《睡虎地秦墓竹簡》,文物出版社1990年,"釋文注釋"第57頁。

② 蔡萬進:《雲夢秦簡中所見秦的糧倉管理制度》,後收入《秦國糧食經濟研究(增訂本)》,第56—58頁。

③ 本書中的嶽麓秦簡釋文,都引自朱漢民、陳松長主編《嶽麓書院藏秦簡(壹、貳、叁)》(上海辭書出版社,2010、2011、2013年),陳松長主編《嶽麓書院藏秦簡(肆、伍)》(上海辭書出版社,2015、2017年)。除特殊情況下,不再另行加注出處。

中,不可爲池者財(裁)爲池官旁。①

(《嶽麓書院藏秦簡(肆)》169～170)

　　內史襍律曰：黔首室、侍(寺)舍有與廥、倉、庫實官補屬者,絕之,毋下六丈。它垣屬焉者,獨高其侍(置),不從律者,貲二甲。②　　　　(《嶽麓書院藏秦簡(肆)》175～176)

　　整理者注曰："實官,貯藏穀物的官府。《睡虎地秦簡·內史雜律》有'有實官高其垣牆'。"③可見嶽麓整理者沿用了睡簡整理者中對"實官"的理解。陳偉老師在調整簡文斷讀的基礎上,進一步指出：廥、倉、庫應均屬實官;秦人"實官"之名,似乎是基於"實"指財貨這一比較廣義的意涵。④ 這些分析,指出了秦代倉、廥、庫與"實官"的具體關係。再回看睡虎地秦簡中的幾條"實官"律文,如果將"實官"視爲廥、倉、庫等機構,則簡文較容易理解。比如,第三例中提到"置芻廥及倉茅蓋者"也要加高墻垣,正與"實官高其垣牆"的要求相符合。

　　還需要注意的是,律文將"廥"與"倉""庫"並列,可見秦代的"廥"當是與"倉""庫"相當的場所。至此,便不禁會聯想"倉"與"廥"之間的功能到底如何區分？

---

　　① "廥、倉、庫實官"連讀,以及"它""官""池"的釋讀,從陳偉老師意見。詳見《嶽麓秦簡校商(貳)》,簡帛網 2016 年 3 月 28 日,http://www.bsm.org.cn/show_article.php? id=2504。"積"連上讀,從高一致先生意見,見於《〈嶽麓書院藏秦簡(肆)〉初讀》,簡帛論壇,http://www.bsm.org.cn/bbs/read.php? tid=3331&page=4,第 38 樓"白鬍芝"回帖;黃浩波先生有"晦令人宿,候二人"的斷讀意見,轉引自《〈嶽麓書院藏秦簡(肆)〉初讀》,簡帛論壇,http://www.bsm.org.cn/bbs/read.php? tid=3331&page=8,第 72 樓"亦趨"回帖。詳見陳偉：《里耶秦簡所見遷陵縣的"庫"》,載《秦簡牘校讀及所見制度考察》,武漢大學出版社 2017 年,第 141—142 頁。
　　② "廥、倉、庫實官"連讀,從陳偉老師改讀。陳偉：《里耶秦簡所見遷陵縣的"庫"》,載《秦簡牘校讀及所見制度考察》,第 141—142 頁。
　　③ 陳松長主編：《嶽麓書院藏秦簡(肆)》,第 168 頁。
　　④ 陳偉：《里耶秦簡所見遷陵縣的"庫"》,載《秦簡牘校讀及所見制度考察》,第 142—143 頁。

## (二) 倉和廥的功能區分

關於倉和廥的功能區分,典籍已有辨析。比如,《説文》有云"倉,穀藏也","廥,芻稾之藏"。可見,"倉"一般儲藏的是穀物,而"廥"儲藏的多是芻稾。不過,有時"廥"亦可儲藏糧食。比如《廣雅‧釋宮》有云"廥,倉也",這裏的"廥"則是指儲糧之所。

秦簡牘中有不少關於倉和廥的記載,據此可見秦代倉、廥在儲藏糧草方面的區別:

(1) 入禾稼、芻稾,輒爲廥籍,上內史。•芻稾各萬石一積,咸陽二萬一積,其出入、增積及效如禾。

(《秦律十八種‧倉律》28)

(2) 禾、芻稾積索(索)出日,上贏不備縣廷。出之未索(索)而已備者,言縣廷,廷令長吏雜封其廥,與出之,輒上數廷;其少,欲一縣之,可殹(也)。廥才(在)都邑,當□□□□□□□者與雜出之。

(《秦律十八種‧倉律》29~30)

(3) 入禾倉,萬石一積而比黎之。爲户,縣嗇夫若丞及倉、鄉相雜以印之,而遺倉嗇夫及離邑倉佐主稟者各一户以氣(餼),自封印,皆輒出、餘之,索而更爲發户。[①]

(《秦律十八種‧倉律》21~22)

(4) 入禾,萬石一積而比黎之。爲户,及籍之曰:"某廥禾若干石,倉嗇夫某、佐某、史某、稟人某。"是縣入之,縣嗇夫若丞及倉、

---

[①] 這段簡文,原釋文作"入禾倉,萬石一積而比黎之爲户。縣嗇夫若丞及倉、鄉相雜以印之,而遺倉嗇夫及離邑倉佐主稟者各一户以氣(餼),自封印,皆輒出、餘之索而更爲發户",其中"爲户"下讀以及"餘之"上讀,從陳偉老師意見。見陳偉:《雲夢睡虎地秦簡〈秦律十八種〉校讀(五則)》,《簡帛》第八輯,第346—347頁;後收入《秦簡牘校讀及所見制度考察》,第232—234頁。

鄉相雜以封印之,而遺倉嗇夫及離邑倉佐主稟者各一户,以氣(餼)人。其出禾,有(又)書其出者,如入禾然。嗇夫免而效,效者見其封及隄(題)以效之,勿度縣,唯倉所自封印是度縣。終歲而爲出凡曰:"某廥出禾若干石,其餘禾若干石。"①

(《效律》27～31)

(5) 禾、芻稾積廥,有贏、不備而匭弗謁,及者(諸)移贏以賞(償)不備,羣它物當負賞(償)而偽出之以彼賞(償),皆與盜同灋(法)。　　(《秦律十八種·效》174～175)

(6) 有實官高其垣牆。它垣屬焉者,獨高其置芻廥及倉茅蓋者。令人勿䜌(近)舍。非其官人殹(也),毋敢舍焉。善宿衛,閉門輒靡其旁火,慎守唯敬(儆)。有不從令而亡、有敗、失火,官吏有重辠(罪),大嗇夫、丞任之。

(《秦律十八種·內史雜》195～196)

上揭律文主要是管理倉、廥的相關規定。例(1)中提到"入禾稼、芻稾,輒爲廥籍",可見"廥籍"對應的物資包括"禾稼、芻稾";例(2)是關於出"禾、芻稾"的程序,其中有"言縣廷,廷令長吏雜封其廥",可見此處的廥也是對應"禾、芻稾";例(3)中有"入禾倉",可見倉能儲禾;例(4)中有"某廥禾若干石",可見此處的廥用來儲禾,這與糧倉的功能相近。另外,該簡與例(3)內容相近,二者能夠對讀。對比可知,倉可能包括多個廥,一積即一廥;②例(5)與例(6)分別有"禾、芻稾積廥","置芻廥",可見廥不僅可以儲藏芻稾,也可以儲禾。綜合來看,上揭律文顯示:倉專門儲藏禾,廥則可以儲藏禾和芻稾。此與《説文》所記倉、廥的區別,是基本一致的。

---

① "比黎之爲户"的斷讀,從陳偉老師意見。詳見《秦簡牘校讀及所見制度考察》,第232—234頁。

② 此意見蒙陳偉老師提示。

里耶秦簡中也有不少關於倉、廥的文書,它們亦能反映"倉""廥"儲藏物資的具體情況。我們可以看兩個例子:[1]

    徑廥粟米三石七斗少半升。　　•卅一年十二月甲申,倉妃、史感、稟人窋出稟冗作大女䜌十月、十一月、十二月食。I

    令史狅視平。感手。II　　　　　　(8-1239+8-1334)

    粟米六十四石。卅五年七月戊子朔丙辰,倉守擇受啓陵鄉

☑[2]　　　　　　　　　　　　　　(8-257+8-937+1078)

第一例是倉的稟食文書,其使用的粟米來自"徑廥",可見"廥"實際使用時可以被用來儲藏糧食,這屬於睡虎地秦律中"禾"積於廥的情況。第二例是倉守接收啓陵鄉粟米的記載,儘管簡文沒有提到糧食的來源,但由於交付的糧食數量較大(64 石),且負責者是倉守,可見這些粟米很可能是來源於官倉。據這兩條記録可知:倉中進出的可以是粟米,而廥也可以儲糧。至於儲藏"芻稾"的設施,里耶簡中暫未見到直接記載,頗疑其可能貯藏於專門存放糧草的"芻稾廥"中。

對於"廥"和"倉"儲藏内容的區別,學者亦有論述。比如,王偉雄先生認爲:

    倉、廥與囷、窖、廩等皆爲狹義之倉(貯存糧食的建築物)。倉與廥最大的不同處在於:在秦簡律文中凡芻稾或禾、芻稾一同進出皆爲廥所藏,絶不是倉(貯存糧食的建築物)所藏,倉(貯存糧食的建築物)只在存禾(各種糧食作物)時被提及,如"長吏相雜以入禾倉及

---

[1] 本書中的里耶秦簡釋文,都引自陳偉主編,何有祖、魯家亮、凡國棟撰著的《里耶秦簡牘校釋(第一卷)》(武漢大學出版社 2012 年)和湖南省文物考古研究所編著的《里耶秦簡(貳)》(文物出版社 2017 年)。除特殊情況外,不再另行加注出處。另,以下引用《里耶秦簡牘校釋(第一卷)》,簡稱爲"校釋(一)"。

[2] 簡 8-257+8-937 由《校釋(一)》綴合(第 123 頁);筆者另補綴合了 8-1078 號簡,詳見拙文:《〈里耶秦簡(壹)〉綴合(二)》,簡帛網 2016 年 5 月 23 日,http://www.bsm.org.cn/show_article.php? id=2559。

發,見屨之粟積,義積之,勿令敗。"、"倉(漏)殱(朽)禾粟,及積禾粟而敗之。"故本文認爲廩是存放飼養牲畜的糧倉,存放禾、芻稾等飼料;而倉爲存放糧食作物而不貯存芻稾,這是倉、廩最大的差別。[1]

王先生指出"倉爲存放糧食作物而不貯存芻稾",是可從的。不過,其認爲"廩是存放飼養牲畜的糧倉,存放禾、芻稾等飼料",則尚有可商之處。根據里耶8-1239+8-1334號簡來看,"徑廩"中就曾儲藏有大量的糧食(粟米),而這些糧食可以發放給吏員、刑徒、戍卒等各類人員。也就是説,秦代的"廩"也儲藏供人食用的糧食,而不僅只存放"禾、芻稾等飼料"以飼養牲畜。從此角度來看,秦代的"廩"和"倉"在儲糧的功能方面又頗爲相類。

另外,倉和廩儲藏糧食與芻稾的分工,或亦體現在兩類物資的貯藏形態上。比如,陝西靖邊郝灘漢畫像中有"禾積"和"稾積"的畫像,向我們展示了"禾"與"芻稾"堆積的不同形態:

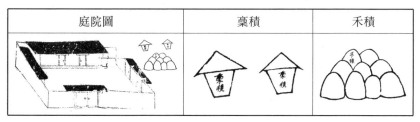

圖1-1　陝西郝灘漢墓畫像(摹本)[2]

需要補充的是,在"禾積"和"稾積"的畫像右側還有一幅驅牛耕種的圖像。結合來見,這些堆積反映的當是糧食、芻稾收穫之後的貯藏

---

① 王偉雄:《秦倉制研究》,第21頁。
② 畫像參考徐光冀主編:《中國出土壁畫全集·陝西(上)》,科學出版社2011年,第60—61頁。該書將圖像稱爲"庭院圖",並介紹云:"圖中有一庭院,其旁爲堆積的糧食與糧倉,分別有'禾積'、'高禾積'榜題。"今按,所謂"高禾積",當釋"稾積",指芻稾的堆積。該墓的部分圖像又見於國家文物局主編:《中國重要考古發現·2003》,文物出版社2004年,第105頁;完整圖像參考《2003年靖邊郝灘漢代壁畫墓》,"陝西省考古研究院"網站2003年1月16日,http://www.shxkgy.cn/contents/39/365.html。

情況。而據圖像可知，禾（穀物）與稾（芻稾）的貯藏形態有別。禾，使用圓形的設施，且相互毗鄰設置；芻稾則使用屋脊形的設施，且采用"一積爲一廥"的方式。

同時，該圖像中物資堆積的特徵，或有助於理解睡虎地秦簡中有關"積"的規定。比如，睡虎地秦律中經常出現"粟積"，"禾、芻稾積"，"萬石一積"等詞，這些應當是指糧食存放的堆積形態，而"增積""義積之""歲異積之"則反映了對堆積物資的處置。具體來看，睡虎地《倉律》簡 21 有"入禾倉，萬石一積而比黎之"的規定，而簡文中的"比黎"一詞，頗難索解。[①] 今據畫像中禾集中、並列堆積的情況來看，簡文所記或與畫像中糧食的儲藏有相似之處。比，有"並列""並排"之意。《廣韻·質韻》："比，比次。"又，《書·牧誓》："稱爾戈，比爾干，立爾矛。"黎，有"衆""衆多"意。《詩·大雅·桑柔》"民靡有黎，具禍以燼"，王引之述聞："黎者，衆也，多也。"若然，則"萬石一積而比黎之"或可理解爲將糧食堆積物集中、並列安置。

## 第二節　遷陵縣倉廥的設置

秦代曾建立了比較完善、系統的倉儲體系。這一體系，至少包括了設在中央的太倉和設在地方的縣倉、鄉倉，[②]它們共同構成了秦帝國

---

① 對於該詞，學者有不同理解。如整理者注作："或作芑莉、芑籬、藜芑。《集韻》：'莉，草名。一曰芑莉。織荆障。'荆笆或籬笆"詳見睡虎地秦墓竹簡整理小組：《睡虎地秦墓竹簡》，"釋文注釋"第 26 頁。冨谷至先生認爲，"比黎"應是排列的意思。詳見冨谷至撰，楊振紅譯：《從額濟納河流域的食糧配給論漢代穀倉制度》，《簡帛研究譯叢》第二輯，湖南出版社 1998 年，第 232 頁。陳偉老師指出，"比黎"似當讀作"仳離"。仳離之，是説讓倉房之間保持距離。這大概出於通風、防火等方面的考慮。詳見陳偉：《雲夢睡虎地秦簡〈秦律十八種〉校讀(五則)》，《簡帛》第八輯，第 346—347 頁。

② 關於秦的倉儲體系是否包括"郡倉"一環，目前仍有爭議，此從康大鵬先生意見。詳見康大鵬：《雲夢簡中所見的秦國倉廩制度》，《北大史學》，第 28—44 頁。

龐大的倉儲網絡。里耶秦簡所見的秦遷陵縣,是秦王政二十五年才納入帝國版圖的一個邊遠小縣,考察該縣中倉廥的設置、使用等問題,是了解秦帝國的倉儲管理制度的絕佳視角。下面試略作討論。

## （一）倉、廥的設置

前文我們提到,在里耶秦簡中,秦遷陵縣用來儲藏糧食的設施有倉和廥。然而稱"倉"者,多指倉官（機構名）,例外者如 9-50 號簡中有設於貳春鄉的倉（下文將有論述）。廥,在里耶簡中頗爲常見,並且廥多有名稱。比如,在秦始皇二十六年至三十一年期間出現的廥至少有四處,它們分別是徑廥、乙廥、丙廥、西廥。[①]

若將這四個廥的出現時間、出稟機構、簡號等信息匯總,可得下表:

表 1-1　《里耶秦簡（壹）、（貳）》所見的"廥"

| 廥名 | 出現時間（秦始皇紀年） | 使用機構 | 簡　號 |
|---|---|---|---|
| 西廥 | 二十六年十二月二十七日 | 倉 | 8-1452 |
| | / | / | 9-2543 |
| | / | / | 9-3079 |
| 乙廥 | 三十年六月二十五日 | 司空 | 8-1647 |
| 丙廥 | 二十九年三月三日 | 倉 | 8-1690 |
| | 三十一年十月六日 | | 8-821 |
| | 三十一年十月二十七日 | | 8-1545 |
| | 三十一年十二月 | 啓陵鄉 | 8-1590+8-1839[②] |

① 《校釋（一）》（第 42 頁）指出"秦遷陵縣有徑廥、丙廥、乙廥、西廥等倉廥";葉山先生則懷疑"西廥"可能是"丙廥"之誤。詳見［加］葉山:《解讀里耶秦簡——秦代地方行政制度》,《簡帛》第八輯,第 108 頁。今按,核對字形,"西廥"所釋當可從。

② 姚磊:《里耶秦簡牘綴合札記（二）》,簡帛網 2015 年 6 月 7 日,http://www.bsm.org.cn/show_article.php?id=2254。

續 表

| 廥名 | 出現時間(秦始皇紀年) | 使用機構 | 簡 號 |
|---|---|---|---|
| 徑廥 | 三十一年十月一日 | 倉 | 8‑56、8‑1739 |
| | 三十一年十一月三日 | | 8‑766、9‑13 |
| | 三十一年十一月二日 | | 9‑85+9‑1493 |
| | 三十一年十二月一日 | | 8‑1081、8‑1239+8‑1334 |
| | 三十一年十二月二日 | | 8‑1257 |
| | 三十一年一月一日 | | 9‑726+9‑1033 |
| | 三十一年一月三日 | | 8‑764 |
| | 三十一年一月九日 | | 9‑813+9‑1122 |
| | 三十一年一月二十四日 | | 9‑440+9‑595 |
| | 三十一年二月七日 | | 8‑2249 |
| | 三十一年二月九日 | | 8‑800+9‑110 |
| | / | | 8‑1321+8‑1324+8‑1328② |
| | 三十一年一月四日 | 司空 | 8‑212+8‑426+8‑1632 |
| | 三十一年一月十六日 | | 8‑474+8‑2075 |
| | 三十一年十二月十五日 | | 8‑762 |
| | 三十一年一月三日 | 田官 | 9‑762 |
| | 三十一年四月① | | 9‑901+9‑902+9‑960+9‑1575 |
| | 三十一年五月八日 | | 9‑763+9‑775 |
| | 三十一年六月一日 | | 8‑1014+9‑934、9‑1117+9‑1194 |
| | 三十一年六月三日 | | 9‑174+9‑908 |
| | 三十一年七月一日 | | 8‑2246、9‑41 |
| | 三十一年七月二十三日 | | 8‑1574+8‑1787 |
| | / | | 8‑216+8‑351+8‑525③ |

① 簡文不清晰,具體日期不明。
② 三枚簡的綴合,詳見拙文《〈里耶秦簡(壹)〉綴合(一)》,簡帛網 2016 年 5 月 16 日,http://www.bsm.org.cn/show_article.php? id=2556。
③ 《校釋(一)》(第 116 頁)綴合了 8‑216+8‑351。趙粲然等先生補綴了 8‑525 號簡,詳見趙粲然、李若飛、平曉婧、蔡萬進:《里耶秦簡綴合與釋文補正八則》,《魯東大學學報(哲學社會科學版)》2015 年第 2 期。

據上表來看，四處廥的出現時間、頻次、使用對象均有不同。（1）以出現次數來看：現有材料中最常出現的是"徑廥"，出現 23 次；"丙廥"次之，出現 4 次；"西廥"3 次；"乙廥"1 次。這說明，在秦遷陵縣所在轄區内，"徑廥"曾是秦始皇三十一年中最常使用的一個糧倉。（2）從出現的時間來看："西廥"出現時間最早，爲秦始皇二十六年十二月；"乙廥"次之，出現在秦始皇三十年六月；"丙廥"出現稍晚，在秦始皇二十九年三月和三十一年十月、十二月都有出現。這說明，"丙廥"應當主要存在於二十九年至三十一年之間的時間段内，而"乙廥"和"丙廥"應當至少在秦始皇三十年間並存過一段時間。"徑廥"出現的時間比較集中，全部在秦始皇三十一年，而且出現的月份集中在該年的七月之前。① 也就是說，"丙廥"和"徑廥"曾在三十一年十月至十二月這段時間内曾並存過一段時間。（3）從幾個"廥"所對應稟食的機構來看：使用"西廥"稟食的機構是"倉官"；從"乙廥"出稟的機構是"司空"；"丙廥"和"徑廥"則對應多個出稟機構。其中，使用"丙廥"稟食的機構包括"倉"和"啓陵鄉"；在"徑廥"稟食的機構是"倉""司空"和"田官"。由於這些機構可以使用廥中的糧食，可見對於廥它們應當具有一定的管理和使用權限。前文我們還提到，睡虎地《效律》中有"縣嗇夫若丞及倉、鄉相雜以封印之，而遣倉嗇夫及離邑倉佐主稟者各一户，以氣（餼）人"的規定，而里耶秦簡中多個機構共同使用"廥"中糧食的情況，或可視爲該律的具體執行。

另外，幾處"廥"的名稱分別是"徑""乙""丙""西"，此或是按某些

---

① 游逸飛、陳弘音先生已注意到此現象。他們指出，徑廥是最常見的糧倉名，而（徑廥稟食文書）均爲秦始皇三十一年的稟食文書，徑廥在當時必有一定的特殊性，或爲臨時特設之糧倉，故在此前不曾出現，於三十一年被大量書寫，於其後銷聲匿跡。游逸飛、陳弘音：《里耶秦簡博物館藏第九層簡牘釋文校釋》，簡帛網 2013 年 12 月 22 日，http://www.bsm.org.cn/show_article.php? id=1968。

順序或特點命名。① 比如"乙廥""丙廥"應當是按天干對倉進行編號，"徑廥""西廥"則可能是按所處位置命名。② 由於"廥"在里耶簡中主要用來儲藏糧食，因此"廥"是遷陵縣中重要的一種糧倉形式。並且，對儲糧之倉、廥的管理，應當是由倉官負責。

## (二) 倉官的位置

遷陵縣倉官所在的位置，是一個值得重視的問題。據學者研究，秦代縣廷與下屬諸官之間存在一個"空間性距離"。③ 而根據倉官與縣廷文書傳遞的時間，考察其與縣廷之間的距離是一個可行的方法。對此，學者已有很好的考證。比如，沈剛先生詳細梳理了縣級檔案文書的處理周期，指出司空、尉等縣直屬機構和都鄉的文書多當天送達，而之所以能够當天送達是因爲直屬機構與縣廷相距不遠，而都鄉則是縣治所在地。④ 唐俊峰先生對里耶簡中縣廷機構內外文書傳遞的時間進行了系統梳理，並計算出 8－1452、8－1490＋8－1518 兩枚倉傳遞到縣廷的文書，傳遞時間分別使用了 5 天和 1 天。⑤ 陳偉老師曾對文書自"庫"傳遞至縣廷的時間進行了分析，指出其中有半日(8－1069＋8－

---

① 葉山先生指出，"令人驚訝的是，在目前所發表的材料之中没有見到'甲廥'。另外一種可能性是，因爲在支出糧食記録的簡上没有提到穀倉的名字，而這些支出記録來自'甲廥'。詳見［加］葉山：《解讀里耶秦簡——秦代地方行政制度》，《簡帛》第八輯，第 108 頁。

② 類似記録還見於其他統計文書，比如里耶簡有"丑笥"(8－1777＋8－1868)、"笥甲"(8－1536)、"甲笥"(8－1201)等。又，第 8－1514 號簡記："廿九年四月甲子朔辛巳，庫守悍敢言之：御史令曰：各弟(第)官徒丁【粼】……勮者爲甲，次爲乙，次爲丙，各以其事勮(劇)易次之。•令曰各以□……上。•今牒書當令者三牒，署弟(第)上。敢言之。"該簡中的"署第"，即要求對上呈的文書分別編號，而"勮者爲甲，次爲乙，次爲丙"應當就是按順序編號的實例。

③ ［日］青木俊介：《里耶秦簡に見える縣の部局組織について》，《中國出土資料研究》第九號，中國出土資料學會 2015 年，第 106—109 頁。

④ 沈剛：《秦代縣級檔案文書的處理周期——以遷陵縣爲中心》，《出土文獻研究》第十五輯，中西書局 2016 年，第 128—129 頁。

⑤ 唐俊峰：《秦代遷陵縣行政信息傳遞效率初探》，《簡牘與戰國秦漢歷史——中國簡帛學國際論壇》論文集，2016 年 12 月，第 165—166 頁。

1434＋8－1520)、一日(8－1510)、二日内(8－1514)的區別,如果以用時最短的 8－1069＋8－1434＋8－1520 來看,庫與縣廷的距離應該不是太遠。①

還值得注意的是,吴方基先生利用各官文書傳遞的時間以及秦漢時期行書中的速度,進一步推測各官與縣廷之間的距離。他説:

> 根據文書的發/到時間,可大致推算出官與縣廷之間的距離。如 8－1490＋8－1518 號簡"六月甲午(26 日)"由倉官發出,"六月乙未(27 日)水下六刻"到達縣廷,用時大約 1 日,可推知兩者距離<u>大致在 160 里</u>。根據簡牘記載,同一官發往縣廷的文書,其抵達時間有不一致的情況。如庫官行書縣廷,多則 2 日,少則 1/4 日,以最短時間計算,庫官距縣廷約 40 里。……少内離縣廷很近,路程推測約 10 里。……田官距離縣廷約 80 里。畜官行書縣廷約半天,距離約爲 80 里。……遷陵縣各"官"與縣廷距離遠近不一,大致分布在以縣廷爲中心、方圓 160 里左右的空間之内。②

吴先生結合文書傳遞時間與傳遞速度來計算各官距離的方法,是很好的嘗試。不過,對文書傳遞的時間的選取,需要遵循一個基本原則:以兩地傳遞耗時最短者,才能作爲考量的標準。在已公布的里耶秦簡中,8－1490＋8－1518 號簡由倉傳遞至縣廷的文書約耗時 1 天,但此並非用時最短者。也就是説,遷陵縣倉與縣廷的距離,其實還可以進一步縮小範圍。

我們注意到,在《里耶秦簡(壹)》中還有一枚由倉上呈縣廷的文書,其釋文作:

---

① 陳偉:《里耶秦簡所見遷陵縣的"庫"》,載《秦簡牘校讀及所見制度考察》,第 143 頁。
② 吴方基:《秦代縣屬"曹""官"的分布與運行》,《中國社會科學報》2018 年 1 月 15 日,第 005 版。

卅一年五月壬子朔辛巳,將捕爰叚(假)倉茲敢Ⅰ言之:上五
月作徒薄及冣(最)卅牒。敢言Ⅱ之。Ⅲ　　　　　　(8-1559)

五月辛巳旦,佐居以來。氣發。居手。①　(8-1559背)

該簡是"將捕爰叚(假)倉茲"向縣廷呈報作徒簿及最文書的記録,
從傳遞路綫來看,此當是由倉傳遞至縣廷。根據簡文中的發文(五月
壬子朔辛巳)和收文記録(五月辛巳旦)來看,該文書在當天"旦"時便
到達縣廷。換言之,由倉傳遞至縣廷的整個傳遞過程可能不超過兩個
時辰。我們懷疑,倉官距離縣廷很可能是在20里以內。

嶽麓秦簡《內史倉曹令》中有稗官上呈徒簿的内容,其中關於里程
的規定或可爲我們的意見提供佐證:

●令曰:縣官□□官(?)作徒隸及徒隸免復屬官作□□徒隸
者自一以上及居隱除者,黔首居☒及諸作官府者,皆日勞薄(簿)
之,上其廷,廷日校案次編,月盡爲冣(最),固臧(藏),令可案殹
(也)。不從令,丞、令、令史、官嗇夫吏主者,貲各一甲。稗官去其
廷過廿里到百里者,日薄(簿)之,而月壹上廷,恒會朔日。過百里
者,上居所縣廷,縣廷案之,薄(簿)有不以實者而弗得,坐如其稗
官令。內史倉曹令甲卅　(《嶽麓書院藏秦簡(伍)》251~254)

令文中的"皆日勞薄(簿)之","廷日校案次編,月盡爲冣(最)"記
録的是勞作簿的形成過程,這與8-1559簡中上呈作徒簿及最的主題
相符。另外,令文還根據距離縣廷的遠近,規定了上呈簿籍的頻次和
時間。其中,若稗官距離縣廷的距離在20至100里的範圍内,則按日
記録,在每月朔日上呈一次。過100里時,則向所駐之縣縣官報告。

①　"將捕爰叚(假)倉茲",原作"將捕爰,叚(假)倉茲",今從陳偉老師改讀。詳見陳偉:
《里耶秦簡所見秦代行政與算術》,簡帛網2014年2月4日,http://www.bsm.org.cn/
show_article.php?id=1986。後收入《秦簡牘校讀及所見制度考察》,第159頁。

令文没有單獨提及距離在 20 里以内的處理辦法,但考慮到距離較近的因素,縣官的簿籍可能是按日記録、當天上報。[1] 8－1559 簡中上報縣廷的時間是當月 30 日,其與令文規定在朔日上報不符(距縣廷"20里至 100 里"的情况),似説明倉官的設置可能是距離縣廷較近,屬於律文没有提及的距離在 20 里以内的情况。若然,此可佐證我們對遷陵縣倉官位置的猜測。

## (三) 遷陵縣的糧食存儲情况蠡測

關於縣倉的儲糧標準,睡虎地《倉律》簡 21 云"入禾倉,萬石一積而比黎之",即要求縣倉要按照"萬石一積"的標準貯藏糧食。另外,嶽麓秦簡中有兩道有關"倉"的算題,亦涉及秦代官倉的儲量:

【倉廣】二丈五尺,問袤幾可(何)容禾萬石? 曰: 袤卅丈。术(術)曰: 以廣乘高法,即曰,禾石居十二尺,萬石,十二萬尺爲賈(實)二,(實)如法得袤一尺,其以求高及廣皆如此。

（《嶽麓書院藏秦簡(貳)》175～176）

倉廣五丈,袤七丈,童高二丈,今粟在中,盈與童平,粟一石居二尺七寸,問倉積尺及容粟各幾可(何)? 曰: 積尺七萬尺,容粟二萬五千九百廿五石廿七分石廿五。述(術)曰: 廣袤相乘,有(又)以高乘之,即尺。以二尺

（《嶽麓書院藏秦簡(貳)》177～178）

---

① 比如,第 8－1069＋8－1434＋8－1520 號簡是庫武在"卅二年五月庚子"(25 日)上呈縣廷的作徒簿(簿),就在當天徒簿送達縣廷。另外,黄浩波先生曾據 8－815、8－1559 等簡指出,里耶簡中"各部門日作徒簿彙編成爲月作徒簿的時間在當月月末,並且在晦日呈報縣廷"。黄浩波:《里耶秦簡牘所見"計"文書及相關問題研究》,《簡帛研究 2016》春夏卷,廣西師範大學出版社 2016 年,第 110 頁。

這兩道題很可能是以秦代糧倉的現實儲存狀況爲原型的,它們反映的是秦代倉儲的真實面貌。[①] 通過對兩道算題的分析,可知秦代糧倉儲粟的一般標準是"粟一石居二尺七寸"。另外,根據兩則算題的描述,兩座倉(下文分別稱 A 倉、B 倉),具備"廣""袤""童""高""容積"等幾個要素,可見其應當爲建造在地面之上的方形糧倉。通過算題,可以得出兩座倉的具體數據是:

A 倉:寬 2 丈 5 尺(約 5.75 米),長 40 丈(約 92 米),容積爲 10 000 石。

B 倉:寬五丈(約 11.5 米),長七丈(約 16.1 米),容積爲 $25\ 925\frac{25}{27}$ 石。

巧合的是,在考古發掘的西漢京師倉遺址中,曾發現有多處大小不等的倉址,其中第 6 號倉址南北寬 10.45 米,東西長 15.35 米,分兩室。[②] 此數據與嶽麓秦簡算題所見的 B 倉寬 11.5 米,長 16.1 米的數據已非常接近。由此可見,嶽麓《數》中的算題應當是有現實依據的。另外,算題中兩處倉的儲糧數均達到萬石以上,B 倉更是超過二萬五千石,可見二者應非普通百姓所使用的糧倉。根據睡虎地秦簡《倉律》的記載,秦代一般縣倉的儲糧數爲"萬石一積"(21 號簡),秦舊都櫟陽爲"二萬石一積",首都咸陽達到"十萬石一積"(26 號簡)。因此,我們

---

① 裘錫圭先生曾指出,"《九章算術》算題裏假設的情況,的確是漢代實際情況的反映"(裘錫圭《裘錫圭學術文集(第二卷)》,復旦大學出版社 2012 年,63 頁);宋杰先生也曾指出,中國古代傳統數學具有實用性很強的鮮明特點,因此在算術的很多經典著作裏保留着清晰的社會背景(見宋杰《〈九章算術〉與漢代社會經濟》,首都師範大學出版社 1994 年,"前言"部分第 5 頁)。彭浩先生亦認爲,張家山漢簡《算數書》各種算題偏重於實際應用,不僅要滿足於解決民間經濟生活提出的種種問題,同時還要滿足政府在日常管理工作中對數學知識的需求。因此書中所選算題幾乎包括當時經濟生活的各個方面,爲解決各種問題提供實例。(見彭浩《張家山漢簡〈算數書〉注釋》,科學出版社 2010 年,第 26 頁。)幾位先生的判斷是有道理的,而據此來看,嶽麓秦簡《數》所載算題應當也是秦代社會的真實反映。
② 陝西省考古研究所編著:《西漢京師倉》,文物出版社 1990 年,第 27 頁。

懷疑兩道算題記録的很可能是秦代官倉的真實儲糧情況。尤其是第一道算題，或是以縣倉爲原型，其可作爲秦代縣倉儲糧“萬石一積”的直接證據。

　　然而在實際情況中，各地的縣倉能否嚴格按照此標準執行，尚有待進一步考證。具體來説，里耶秦簡中有不少關於糧食的數據，這些數據是考察秦遷陵縣倉儲糧情況的重要材料。

(1) 遷陵卅五年狼(墾)田輿五十二頃九十五畝，税田四頃□□Ⅰ

　　戶百五十二，租六百七十七石。衛(率)之，畝一石五；Ⅱ

　　戶嬰四石四斗五升，奇不衛(率)六斗。Ⅲ　　　　(8-1519)

　　啓田九頃十畝，租九十七石六斗。AⅠ

　　都田十七頃五十一畝，租二百卅一石。AⅡ

　　貳田廿六頃卅四畝，租三百卅九石三。AⅢ

　　凡田七十頃卌二畝。·租凡九百一十。AⅣ

　　六百七十七石。　　　　　　　(B8-1519背)

(2) 卅四年七月甲子朔癸酉，啓陵鄉守意敢言之：廷下倉守慶書

　　Ⅰ言令佐贛載粟啓陵鄉。今已載粟六十二石，爲付券一上。Ⅱ

　　謁令倉守。敢言之。·七月甲子朔乙亥，遷陵守丞巸告倉Ⅲ

　　主：下券，以律令從事。/壬手。/七月乙亥旦，守府印行。Ⅳ

　　　　　　　　　(8-1525)

(3) 粟米八百五十二石八斗。　　　其九十石八斗少半□

　　　　　　　　　(8-929)

(4) 粟米千五百九十四石四斗☑　　(8-1332)

(5) ☑□沅陵輸遷陵粟二千石書。　(8-1618)

(6) □年八月丙戌朔甲寅，倉守妃敢言之：廼八月庚子言：疏書

　　卅一年真見Ⅰ禾稼牘北(背)上。·今復益出不定，更疏書牘

北(背)上,謁除庚子書。敢Ⅱ【言】之。Ⅲ

(9－700＋9－1888)

☑□卅一年真見Ⅰ

☑禾稼千六百五十六石八斗少□Ⅱ

☑甲寅□下七□□□□□。　感手。Ⅲ

(9－700 背＋9－1888 背)①

(7)☑□未備千一百五十四石四斗☑　　　　(9－63)

例(1)記録的是遷陵縣在秦始皇三十五年墾田與征税的情況,其中所記"租凡九百一十"當是該年中所收田税的總數,這也是倉中貯糧的重要來源。例(2)中提到,啓陵鄉曾向倉或倉指定的地方輸送 62 石粟。考慮到該簡的時間是七月,且該簡所記"已載粟六十二石",與簡8－1519 所云"租九十七石六斗"的差距不算太大。因此,頗疑這條記録可能是啓陵鄉在收穫糧食之後,轉交部分租税的文書,而這些糧食最終可能會儲存到縣倉中。例(3)中的數據達到 800 多石,且該簡的簡首塗黑,可見其可能是統計某個時期倉中糧食的數據。例(4)中的粟米數接近 1 600 石,數量頗大。該簡右側有刻齒,當屬於"左券",爲接收糧食的記録。② 例(5)則是沅陵縣向遷陵縣輸送 2 000 石粟的記録,此與例(4)類似,均反映了由外地向遷陵縣輸糧的情況。例(6)是遷陵倉守向縣廷上報現存"禾稼"數量的文書,"禾稼千六百五十六石八斗少□"應當是遷陵縣倉現餘儲藏的禾稼總數。結合來看,遷陵縣糧食的年收入應當主要由租税和轉運構成,其中本地租税約有 900 餘石,而由外地輸轉可多達 2 000 石。

然而,根據趙岩先生的推算,秦遷陵縣官吏滿員時一年需食稻

---

① 兩枚的簡綴合及釋文,從里耶秦簡牘校釋小組:《〈里耶秦簡(貳)〉綴合補(一)》,簡帛網 2018 年 5 月 15 日,http://www.bsm.org.cn/show_article.php? id=3093。

② 張馳:《里耶秦簡券類文書的幾個問題》,《簡帛研究 2016》秋冬卷,第 134 頁。

2 400 餘石,所轄刑徒一年需供給口糧粟米 5 000 餘石。① 若依此計算,遷陵縣每年消耗的糧食至少在 7 000 石以上。那麼,如果遷陵縣能夠供給這些人口的正常消耗,則縣境之內所有糧倉的儲糧總數應當不低於該數。不過,由前文討論的數據來看,頗疑遷陵縣境內糧倉的儲糧總數很可能不會超過五千石,這距離睡虎地《倉律》"萬石一積"的要求還有不小的差距。也就是說,某些年份中遷陵縣本地所產的糧食仍很大程度上難以自給,並需要依靠外縣轉輸才能滿足日常的消耗。② 例(7)中出現"未備千一百五十四石四斗",大概是當時遷陵縣的糧食不足的反映。如果情況大致不誤,則 8 - 1332、8 - 1618 等簡中出現由外縣向遷陵縣輸粟的記錄,便不難理解了。

## 第三節　里耶 9 - 50 號簡所見的 "貳春鄉倉"

里耶第 9 - 50 號簡的釋文作:

> 卅四年二月丙申朔己亥,貳春鄉守平敢言之:廷令平代鄉茲守貳春鄉,今茲下之廷而不屬平以倉粟=(粟米)。問之,有(又)不告平以其數,即封倉以私印。今茲縣使未 歸 。遠逃而倉封以私印,所用備盜賊糧盡在倉中。即盜賊發,吏不敢蜀(獨)發倉,毋以智粟=(粟米)備不備,有恐乏追者糧食,節茲復環之官可缺

(9 - 50)

---

① 趙岩:《里耶秦簡所見秦遷陵縣糧食收支初探》,《史學月刊》2016 年第 8 期。
② 里耶 8 - 454 號簡有"所不能自給而求輸"的記載,可見遷陵縣的糧食很可能無法自給,因而才需要由外縣調入。另需要說明的是,由於材料的局限,我們所看到的遷陵縣儲糧的信息還比較有限,因此遷陵縣當地儲糧,是否遵循秦律所規定"萬石一積"的標準,仍有待更多材料的檢驗。

不環。謁遣令史與平襦彩之。① 謁報,署户發。敢言之。

二月甲辰日中時,[典]輖以來。/壬發。　[平][手]。

(9-50背)

對於該簡,張先生有比較詳細的説明。他説:"平代茲爲貳春鄉守,而茲以私印封存倉儲糧食且不告知存糧數量,茲遠行服徭役未歸,影響防備盜賊、維護治安等工作的開展,表明前後任鄉官工作移交的不徹底或者兩者間缺乏信任,也可能是前任對繼任的故意爲難。盜賊未發而預爲謀劃,指出事情的嚴重性,新鄉官的這道文書寫得言簡意賅,極是精彩。"②

細繹簡文,這條記載對於探討秦代鄉倉的設置與管理等問題,亦有重要價值。試分析如下:

## (一) 鄉倉的設置

秦代曾在縣、鄉兩級分別設置糧倉。縣倉一般設置在都鄉(稱"都倉"),離鄉所設的倉稱"離邑倉"。睡虎地秦簡《倉律》21～22 號簡"入禾倉,萬石一積而比黎之。爲户,縣嗇夫若丞及倉、鄉相雜以印之,而遣倉嗇夫及離邑倉佐主稟者各一户以氣(餼),自封印,皆輒出、餘之,索而更爲發户"的規定,説明秦統一前曾在離鄉設置倉,並且離邑倉的管理者稱倉佐。

9-50 號簡的出現,可以確認當時的貳春鄉亦曾設有官倉,該倉的性質是離邑倉,而貳春鄉嗇夫對該倉具有一定的管理權。值得注

---

① 簡背的"襦彩",黃浩波先生改釋"雜診"。黃浩波:《〈里耶秦簡(貳)〉讀札》,簡帛網 2018 年 5 月 15 日,http://www.bsm.org.cn/show_article.php? id=3095。

② 張春龍:《秦朝遷陵縣社會狀況漫談——〈里耶秦簡(貳)〉選讀》,《第六屆出土文獻青年學者論壇論文集》,中國人民大學 2017 年 8 月,第 1—2 頁。

意的是,在文書中"平"特意强調"備盜賊糧盡在倉中",可見該倉儲糧的一項重要功能是防備盜賊。這也説明,秦代的糧倉系統應當包括日常使用和戰略儲備兩類。備盜賊倉的出現,也反映了當時秦遷陵縣仍然存在一些不穩定因素,一些潛在勢力或盜賊仍然對地方統治構成威脅。

## (二) 鄉倉的管理

關於秦代鄉倉的管理,以往的研究多依靠出土秦律令展開。里耶第 9 - 50 號簡,則爲考察秦代鄉倉管理提供了鮮活的實例。通過該簡,可以看到秦代對鄉倉管理過程中的兩個細節。

第一,鄉官職務的交接,應當包含糧倉的相關信息。9 - 50 號簡中提到鄉兹徭使在外時"不屬平以倉粟米"、"有(又)不告平以其數",即不告訴"平"倉中糧食的種類數量。對此,睡虎地秦律中有相關規定:

> 實官佐、史被免、徙,官嗇夫必與去者效代者。節(即)官嗇夫免而效,不備,代者【與】居吏坐之。故吏弗效,新吏居之未盈歲,去者與居吏坐之,新吏弗坐;其盈歲,雖弗效,新吏與居吏坐之,去者弗坐,它如律。　　　　　　(《秦律十八種·效》162～163)

> 倉嗇夫及佐、史,其有免去者,新倉嗇夫、新佐、史主廥者、必以廥籍度之。其有所疑,謁縣嗇夫,縣嗇夫令人復度及與雜出之。禾贏,入之;而以律論不備者。禾、芻稾積廥,有贏不備,而匿弗謁,及者(諸)移贏以賞(償)不備,羣它物當負賞(償)而僞出之以彼賞(償),皆與盜同灋(法)。大嗇夫、丞智(知)而弗皋(罪),以平皋(罪)人律論之,有(又)與主廥者共賞(償)不備。

> 　　　　　　　　　　　　　　　　　　(《效律》32～36)

在兩條律文中,均規定了在實官之吏員交接工作時,需要核驗相關物資。如果出現贏不備的情況,需判定責任歸屬,并據此對相關人員進行處罰。顯然,9-50號簡中的貳春鄉茲對設置在貳春鄉的倉具有管理權,他有責任將倉的具體情況告知繼任者。正是由於"茲"並未如此做,因此"平"在開展工作時感到爲難,只能選擇上報請求上級處理。當然,張春龍先生所言"前後任鄉官工作移交的不徹底或者兩者間缺乏信任,也可能是前任對繼任的故意爲難",亦有此種可能。

第二,鄉倉亦有完善的封印制度。據秦律,糧倉在每次發放完之後還要加蓋封印。[1] 如睡虎地秦簡《倉律》21～23云:

> 入禾倉,萬石一積而比黎之。爲户,縣嗇夫若丞及倉、鄉相雜以印之,而遣倉嗇夫及離邑倉佐主禀者各一户以氣(餼),自封印,皆輒出、餘之,索而更爲發户。嗇夫免,效者發,見雜封者,以隄(題)效之,而復雜封之,勿度縣,唯倉自封印者是度縣。出禾,非入者是出之,令度之,度之當隄(題),令出之。其不備,出者負之。

這條律文很好地展現了封閉倉門以及封印糧倉的情形。其中,封印又分爲"雜封"(多人封倉)和"自封"(單人封倉)兩種情況。開啓倉門時,亦需要分別對待。當倉參與"雜封"時,需要核對封題是否完好,如然才可以開倉發放。當倉是"自封印"時,還需要稱量所藏穀物是否準確後才能發放。

9-50號簡還提到茲"封倉以私印",致使"節(即)盜賊發,吏不敢蜀(獨)發倉,毋以智粟米備不備"。"茲"的這一行爲,與秦律封印倉的要求相悖。首先,根據《倉律》,禾在入倉後,倉門需要由縣嗇夫(或縣

---

[1] 對於秦代的封印制度,可參蔡萬進:《雲夢秦簡中所見秦的糧倉管理制度》。

丞)、倉嗇夫、鄉嗇夫三人雜封,"茲"在此時只封以私印,顯然不符合規定。其次,律文還要求入倉的人員參與出倉(包括"茲"),如不參與則要稱量之後才能發放("非入者是出之,令度之,度之當題,令出之")。在 9-50 號簡中,曾經參與入倉的"茲"此時并不在場,因此"吏不敢獨發倉"。並且,守官"平"又無從得知倉中糧食的數量("不告平以其數"),開倉之後亦不能準確核對倉中糧食是否準確。於是,"平"對無法開倉的問題感到困惑,並請示上級如何處理。

# 小　結

通過秦簡牘的相關記載可知,秦代的倉和廥不僅是儲藏物資的建築,同時二者還是管理物資的"實官"。在管理儲藏物資的功能上,倉和廥存在區別:倉主要儲藏糧食,廥可以儲藏糧食和芻稾。而根據睡虎地秦簡的記載來看,倉官應當管理有多個廥,一積即一廥。另外,儲藏糧食的倉和儲藏芻稾的廥在建築形態上有所不同,陝西靖邊郝灘漢畫像中的"禾積"和"稾積"畫像,展示了"禾"與"芻稾"堆積的情況。

里耶秦簡所見的秦遷陵縣,曾設有多處糧倉,其中包括徑廥、乙廥、丙廥、西廥這四處廥倉。四個廥倉出現的時間存在先後,或有一定的沿革關係。另據倉官和縣廷傳遞文書的效率來看,遷陵縣倉官距離縣廷當在 20 里的範圍內,且很可能位於都鄉之中。遷陵縣境內糧倉的儲糧主要由本地租稅和外地輸送構成,且外地輸食占據倉糧總數的大部分。這也説明,遷陵縣本地所產的糧食仍很大程度上難以自給,需要依靠外縣轉輸才能滿足日常的消耗。

里耶第 9-50 號簡反映了貳春鄉倉的管理細節。據該簡可知,貳春鄉倉儲藏的是"備盜賊糧",説明秦代的糧倉系統應當包括日常使用和戰略儲備兩類。備盜賊倉的出現,也反映了當時秦遷陵縣仍然存在一些不穩定因素,一些潛在勢力或盜賊仍然對地方統治構成威脅。同時該簡還説明,秦代鄉官職務的交接應當包含糧倉的相關信息,並且鄉倉亦有完善的封印制度。

表 1-2　《里耶秦簡(壹)、(貳)》所見的倉吏

| 日　　　期 | 倉名 | 倉守 | 倉佐/史 | 簡　　號 | 備注 |
|---|---|---|---|---|---|
| 【廿六】年十二月癸丑朔己卯 | 西廥 | 倉守敬 | / | 8-1452 | / |
| 廿七年十二月丁酉 | / | 倉武 | 佐辰 | 8-1551 | / |
| 廿七年端月丁未 | / | 倉武 | 佐壬 | 9-134 | / |
| 廿八年 | / | 倉武 | 倉佐尚 | 7-304 | / |
| 廿八年六月己巳朔甲午 | / | 倉武 | / | 8-1490+8-1518 | / |
| 廿九年三月丁酉 | 丙廥 | 倉趙 | 史感 | 8-1690 | / |
| 廿九年後九月辛酉朔丙寅 | / | 倉趙 | / | 12-1780 | / |
| 卅年八月丙戌朔庚子 | / | 倉是 | / | 9-1856 | / |
| 【卅】年八月丙戌朔甲寅① | / | 倉守妃 | / | 9-700+9-1888 | / |
| 卅一年十月乙酉 | 徑廥 | 倉守妃 | 佐富 | 8-56 | / |
| 卅一年十月乙酉 | 徑廥 | 倉守妃 | 佐富 | 8-1739 | / |
| 卅一年十月乙酉 | 丙廥 | 倉守妃 | 佐富 | 8-1545 | / |
| 卅一年十月甲寅 | 丙廥 | 倉守妃 | / | 8-821 | / |
| 卅一年十一月乙卯 | 徑廥 | 倉守妃 | 史感 | 9-85+9-1493 | / |
| 卅一年十一月丙辰 | 徑廥 | 倉守妃 | 史感 | 9-13 | / |
| 卅一年十一月丙辰 | 徑廥 | 倉守妃 | 史感 | 8-766 | / |
| 卅一年十二月戊戌 | 徑廥 | 倉妃 | 史感 | 8-762 | / |

---

① "卅"字原缺,《校釋(二)》指出缺字當是"卅",此據補。詳見陳偉主編,魯家亮、何有祖、凡國棟撰寫:《里耶秦簡牘校釋(第二卷)》,武漢大學出版社 2018 年,第 180 頁。以下引用該書,簡稱"校釋(二)"。

續　表

| 日　期 | 倉名 | 倉守 | 倉佐/史 | 簡　號 | 備註 |
|---|---|---|---|---|---|
| 卅一年十二月甲申 | 徑廥 | 倉妃 | 史☒ | 8－1081 | / |
| 卅一年十二月甲申 | 徑廥 | 倉妃 | 史感 | 8－1239＋8－1334 | / |
| 卅一年十二月甲申 | / | 倉妃 | 史感 | 9－2334 | / |
| 卅一年□□月乙酉☒ | 徑廥 | / | / | 8－1257 | / |
| 卅一年正月甲寅 | 徑廥 | 倉守武 | 史感 | 9－726＋9－1033 | / |
| 【卅】一年正月戊午 | / | 倉守武 | 史感 | 8－1580 | / |
| 卅一年正月壬戌 | 徑廥 | 倉守武 | 史感 | 9－813＋9－1122 | / |
| 卅一年正月丁丑 | 徑廥 | 倉守武 | 史感 | 9－440＋9－595 | / |
| 卅一年二月己丑 | 徑廥 | 倉守武 | 史感 | 8－2249 | / |
| 卅一年二月辛卯 | 徑廥 | 倉守武 | 史感 | 8－800 | / |
| 卅一年二月辛卯 | 徑廥 | 倉守武 | 史感 | 8－800＋9－110 | / |
| 卅一年二月辛卯 | / | 倉守武 | 史感 | 9－16 | / |
| 卅一年三月丙寅 | / | 倉武 | 佐敬 | 8－760 | / |
| 卅一年三月癸丑 | / | 倉守武 | / | 8－606 | / |
| 卅一年三月癸丑 | / | 倉守武 | 史感 | 8－763 | / |
| ☒年三月癸丑 | / | 倉守武 | 史感 | 8－448＋8－1360 | / |
| 卅一年四月癸未朔甲午 | / | 倉是 | / | 8－736 | / |
| 卅一年五月乙卯 | / | 倉是 | 史感 | 8－1345＋8－2245 | / |
| 卅一年五月壬子朔壬戌 | / | 倉是 | 倉佐□ | 8－45＋8－270 | / |
| 卅一年五月癸酉 | / | 倉是 | 史感 | 8－1540 | / |
| 卅一年五月壬子朔辛巳 | / | 假倉茲 | / | 8－1559 | / |
| 卅一年七月乙丑 | / | 倉是 | 史感 | 8－1794 | / |
| 卅一年七月辛亥朔壬子 | / | 倉是 | 史☒ | 8－1336 | / |
| ☒八月丙戌 | / | 倉是 | 史感 | 8－1031＋8－1375 | / |
| 卅一年八月壬寅 | / | 倉是 | 史感 | 8－217 | / |
| 卅一年九月庚申 | / | 倉是 | 史感 | 8－211 | / |
| 卅一年後九月辛巳 | / | 倉守武 | 史感 | 8－1905＋9－309＋9－976 | / |

| 日　期 | 倉名 | 倉守 | 倉佐/史 | 簡　號 | 備注 |
|---|---|---|---|---|---|
| 卅二年三月丁丑朔丙申 | / | 倉是 | 佐狗 | 14－300 | / |
| 卅三年二月壬寅朔庚戌 | / | 倉是 | / | 8－561 | / |
| 卅三年九月戊辰乙酉 | / | 倉是 | 佐襄 | 8－1660＋8－1827 | / |
| 卅四年十一月丁卯朔朔日 | / | 倉守就 | / | 9－1173 | / |
| 卅四年十一月丁卯朔朔日 | / | 倉守就 | 佐襄 | 9－1224＋9－1553 | / |
| 卅四年十一月丁卯朔朔日 | / | 倉守就 | / | 9－2139 | / |
| 卅四年十一月丁卯朔甲午 | / | 倉守壬 | 佐卻 | 9－209 | / |
| 卅四年十一月丁卯朔甲午 | / | 倉守壬 | 佐卻 | 9－495＋9－498 | / |
| 卅四年十一月【丁卯朔】甲午 | / | 倉守壬 | 佐卻 | 9－1931＋9－2169 | / |
| 卅四年七月甲子朔辛巳 | / | 倉□ | 佐瞾 | 9－528＋9－1129 | / |
| 卅四年八月癸巳朔丙申 | / | 倉衎 | 佐卻 | 8－1549 | / |
| 卅四年後九月壬辰朔丁巳 | / | 倉守履 | / | 8－1240＋8－843 | / |
| 卅五年正月庚寅朔朔日 | / | 倉守擇 | 佐瞾 | 8－839＋8－901＋8－926 | / |
| 卅五年二月庚寅朔朔日 | / | 倉守擇 | / | 8－795＋8－562＋8－1820 | / |
| 卅五年三月庚寅朔辛亥 | / | 倉衎 | / | 8－1517 | / |
| 卅五年四月己未朔庚申 | / | 倉衎 | 佐☐ | 8－1167＋8－1392 | / |
| 卅五年七月戊子朔乙未 | / | 倉守☐ | / | 8－836＋8－1779 | / |
| 卅五年七月戊子朔乙巳 | / | 倉守言 | 【佐】☐ | 8－1268 | / |
| 卅五年八月丁巳朔辛酉 | / | 倉守擇 | / | 8－1544 | / |
| 卅五年八月丁巳朔丁丑 | / | 倉茲 | / | 8－452＋8－596 | / |
| 卅五年八月丁巳朔丙戌 | / | 倉茲 | / | 8－824＋8－1974 | / |
| 卅五年九月丁亥朔丙申 | / | 倉茲 | / | 8－2248 | / |
| 元年十一月甲辰朔壬子 | / | 倉曋 | / | 9－128＋9－204 | / |
| 元年十一月【甲辰】朔壬子 | / | 倉曋 | / | 9－785＋9－1259 | / |
| 元年四月壬申朔戊子 | / | 倉守客 | / | 9－117 | / |

| 日　　　期 | 倉名 | 倉守 | 倉佐/史 | 簡　　號 | 備注 |
|---|---|---|---|---|---|
| 元年七月庚子朔丁未 | / | 倉守陽 | / | 5－1 | 零陽縣 |
| 五月己巳夕 | / | 倉佐處 | / | 9－2032 | / |
| ☐年四月丙午朔壬子 | / | 倉是 | / | 9－1714 | / |
| 【……】五月甲寅 | / | 倉是 | / | 8－663 | / |
| ☐年四月丙午朔壬子 | / | 倉是 | / | 9－1714 | / |
| / | / | 倉是 | / | 9－1851 | / |
| / | / | 倉是 | 佐蒲 | 8－1134 | / |
| / | / | 倉【是】 | / | 8－2343 | / |
| / | / | 倉是 | / | 9－1851 | / |
| ☐月甲辰朔癸亥 | / | 倉守恬 | / | 9－141＋9－374 | / |
| ☐☐壬辰朔戊申 | / | 倉守狐 | / | 9－356 | / |
| ☐朔丁巳 | / | 倉守處 | / | 9－363 | / |
| ☐朔丙辰 | / | 倉守處 | / | 9－104 | / |
| / | / | 倉守處 | / | 9－145 | / |
| ☐【年】八月甲子 | / | 倉守逐 | 佐顯 | 9－1127 | / |
| ☐☐酉 | / | 倉武 | / | 9－1860 | / |
| ☐月癸酉朔☐☐ | / | 倉守莊 | / | 9－1744 | / |
| ☐戌朔朔日 | / | 倉守就 | / | 9－1886 | / |
| ☐☐【朔癸】巳 | / | 倉守適 | 佐膚 | 9－1913 | / |
| / | / | 倉守適 | 佐膚 | 9－202＋9－3238 | / |
| ☐月庚午 | / | 倉守瞫 | / | 9－429 | / |
| / | / | 倉瞫 | / | 9－345 | / |
| ☐辛酉 | / | 倉守擇 | / | 8－405 | / |
| / | / | 倉守擇 | / | 8－854 | / |
| / | / | 倉守擇 | / | 8－1078 | / |
| / | / | 倉☐擇 | / | 8－169＋8－233＋8－407＋8－416＋8－1185 | / |

| 日　　期 | 倉名 | 倉守 | 倉佐/史 | 簡　號 | 備注 |
|---|---|---|---|---|---|
| / | / | 假倉贛 | / | 8-459 | / |
| / | / | 假倉贛 | / | 8-2371 | / |
| / | / | 假倉贛 | / | 9-971 | / |
| / | / | 假倉贛 | / | 9-1603 | / |
| / | / | 假倉造 | / | 9-1722 | / |
| ☑甲辰 | / | 倉茲 | / | 8-1059 | / |
| / | / | 倉歂 | / | 8-369+8-726 | / |
| ☑□丁巳 | / | 倉歂 | / | 8-1156 | / |
| / | / | 倉銜 | / | 8-1755 | / |
| / | / | 倉銜 | 佐 | 8-1298+8-1354 | / |
| / | / | 倉守禿 | / | 6-17 | / |
| ☑□月己亥朔辛丑 | / | 倉守敬 | / | 8-136+8-144 | / |
| / | / | 倉敬 | / | 8-2458 | / |
| / | / | 倉敬 | / | 9-228 | / |
| ☑甲辰 | / | 倉守言 | / | 8-898+8-972 | / |
| / | / | 【倉】守妃 | 佐富 | 8-915 | / |
| / | / | 倉銜 | / | 9-2368 | / |
| / | / | 倉守獲 | / | 9-414 | / |
| / | / | 倉守義 | / | 9-594 | / |
| / | / | 倉守説 | / | 9-1262 | / |
| / | / | 倉守士五(伍)章 | / | 9-1331 | / |
| / | / | 倉守曼 | 佐 | 9-1780 | / |
| / | / | / | 倉佐臀 | 9-1281、9-1641 | / |
| / | / | / | 倉佐襄 | 9-2596 | / |

續　表

| 日　　期 | 倉名 | 倉守 | 倉佐/史 | 簡　　號 | 備注 |
|---|---|---|---|---|---|
| / | / | / | 倉佐襄 | 8－184 | / |
| / | / | / | 倉佐平 | 8－149＋8－489 | / |
| / | / | / | 倉佐喜 | 8－968 | 倉佐喜死 |
| / | / | / | 倉佐敬 | 9－378 | / |

# 第二章
# 簡牘所見秦稟食制度

"稟食",指官方的糧食管理機構向特定人員發放糧食的行爲,它是糧食管理的關鍵環節。[①] 因此,對秦代稟食制度的考察,是研究秦代倉制的重要内容。關於秦代的稟食制度,學者多有論及,並有不少優秀的研究成果。[②] 而秦簡牘材料的日益豐富,尤其是睡虎地秦簡《倉律》、嶽麓秦簡《倉律》、《内史倉曹令》和里耶稟食文書的公布,爲我們考察秦代的稟食制度提供了難得的機遇。下面試結合上述材料,對秦代稟食的相關問題作一些討論。

## 第一節　秦縣的稟食機構

前文我們提到,秦代的倉儲網絡主要由中央的太倉和設在地方的

---

① "稟食"見載於典籍,如《墨子·七患》云"饑,則盡無禄稟食而已矣"。"稟食",文獻中亦作"廩食",如《史記·淮南衡山列傳》(中華書局 2014 年,第 3743 頁):"遣其子母從居,縣爲築蓋家室,皆廩食給薪菜鹽豉炊食器席蓐。"由於秦漢簡牘中多稱發放糧食爲"稟食",故文中采用此稱謂。
② 相關成果頗多,比如高敏:《雲夢秦簡初探(增訂本)》,第 216—219 頁;康大鵬:《雲夢簡中所見的秦國倉廩制度》《北大史學》,第 28—44 頁;蔡萬進:《秦國廥籍制度探略》;等等。更詳細的梳理,請參本書前言研究概述部分第二節。這些成果的相關内容,下文引述時亦將有介紹。

縣倉、鄉倉構成,而這些糧食管理部門承擔着發放糧食的主要功能。尤其是遍布各地的縣鄉倉,承擔着地方主要的稟食任務。里耶秦簡就有大量秦遷陵縣稟食的珍貴記錄。通過分析這些材料,可以看到秦縣一級稟食發放的基本面貌。

## (一) 里耶簡所見的稟食機構

里耶秦簡所見的秦遷陵縣,下設有倉和其他多個出稟機構。對此,學者已有論及。比如沈剛先生曾指出,"在遷陵縣,倉是主要廩給機構,屬鄉、司空和田官也承擔部分廩給職能"。[①] 趙岩先生亦認爲:"遷陵縣的倉、司空、田官、啓陵鄉及貳春鄉見有出稟糧食的記錄,尉官、田官、倉及啓陵鄉見有出貸糧食的記錄,這些機構是遷陵縣支出糧食的機構。"[②]此論當是。爲方便討論,我們可以先看幾個例證:

　　粟米一石二斗半斗。卅一年三月丙寅,倉武、佐敬、稟人援出稟大隸妾□。I

　　　　令史尚監。II　　　　　　　　　　　　　　　(8-760)

　　徑廥粟米一石九斗五升六分升五。　　卅一年正月甲寅朔丁巳,司空守增、佐得出以食舂、小城旦渭等卅七人,積卅七日,日四升六分升一。I

　　　　令史□視平。　　得手。II

　　　　　　　　(8-212+8-426+8-1632)

　　徑廥粟米一石八斗泰半。　　　卅一年七月辛亥朔癸酉,田官

---

① 沈剛:《〈里耶秦簡〉(壹)所見廩給問題》,《吉林大學古籍研究所建所三十周年紀念論文集》,上海古籍出版社 2014 年,第 137—141 頁。

② 趙岩:《里耶秦簡所見秦遷陵縣糧食收支初探》。

守敬、佐壬、稟人蓉出稟屯戍簪裊襄完里黑、士五（伍）胸忍松涂增

Ｉ六月食，各九斗少半。　　　令史逐視平。　　　敦長簪裹襄壞

（裹）德中里悍出。　　　壬手。Ⅱ　　　　（8－1574＋8－1787）

　　粟米一石二斗六分升四。　　　令史逐視平。Ｉ

　　卅一年四月戊子，貳春鄉守氏夫、佐吾、稟人藍稟隸妾廉。Ⅱ

　　　　　　　　　　　　　　　（8－1557）

　　粟米一石六斗二升半升。卅一年正月甲寅朔壬午，啓陵鄉守

尚、佐冣、稟人小出稟大隸妾夸、亭、窰、苴、並、瓜人、☑Ｉ

　　樂宵、韓歐毋正月食，積卅九日，日三升泰半半升。令史氣視

平。☑Ⅱ①　　　　　　　　　（8－925＋8－2195）

　　粟米一石九斗少半斗。　　　卅三年十月甲辰朔壬戌，發弩

繹、尉史過出貢罰戍士五（伍）醴陽同☑禄。廿Ｉ

　　令史兼視平。　　　過手。Ⅱ　　　　（8－761）

　　☑□出貸吏以卒戍士五（伍）涪陵戲里去死十一月食。Ｉ

　　☑尉史□出。狗手。Ⅱ　　　　　（8－1094）

這幾枚出稟文書的主持者分別是“倉（嗇夫）武”“司空守增”“田官守敬”“貳春鄉守氏夫”“啓陵鄉守尚”“發弩繹”，可見遷陵縣的倉、司空、田官、諸鄉、尉官等機構當承擔着稟食的職能。而且，在幾份稟食文書中，主要參與者除了稗官的長官（或代理長官）之外，還有各機構的官佐和縣廷派來的令史，稟人則承擔具體發放任務。這些記録，也大體符合睡虎地秦簡中“糧食出入”的格式：

　　　某廥禾若干石，倉嗇夫某、佐某、史某、稟人某。

　　　　　　　　　　　　　　（《效律》27～28）

---

　　① 簡文中的“夸”“亭”“瓜”等字，從何有祖老師釋。詳見何有祖：《讀里耶秦簡札記（三）》，簡帛網 2015 年 7 月 1 日，http://www.bsm.org.cn/show_article.php?id=2267。

其廥禾若干石，倉嗇夫某、佐某、史某、稟人某。①

（《秦律十八種·效》168）

還可以補充的是，除了前文提到的倉、司空、田官、諸鄉、尉等稗官之外，秦縣或許還存在其他稟食機構。具體來説，"廝舍"便是其中之一。里耶簡中有關"廝舍"的記載，包括如下幾枚簡：②

廿六年七月庚戌，瘸舍守宣、佐秦出稻粟米二斗以貸居貲（貸）士五（伍）巫濡留利，積六日，日少半斗。I

令史慶監。☐ II　　　　　　　　　（9-1903＋9-2068）

廿六年七月庚戌，瘸舍守宣、佐秦出稻粟＿四斗少半斗以貸居貲士五胸忍脩仁齊，積十三日＿少半斗。

令史慶監☐　　　　　　　（9-1937＋9-1301＋9-1935）

廿六年七月庚戌，瘸舍守宣、佐秦出稻粟＿一石一斗半斗以貸居貲士五胸忍陰里冉？ 積卅日，其廿一日＿少半斗、其九日＿少〈半〉斗。

令史慶監☐　　　　　　　　（9-1526＋9-502）

卅六年五月庚戌，瘸舍守歐、佐秦出粱粟＿四斗一升泰半升以食瘸者居貲士五胸忍宜新符，積十三日＿少半斗積四斗少半升　令史肄監☐　　　　　（9-2303＋9-2292）

幾枚簡是"瘸舍"長官向居貲士伍出貸糧食的記録，這也屬於廣義

① 兩種格式一致，惟簡首"其廥"與"某廥"有一字之差。頗疑第二例中的"其"可能是"某"字誤書。首先，二者字形非常接近，原釋"其"字（𥝩），或是"某"（𣐽）之訛寫。其次，睡虎地秦簡中在記録一類文書的格式時，多稱"某"。同簡中還有"倉嗇夫某""佐某""史某""稟人某"，可爲其證。

② 部分文字的釋讀，參考周海鋒：《〈里耶秦簡（貳）〉初讀（一）》，簡帛網 2018 年 5 月 15 日，www. bsm. org. cn/show_article. php？ id＝3089；黄浩波：《〈里耶秦簡（貳）〉讀札》。

上的"稟食"。張春龍先生指出,癄舍"可能是縣署的客舍不避賤名"。[①]
今按,傳世典籍中有"廝舍"[②],指僕役的住處。如《後漢書·桓帝紀》:
"今京師廝舍,死者相枕,郡縣阡陌,處處有之,甚違周文掩胔之義。"李
賢注:"廝舍,賤役人之舍。"[③]簡文中的"癄舍",或即"廝舍"。另外,里
耶簡中還有不少關於"癄"的記載,[④]或與雜役有關。考慮到上述三枚
簡的記錄時間在同一天,且其内容皆是"癄舍"長官和官佐向居貲士伍
出貸糧食,其發放過程亦由令史監督,但無稟人。因此,秦簡中的"癄
舍"或是管理廝者食宿的機構名。由於"癄舍"有向居貸士伍出貸糧食
的職權,可見其應當是縣廷下轄,與倉、司空、田官、諸鄉等並列的直屬
機構。

總之,據已刊布的里耶秦簡來看,秦縣下屬的"倉""司空""田官"
"鄉""尉""廝舍"等機構均有稟食的職能,而倉是其中最主要的稟食機
構,其承擔着主要的稟食任務。[⑤]

## (二) 各機構的稟食分工

里耶秦簡中,不同機構的稟食對象也各有不同,這似説明稟食
機構之間在出稟事務方面可能存在一定的分工。爲方便説明,我們

① 張春龍:《里耶,秦朝的七月——據里耶古城遺址一號井出土簡牘》,《里耶秦簡與秦
文化學術研討會論文集》,里耶 2017 年 9 月,第 3 頁。
② 秦漢簡帛所見"疒"旁與"广"旁常混用,如里耶簡中的"應",常寫作"瘫"(8-8、
8-25)。
③ 〔宋〕范曄撰,〔唐〕李賢等注:《後漢書》,中華書局 1973 年,第 294—295 頁。
④ 比如,8-648 號簡記"卅一年七月辛亥朔甲子,司空守□敢言之:今以初爲縣卒Ⅰ廝
死及傳桮書案致,毋害(應)此人名者";8-1586 號簡記"一人與史上事泰守府";BⅠ一人廝
(廝);BⅡ二人付庫;BⅢ"。《校釋(一)》(第 365 頁)注:"廝,役使。《漢書·司馬相如傳下》:
'廝征伯僑而役羨門兮,詔岐伯使尚方。'顔注引應劭曰:'廝,役也。'"
⑤ 據筆者統計,《里耶秦簡(壹)》中與稟食有關的簡牘達 160 餘枚(大多殘斷),其中可
以判斷由"倉"稟食的記録有近 60 枚(較完整的有 30 枚),占據多數。另外,剩餘稟食記録中
以司空稟食較多(約 10 枚),貳春、啓陵鄉次之,田官再次之(4 次),尉官最少。

先把《里耶秦簡（壹）》中"稟食機構"與"稟食對象"的對應關係匯總如下：

倉　　遷陵丞（8－1345＋8－2245）；令史（8－1031）；庫佐（8－
　　　1063＋1642）；牢監、倉佐（8－45＋8－270）；隸妾（8－760）；
　　　隸臣嬰兒（8－217）；隸妾嬰兒（8－1540）；小隸臣（8－
　　　1551）；冗作大女（8－1239＋8－1334）；乘城卒（8－1452）；
　　　【更戍士伍】（8－1660＋8－1827）；屯戍士伍（8－1545）

司空　舂、小城旦（8－216＋8－351、8－212＋8－426＋8－1632）

諸鄉　隸臣（8－2247）；隸妾（8－1557、8－925＋8－2195）；舂、白
　　　粲（8－1335）；【屯戍】（8－1710）；佐（8－1550）

尉　　罰戍士伍（8－761）、卒戍士伍（8－1094）

田官　貲贖士伍（8－764）；屯戍士伍（9－762）[1]；居貲士伍（8－
　　　1328）；屯戍簪裊、屯戍士伍（8－1574＋8－1787）；罰戍公
　　　卒（8－2246）

痹舍　居貲士伍（9－1527、9－1909、9－1938）[2]

　　觀察這些出稟機構和受稟對象，可以發現二者之間當存在對應關係：倉出稟的對象最爲複雜，其中既有基層吏員，還有刑徒、戍卒、冗作者等；司空稟食的對象比較固定，主要是針對城旦舂；鄉官則主要是刑徒，但也有戍卒和官佐；尉官和田官則主要是戍卒；痹舍則可以向居貲士伍稟食。對於出稟的分工，黃浩波先生曾提出"戍卒由駐戍部門出稟，居作者由所居部門出稟，諸曹吏佐由倉出稟，而鄉吏佐則由所在

　　① 里耶秦簡博物館、出土文獻與中國古代文明研究協同創新中心中國人民大學中心編著：《里耶秦簡博物館藏秦簡》，中西書局 2016 年，第 116 頁。
　　② 今按，何有祖老師提示 8－648 與 8－1586 號簡中出現有"痹"，而兩枚簡中出現的"縣卒"和徒隸或也是受稟者，這一判斷當是有道理的。不過，由於現有簡牘中暫未出現向這些人員直接稟食的證據，文中暫且存疑。

鄉出稟";①趙岩先生則將分工的規律總結爲"支付機構受支付對象的所屬機構及工作地域制約"。② 這些是很好的意見。如進一步歸納,可知秦縣的稟食主要遵循"就近稟食""管理機構稟食"和"使用機構稟食"三個主要原則。

"就近稟食",是指由就近的出稟機構發放糧食。《天聖令·倉庫令》有云"諸應給公糧者,皆於隨近倉給"(宋 7),"其外官及京官兼任外官者,各於隨近倉便給"(宋 10)。③ 其中的"隨近倉給",規定官祿就近領取,這與稟食的就近發放頗爲相似。這種發放方式,主要適用於官府吏員、冗作、戍卒。此類人員大多具有一定身份且工作地點經常變動,因此會安排由就近的糧食管理機構發放。具體來看,里耶簡中的"倉"出稟遷陵丞、令史、庫佐、牢監、乘城卒、冗作大女,應當屬於"就近稟食"的類型。另外,里耶簡中的外地續食文書中多見"謁告過所縣鄉以次續食"的記載(如 5-1、8-1517),這種由所過縣鄉提供稟食的方式,應當也屬於"就近稟食"的類型。還有一種情況是,徒隸的勞作機構距離發放單位比較近,此時也是就近發放。比如,倉和司空派遣徒隸到"縣廷""少内""庫"等機構,但由於這些機構離倉較近,其稟食亦是由倉就近提供。

"管理機構稟食",是指由服役者的管理機構發放稟食。這種發放方式主要適用徒隸、戍卒、居貲者。此類人員大多身份低微、勞作地點相對固定,由管理機構發放稟食同樣易於操作。具體而言,里耶簡中由倉出稟隸臣妾、司空出稟城旦舂、尉官出稟卒戍士伍,皆屬於此類。

---

① 黄浩波:《〈里耶秦簡(壹)〉所見稟食記録》,《簡帛》第十一輯,第 132 頁。另,黄浩波先生 2018 年 2 月 24 日告知:"當時好像没有考慮到刑徒管理、勞作與出稟部門的關係。現在看來,倉出稟隸臣妾、司空出稟城旦舂可能既有管理的可能,又有刑徒在其部門勞作的可能;鄉出稟有隸臣妾有城旦舂,是因爲鄉接受的刑徒有隸臣妾也有城旦舂。"

② 趙岩:《里耶秦簡所見秦遷陵縣糧食收支初探》。

③ 天一閣博物館、中國社會科學院歷史研究所天聖令整理小組:《天一閣藏明鈔本天聖令校證(附唐令復原研究)》,中華書局 2006 年,第 278—279 頁。

“使用機構稟食”，主要是針對徒隸而言，是指使用徒隸的機構向徒隸發放稟食。這裏所言的使用機構主要是“倉”“司空”之外的其他徒隸使用機構。這些機構的位置一般比較偏遠，但可以從倉或司空中接收徒隸，並安排其勞作。在其他機構勞作期間，徒隸的稟食則會由役使他們的部門負責發放。具體來説，里耶簡中的“離鄉”“田官”等向隸臣妾、城旦舂、戍卒等人員發放稟食的記載，多屬於此類。

需要説明的是，關於稟食機構的安排，應當需要綜合考量各種因素。在上述原則中，就近發放應當是最基礎，也是最有效的方式。比如，嶽麓秦簡《内史倉曹令》中有一則稗官上呈簿籍的律文。[1] 該律針對稗官距離都官的遠近不同，靈活設置了上呈的頻次、時間、地點。這説明，在制定相關律文時，距離遠近應當是需要首先考慮的因素。在稟食時，大概也會先優先考慮就近由“管理機構”稟食（爲了與單純的使用機構區別，文中將其視爲“管理機構”稟食一類）。當受稟人員暫時脱離了原管理機構（如徒隸被分配到其他機構勞作），則改爲由“使用機構”就近發放。可以説，由管理機構和使用機構發放，其實也是在就近發放的基礎上做出的調整。

## （三）各機構的糧食來源

既然倉和司空、田官、諸鄉等機構皆承擔着稟食的職能，那麽它們出稟時使用的糧食又從何處而來？結合里耶秦簡的記載來看，秦代各機構的糧食來源或包括兩種方式：

第一種，直接從倉中支取。在秦縣的稟食機構中，能夠采用這種

---

①　“稗官去其廷過廿里到百里者，日薄（簿）之，而月壹上廷，恒會朔日。過百里者，上居所縣廷，縣廷案之，薄（簿）有不以實者而弗得，坐如其稗官令。内史倉曹令甲卅（253～254）。”見《嶽麓書院藏秦簡（伍）》。

方式稟食的主要是"倉"。"倉"本爲管理糧食的機構,在出稟時從所管理的糧倉中取糧,較容易理解。另外,前文我們提到,秦遷陵縣在秦始皇二十六年至三十五年期間曾設有多處糧倉,如徑廥、乙廥、丙廥、西廥,皆用來儲藏、發放糧食,因而屢見於稟食文書。"徑廥"除了供應"倉官"之外,還可以供應司空(8-212+8-426+8-1632、8-474+8-2075)和田官(8-2246、8-1574+8-1787)。這些記載似說明,秦代的官倉或可由倉、司空、田官、諸鄉等機構共同使用。若然,則秦縣所設置的司空、田官、諸鄉等機構似可以直接從官倉中支取糧食,用以稟食。

第二種,倉向各機構輸送糧食。在里耶簡中,由倉向其他機構付糧的記録頗多,比如:

> 粟米十石。　　　　卅五年八月丁巳朔丁丑,倉兹付司空守俱。
> (8-452+8-596)

> 粟米十二石二斗少半斗。卅五年八月丁巳朔辛酉,倉守擇付
> 司空守俱。𩨞手。① 　　　　　　　　　(8-1544)

> ☐甲辰,倉守言付司空守俱,俱受券及行。Ⅰ
> ☐𩨞手。Ⅱ 　　　　　　　　　(8-898+8-972)

上述三例皆是倉向司空交付物資的記録。前兩例的記録時間是同一月,在當月"倉"兩次向司空付糧,而且數量達到22石之多。這些糧食很可能是交於司空(而非個人),令其用作稟食使用的。又,里耶第6-3號簡作"☐=七石。元年端月癸卯朔☐☐,司空☐☐受倉☐☐"。從殘文來看,此當是司空從倉接受糧食的記録。由此可見,司空等官署所需的糧食當有一部分是從倉接收的。這也説明,由倉向其他

---

① 趙燊然等先生補釋"𩨞手",見趙燊然、李若飛、平曉婧、蔡萬進:《里耶秦簡綴合與釋文補正八則》。

機構輸送糧食,當是這些機構獲取糧食的重要來源。

　　除了上述兩種方式外,一些出廩機構似乎還可以使用自産的糧食。里耶第 8-454"課上金布副"文書中有"所不能自給而求輸",這顯示官方要求下屬機構在物資方面儘量做到"自給",只有在不能自給時才能請求輸送。值得注意的是,秦代的尉官和田官可以管理一部分戍卒從事生産勞作。[①] 里耶 8-482"尉課志"文書中有"卒田課""司空田課"的内容,即是從事農業生産的直接證據。另外,第 8-672 號簡是一封田官守敬上呈的文書,其釋文作:

> 卅年二月己丑朔壬寅,田官守敬敢言【之】☑ Ⅰ
>
> 官田自食薄(簿),謁言泰守府副☑ Ⅱ
>
> 之。☑ Ⅲ　　　　　　　　　　　　　　　(8-672)
>
> 壬寅旦,史逐以來。/尚半。☑　　　　(8-672 背)

　　由於田官是遷陵縣的下屬機構,其生産的糧食理應要上交(郡泰守府)。不過,根據簡文"官田自食薄(簿)"來看,田官所管理的官田應當有一部分是用來"自食"的,也即田官當能自給一部分糧食。慕容浩先生指出,秦代的田官有專門管理的倉,並將田官管理的倉稱爲"田官倉"。[②] 由這枚簡來看,田官爲了儲備糧食,很可能設有專門的糧倉。並且,田官所儲存的糧食,應當有一部分是留作廩食使用的。

　　值得一提的是,《天聖令·倉庫令》中有一條關於糧食發放的律文,也涉及糧食來源的問題。該律内容作"諸給糧禄,皆以當處正倉充。若邊遠無倉及倉少之處,准所須數申轉運司,下隨近有處便給"(宋 9)。[③] 據此可知,唐宋時期發放糧食有"以當處正倉充""申轉運

---

① 陳偉:《里耶秦簡所見的"田"與"田官"》,《中國典籍與文化》2013 年第 4 期。

② 慕容浩:《秦漢糧食儲運制度研究》,第 77—78 頁。

③ 天一閣博物館、中國社會科學院歷史研究所天聖令整理小組:《天一閣藏明鈔本天聖令校證(附唐令復原研究)》,第 278 頁。

司"就近領取兩個來源。律文所言的"正倉"是指官倉,秦代的縣倉和鄉倉亦屬於此類。將其與秦簡中的情況相比較,可以發現二者有頗多相似,此或可爲前文探討的佐證。

## 第二節　里耶簡所見稟食的基本程序

陳偉老師曾指出,里耶秦簡中的稟食記録大致分兩種:"一是在當地的稟食記載,一是外出用的給食文書。"①這兩種類型在出稟的具體程序方面,亦有所不同。

### (一) 本地稟食的程序

在本地給食時,稟食由人員所在地負責,本地稟食機構負責具體操作。以里耶秦簡爲例,遷陵縣本地的稟食由倉、司空、田官、鄉等機構負責。這些機構的稟食程序雖不盡相同,但大體環節相似。一般的出稟過程主要包括三個環節,即發放之前的準備、具體發放、發放後對文書的處理。在幾個環節中,第一和第三個環節是遥相呼應的。在第一環節中準備的簿籍以及核驗受稟者的具體信息,在出稟完成後會形成各類稟食文書,而統計、匯總、上報這些文書的工作,將成爲第三個環節的主要内容。

先來看前期的準備。睡虎地秦簡《倉律》第 37 號簡云"縣上食者籍及它費大(太)倉,與計偕。都官以計時讎食者籍。"高敏先生曾指出,"食者籍"即稟給糧食的名册,縣一級機構要向太倉的主管官吏上

---

① 陳偉:《里耶秦簡所見秦代行政與算術》,簡帛網 2014 年 2 月 4 日。後收入《秦簡牘校讀及所見制度考察》,第 145—165 頁。

報稟食名册及其他經費開支的情況，並得同時交上計簿，然後都官按照計簿來檢查稟食者的名册。① 這些準備主要是爲了確認受稟者的信息準確。里耶第8-734簡有"度卅五年縣官☐；食當食者☐"，其中的"食當食者"，是指向當受稟的人員發放稟食。另外，西北漢簡中也多見"當食者"，比如居延漢簡33·9有"甲渠候官建昭三年十月當食案及穀出入簿"。② 鵜飼昌男先生指出"當食案"與"當食者案"意義相同，可釋讀作"當給食者之案"。③ 李天虹老師懷疑"記入當食者案的戍卒是剛剛到達邊塞的新卒，在等待分配的過程中，新卒的稟食情形記録於當食者案"。④ 比較而言，漢簡中的"當食者"與里耶簡中的"食當食者"應當相近，二者均展現了確定受稟人員的過程。

另外，里耶8-1566號簡是一枚田官上呈縣廷的文書：

卅年六月丁亥朔甲辰，田官守敬敢言之：疏書日食牘北（背）
上。Ⅰ 敢言之。Ⅱ                              （8-1566）

城旦、鬼薪十八人。AⅠ

小城旦十人。AⅡ

舂廿二人。AⅢ

小舂三人。BⅠ

隸妾居貲三人。BⅡ

戊申，水下五刻，佐壬以來。/尚半。        逐手。Ⅲ

                              （8-1566背）

---

① 高敏：《雲夢秦簡初探（增訂本）》，第197頁。
② 簡牘整理小組編著：《居延漢簡（壹）》，"中研院"史語所2014年，第102頁。另外，居延136.48簡釋文作"呑遠倉建昭三年二月當食者案 穀出入簿"。詳見簡牘整理小組編著：《居延漢簡（貳）》，"中研院"史語所2015年，第89頁。
③ ［日］鵜飼昌男著，徐世虹譯：《〈始建國天鳳三年當食者案〉册書之考察——以漢代"案"字語義爲中心》，《簡帛研究2001》，廣西師範大學出版社2001年，第695—699頁。
④ 李天虹：《居延漢簡簿籍分類研究》，科學出版社2003年，第81頁。

簡背部分記録了按日受禀的徒隸種類和數量，這或許與《倉律》中上呈"食者籍"的規定有關。在西北漢簡中，也多見此類"禀名籍"。比如，居延漢簡287·9號簡作"甲渠官居攝三年三月吏卒禀名籍"，這是一枚公元8年3月甲渠候官上請吏卒禀食的標題簡。又如，居延第24·2號簡：[1]

| 第廿三部卒十二月廩名 | 第廿三卒李嬰 | 第廿四卒張猛 | 第廿六卒唐安 | 第廿八卒華實 | 箕山卒鐘昌 | |
|---|---|---|---|---|---|---|
| | 第廿三卒蘇主 | 第廿五卒曹建 | 第廿六卒韓非人 | 第廿八卒[馬廣] | 箕山卒高[關] | |
| 廿二人 | 第廿三卒郭亥 | 第廿五卒韓意 | 第廿七卒張願 | 第廿九卒張□ | | |
| | 第廿四卒成定 | 第廿五卒張肩 | 第廿七卒石賜 | 第廿九卒廖贛 | | |
| | 第廿四卒及閭 | 第廿六卒張建 | 第廿八卒曾相熹 | 第廿九卒左償 | | 24.2 |

該簡是受禀食的詳細名冊，其中詳細記録了吏卒的燧別、身份、姓名等信息。而在已公布的里耶秦簡中，也有不少有關吏員、戍卒、徒隸申請禀食的記録。除了製作"食者籍"之外，出禀機構應當還需要核驗受禀者的憑證。類似的處理，可以參考睡虎地秦簡中禀衣的程序。如《金布律》93號簡有云"在咸陽者致其衣大內，在它縣者致衣從事之縣。縣、大內皆聽其官致，以律禀衣"，整理者注："致，義爲券。此處'致其衣大內'意爲憑券向大內領衣。"[2]另外，居延新簡EPT59：330號簡釋文作"元始二年吏卒禀致<sub>正</sub>，二月禀致<sub>反</sub>"。[3] 李均明先生指出："廩致，發放糧食的通知書，即供糧憑證。"[4]比較而言，秦代或許亦有類似的出

---

① 簡牘整理小組：《居延漢簡(壹)》，第72頁。
② 睡虎地秦墓竹簡整理小組：《睡虎地秦墓竹簡》，第41—42頁。
③ 張德芳主編，肖從禮著：《居延新簡集釋(伍)》，甘肅文化出版社2016年，第53頁。
④ 李均明：《居延漢簡編年——居延編》，新文豐出版公司2004年，第133頁。

稟憑證。

在完成準備之後,便進入糧食的發放環節,這也是其中最爲關鍵和複雜的一個程序。以"倉"出稟爲例,"倉"出稟的過程當包括"開倉""量穀""記録""封倉"四個關鍵步驟。[①]

1. 開倉

由於"倉"出稟時需要使用糧倉中的存糧,而且糧倉在開倉之前是封閉的(下文"封倉"環節將詳述),因此稟食的第一步需要打開糧倉。在開倉發糧時,必定要先解除封印,開啓倉門。[②] 這個步驟一般是由多名吏員"相雜"才能完成,睡虎地《倉律》21 所云由"縣嗇夫若丞及倉、鄉相雜"以去除封印,即反映了這一環節。

舉例來看,里耶秦簡第九層中有一件"貳春鄉守平"上呈縣廷的文書,比較直觀地體現了秦代取糧時"開倉"的程序。該文書作:

> 貳春鄉守平敢言之：廷令平代鄉兹守貳春鄉,今兹下之廷而不屬平以倉粟=(粟米)。問之,有(又)不告平以其數,即封倉以私印。今兹繇使未 歸 。遠逃而倉封以私印,所用備盜賊糧盡在倉中。即盜賊發,吏不敢蜀(獨)發倉,毋以智粟=(粟米)備不備。
>
> (9-50)

顯然,這枚簡涉及的一個核心問題是"發倉"(即開倉)。簡文提到,貳春鄉嗇夫兹"封倉以私印",致使"即盜賊發,吏不敢獨發倉,毋以智粟米備不備"。按秦律,封倉需要由多位相關的吏員"相雜以封之",9-50 號簡所述僅封以私印的情況,顯然與律不合。鄉守平將此事上報縣廷,正是由於其不能在正常程序下開倉,而且又不知倉

---

① 有些稟食機構,並不從糧倉中取糧,那麼其稟食的過程或可省去"開倉"和"封倉"的環節。

② 睡虎地秦簡《倉律》23 號簡:"出禾,非入者是出之,令度之,度之當堤(題),令出之。其不備,出者負之。"

中糧食數("不告平以其數")。於是,"平"對無法開倉的問題感到困惑,並請示上級如何處理。這封文書的出現,可以佐證稟食需要先開倉的程序。

2. 量穀

這裏所言的"量穀",不僅包括稱量穀物,同時還包括了"取糧""稱量""視監"等程序。稱量穀物,是發放糧食的核心步驟,稟食文書中所出稟的糧食數量,均需要通過稱量之後才能發放。在睡虎地、嶽麓簡秦律,我們經常見到"升、斗甬(桶)、概、衡石羸"等稱量器具,這些應當是用來稱量的設備:

> ●內史襍律曰:諸官縣料者,各有衡石贏(羸)、斗甬(桶)期足,計其官,毋叚(假)黔首。不用者,平之如用者。以鐵午(杵)關(扃)甬(桶)口,皆壹用方橢(概),[方]橢(概)毋得,用槃及圜橢(概)。[1]　　　　(《嶽麓書院藏秦簡(肆)》171～172)

> 衡石不正,十六兩以上,貲官嗇夫一甲;不盈十六兩到八兩,貲一盾。甬(桶)不正,二升以上,貲一甲;不盈二升到一升,貲一盾。　　　　　(睡虎地《效律》3～4)

第一條律文中規定了各官稱量時要有配備有足夠的衡量器具,相似記載也見於睡虎地《內史雜律》194 號簡。其中的"縣料"一詞,整理者注:"縣料,稱量。"[2]當是。這幾條記載主要是對稱量物資的規定,所記的各種器具顯然是諸官稱量物資時使用的,而"倉"稱量穀物亦包含在此範圍內。另外,里耶簡還顯示這些稱量的環節主要是由"稟人"負責。第二條律文是對量器不準的懲罰規定,據此可以看到秦官方對稱

---

① "諸官縣料"後原漏釋"者"字,雷海龍先生補出。詳見"落葉掃秋風":《〈嶽麓書院藏秦簡(肆)〉初讀》,簡帛網"簡帛論壇",http://www.bsm.org.cn/bbs/read.php?tid=3331&page=1,第 4 樓發言。補充之後,該簡當在"者"字後斷讀,"斗甬(桶)"當與下連讀。
② 睡虎地秦墓竹簡整理小組:《睡虎地秦墓竹簡》,第 63 頁。

量器具的嚴格管理。

　　還可以補充的是，"量穀"的環節在漢代畫像石中有更形象的反映。比如，山東濟南長清大街村出土的漢畫像石中有一幅"倉廩圖"（見圖 2 - 1），而圖中的榜題即是"量穀"（下圖中用方框標出，大圖作<br>![]）。從圖中可以看到一座開啓的囷倉，倉旁有八人在忙碌。從左至右看：最左側兩人從倉中取糧，第三人懷抱斛糧，正準備稱量，第四人手持細棍似在記錄稱量結果，第五人將糧食倒入量器進行稱量，第六、七兩人持稱量好的穀物走出。[①] 這幅圖像刻畫的便是"量穀"發放的具體場景。比較而言，秦簡中的糧食出倉，應當與此情形大致類似。

圖 2 - 1　長清街"量穀"畫像石[②]

### 3. 記録

　　上圖中最右側的人，身材高大、拱手而立，他們的身份可能是吏

---

　　① 對於該畫像石的細節，馬怡先生有比較詳細的描述。她説："這裏再回顧一下這幅倉廩圖中部的畫面（從開啓的糧倉之右至屋舍前立者之左）。左起，第一人是領糧者，剛從倉中取出糧，正要量穀，其手中、容器中皆無細棍；第二人是主持量穀者，也是發放細棍者，其手握一束細棍；第三人有可能也是主持量穀者（或是領糧者），正在量穀，其口銜一支條狀物（或細棍）；第四、第五人是領糧者，量穀已畢，其容器中各插一支細棍。值得注意的是，這幾個領糧者手持的容器大小相仿，其細棍則經由量穀而得。從該圖所示細棍的發放方式、領糧者容器的大小相仿等情況看，那些細棍應當代表了某一數額的糧食，其上或有標識，以便計算、核驗。因此，它們很有可能是籌。……糧倉所展示的是出糧景象，其場所大，儲糧裝置多，分券者貌似官吏，故疑爲官倉，其含義或亦與榜題爲'某某食此大倉'的墓葬倉廩圖相似。"見馬怡：《簡牘時代的倉廩圖：糧倉、量器與簡牘——從漢晉畫像所見糧食出納場景説起》，《中國社會科學院歷史研究所學刊》第七集，商務印書館 2011 年，第 163—198 頁。又載，簡帛網 2012 年 1 月 13 日，http://www.bsm.org.cn/show_article.php? id=1622。
　　② 魯文生：《山東省博物館館藏精品》，山東友誼出版社 2008 年，第 276—277 頁。

員,其行爲似是准備記録量穀的結果。根據睡虎地《倉律》,出禀時參與的人員主要有倉嗇夫、令史和禀人,其中令史主要負責文書的記録。而在里耶禀食中的禀食實例中,負責記録的人員除了令史之外,還有令佐。這也説明,秦代的令史和令佐的身份較爲相近。[①] 另外,在里耶禀食簡中常出現"某手",李學勤先生指出,其中簽寫"某手"的人是負責寫抄、收發文書等事的吏員。[②] 這些負責"手"的人員一般是令史或令佐。還值得注意的是,記録出禀文書的券書一般需要分爲左中右三份,且三份分别由受禀者、出禀機構和縣廷持有。[③]

　　至於禀食文書的記録格式,秦簡中亦有具體規定。前揭所引睡虎地《效律》簡 27～28 記"某廥禾若干石,倉嗇夫某、佐某、史某、禀人某",應當就是秦代"倉"禀食的官方格式。在這條律文中,可以看到七個關鍵要素:

　　　　① 某廥(出禀的糧倉)

　　　　② 禾(糧食類型)

　　　　③ 若干石(出禀數量)

　　　　④ 倉嗇夫某(主要負責官吏)

　　　　⑤ 佐某(官佐,負責文書記録)

　　　　⑥ 史某(主要負責監督[④])

　　　　⑦ 禀人某(出禀者,一般由隸臣妾充任)

---

　　① 趙岩:《秦令佐考》,《魯東大學學報(哲學社會科學版)》2014 年第 1 期。
　　② 李學勤:《初讀里耶秦簡》,《文物》2003 年第 1 期。
　　③ 張馳:《〈里耶秦簡(壹)〉文書學研究》,碩士學位論文,武漢大學 2016 年,第 20—21 頁。
　　④ 秦簡牘中使用"視平""視""平""監"等詞,均可表示監視。魯家亮老師指出,"監"和"視平"在適用的場合、執行者和含義等方面存在一些差别。見魯家亮:《里耶秦簡中的"監"與"視平"》,《中國簡帛學國際論壇 2017 會議論文集》,武漢 2017 年 10 月,第 147—156 頁。

至於里耶秦簡中的具體發放,也大致遵循此格式。① 我們可以看一個例子:

　　丙龠粟米二石。　　　令史扁視平。Ⅰ

　　卅一年十月乙酉,倉守妃、佐富、稟人援出稟屯戍士五(伍)屏陵咸陰敝臣。富手。Ⅱ

　　　　　　　　　　　　　　　　　　　　(8-1545)

在該簡中可以看到上述所列的七個基本要素:出稟糧倉是"丙龠",出稟糧食是"粟米",出稟數量是"二石",出稟的倉嗇夫是"倉守妃"(倉守嗇夫妃的省稱),參與的"史"是"令史扁","佐"是"佐富",出稟者是"稟人援"。於是,該簡的稟食信息可表示如下(圖2-2):

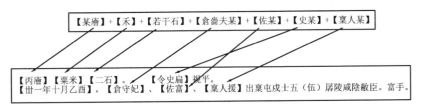

圖2-2　簡8-1564稟食信息

還值得一提的是,後世對糧倉的管理與之亦有頗多相似。舉例來説,在居延漢簡中常能見到倉長、倉丞、倉監、令史等人參與糧食的管

---

　　①　對此,已有不少學者做過歸納。比如,張春龍等先生指出 8-2246 號簡包含"龠(倉)的名稱""支付的數額""日期""支付的主管官吏""輔佐者""稟人(糧倉管理員)""項目""領受對象""監督人""記録人"等十項内容。見張春龍、大川俊龍、籾山明:《里耶秦簡刻齒簡研究——兼論嶽麓秦簡〈數〉中的未解讀簡》。趙岩先生將里耶簡中的"出食簿"分爲"出以食"(或作"出食")、"出稟"(或作"出以稟")、"出貸"三類,並指出三類"出食簡"有大體相同的基本格式,即:【食物來源】+食物類別+容量;時間+出食人+出以食(或爲"出食""出稟""出以稟""出貸")+出食對象+【供食時間範疇】+【日均量】;某人視平(或爲"平""監")+【某人出】+【某人手】。詳見趙岩《里耶秦簡專題研究》,吉林大學博士後出站報告,2014 年 5 月,第 77—81 頁。另外,張馳先生(《〈里耶秦簡(壹)〉文書學研究》,第 134—135 頁)將"出券"的基本類型總結爲:

　　[物品+數量][日期],[官職+名]、[佐/史+名]([稟人+名])[出付行爲][身份+名]·[附記]
　　[令史/令佐+名+視平/監]　　　　　　　[名+手]

理事務。比如,275·23號簡記"入糜小石十二石,始元五年二月甲申朔丙戌第二亭長舒受代田倉監隻",[①]便是亭從倉監處領受糧食的記載。另外,在唐代含嘉倉遺址的銘文磚中,除了記録糧食入倉時間、數量、損耗等信息外,還能見到不少倉官。比如,"窖19:銘磚1"中有倉史王花、監事楊智、寺丞知倉事張琮、監倉御史陸慶等人員。[②] 從其官名來看,這些倉官的分工與秦簡所見的情形應當大致相似,據此亦可見我國古代糧倉管理方式的傳承與發展。

4. 封倉

與前文所言的"開倉"相對,在糧食發放結束後,倉的管理者會將糧倉封存起來。根據秦簡牘的相關記載來看,秦代的糧倉封印制度已較爲完善[③]。比如,睡虎地秦簡《倉律》中有如下規定:

> 入禾倉,萬石一積而比黎之。爲户,縣嗇夫若丞及倉、鄉相雜以印之,而遺倉嗇夫及離邑倉佐主稟者各一户以氣(餼),自封印,皆輒出、餘之,索而更爲發户。嗇夫免,效者發,見雜封者,以隉(題)效之,而復雜封之,勿度縣,唯倉自封印者是度縣。出禾,非入者是出之,令度之,度之當堤(題),令出之。其不備,出者負之。[④]　　　　　　　　　　　　　　　(21~23)

這條律文很好地展現了封閉倉門以及封印糧倉的情形。其中,封印又分爲"雜封"(多人封倉[⑤])和"自封"(單人封倉)兩類。開啓倉門時,亦需要分別對待。當倉爲"雜封"時,需要核對封題是否完好,如然

---

① 簡牘整理小組:《居延漢簡(叁)》,"中研院"史語所2016年,第197頁。
② 河南省博物館、洛陽市博物館:《洛陽隋唐含嘉倉的發掘》,《文物》1972年第3期。
③ 對於秦代的封印制度,可參蔡萬進先生《雲夢秦簡中所見秦的糧倉管理制度》。
④ 簡文句讀從陳偉老師意見,見本書第22頁注釋①。
⑤ 王園紅先生指出,"雜封"可理解爲"在所涉及的官吏全部出席的情況下,對倉進行封緘"。詳見王園紅:《"雜封"小考》,《第七屆出土文獻與法律史研究學術研討會論文集》,長沙2017年11月,第498頁。

才可以開倉發放。當倉"自封印"時,還需要稱量所藏穀物是否準確後才能發放。

除了封印之外,糧倉門户應當還需緊閉並上鎖。關於封閉門户,睡虎地《法律答問》簡149"實官户關不致,容指若抉,廷行事貲一甲"與簡150"實官户扇不致,禾稼能出,廷行事貲一甲"的記載,可爲佐證。另外,睡虎地《爲吏之道》第8~9號簡云"城郭官府,門户關龠(鑰)",説明官府機構需要給門户上鎖。

## (二) 外出給食的程序

外出給食的程序,與本地稟食不同。此時,受稟者的管轄地和稟食地是不同的,出稟則是由外地機構提供。這便需要不同區域的管理機構相互協作才能完成,此過程較之本地稟食,也要複雜不少。而根據里耶秦簡的相關記載來看,一個比較完整的外地給食過程,大概要歷經"本地糧食機構提出稟食需求""本地縣廷照會外地縣廷""外地縣鄉接收與批轉外地糧食機構""外地糧食機構稟食"等關鍵環節。

爲方便討論,我們先來看幾個例子:

> 卅五年三月庚寅朔辛亥,倉衡敢言之:疏書吏、徒上事尉府Ⅰ
> 者牘北(背),食皆盡三月,遷陵田能自食。謁告過所縣,以縣鄉次
> 續Ⅱ食如律。雨留不能投宿齋。當騰騰。來復傳。敢言之。Ⅲ
>
> (8-1517)
>
> 令佐温。Ⅰ
> 更戍士五城父陽翟執。Ⅱ
> 更戍士五城父西中痤。Ⅲ
> 冑手。Ⅳ
> (8-1517背)

卅五年二月庚申朔戊寅,倉守擇敢言之：隸妾餧爲獄行辟 I 書彭陽,食盡二月,謁告過所縣鄉以次牘(續)食。節(即)不 II 能投宿齎。遷陵田能自食。未入關縣鄉,當成盔, III 以律令成盔。來復傳。敢言之。☑ IV

(8-169+8-233+8-407+8-416+8-1185)

☑　　擇手。①

(8-169 背+8-233 背+8-407 背+8-416 背+8-1185 背)

☑□倉□建□□□畜官適□☑ I

☑□謁告過所縣鄉,以次續食。雨☑ II

☑騰騰。遷陵田能自食。敢言之。☑ III

☑□□□丞遷移西陽、臨沅。/俱☑ IV　(8-50+8-422)

　　從內容看,這三枚簡當是遷陵縣倉發往遷陵縣廷的文書。② 其中,第一例是請求所過縣鄉向遷陵縣的"吏、徒"續食;第二例是請求過所縣鄉向從事"行辟書彭陽"公務的隸妾續食;例三因殘斷而文義不全,不過根據殘存內容大致可知該簡當是遷陵縣的"畜官適"因公務外出,因此倉向本地縣廷提出請求,並繼而由本地縣廷照會過所縣鄉請求續食。

　　據上揭例證,可以看到本地機構申請給食的具體細節。比如,8-1517 號簡中,"倉銜敢言之"一句,指出文書是由遷陵縣倉製作上呈的文書。"謁告過所縣,以縣鄉次續食如律",是請所經過的縣鄉相機供給食物,這是文書的主體內容。值得注意的是,文書對給食需求的記錄似有一定規範。以 8-1517 號簡來看,在提出給食需求時,還需要

_____

①　《校釋(一)》(第 102 頁)指出,第一列"倉"後殘字疑爲"守","餧"前之字疑爲"妾",今據補。

②　由遷陵縣發往外地請求續食的文書還有 8-110+8-669+8-1203 等,不過由於幾枚簡殘斷且與 8-1517 內容大體類似,故僅以 8-1517 爲例說明。

說明"給食的原因"("上事尉府")、"人員信息"(吏、徒)、"已完成給食的日期"("食皆盡三月")、"本地田能否自食"("遷陵田能自食")等內容，這些內容構成了申請文書的"正文"。① 而且，"人員信息"似還需要列出詳細名單("疏書吏、徒上事尉府者牘背")，這大概是申請文書的"附件"。

本地所製作的申請文書，在傳遞到外縣之後，同時還需要獲得外地縣廷批覆之後才能執行。比如，第 5－1 號簡是遷陵縣批覆零陽縣續食申請的文書：

> 元年七月庚子朔丁未，倉守陽敢言之：獄佐辨、平、士吏賀具獄，Ⅰ縣官食盡甲寅，謁告過所縣鄉以次<u>續食</u>。雨留不能投宿齎。Ⅱ來復傳。零陽田能自食。當騰期卅日。敢言之。/七月戊申，零陽Ⅲ輩移過所縣鄉。/觛手。/七月庚子朔癸亥，遷陵守丞固告倉嗇夫：Ⅳ以律令從事。/嘉手。Ⅴ　　　　　　(5-1)
>
> 遷陵食辨、平盡己巳旦□□□□遷陵。Ⅰ
>
> 七月癸亥旦，士五(伍)臂以來。/嘉發。Ⅱ②　(5-1背)

在這份文書中，零陽縣乃是續食的申請方，遷陵縣則成了受理方。梳理簡文，可知該簡製作與傳遞涉及了"零陽倉""零陽縣廷""遷陵縣廷""遷陵倉"等四個機構。這大概反映了從文書製作到最終完成續食的過程。即：

> 零陽縣倉提出申請——倉守陽敢言之：獄佐辨、平、士吏賀

---

① 睡虎地《秦律十八種·屬邦》簡 201 釋文作"道官相輸隸臣妾、收人，<u>必署其已稟年日月</u>，受衣未受，有妻毋(無)有。受者以律續食衣之"，其中所言"必署其已稟年日月"，即告知隸臣妾已經領取稟食的具體日期，方便接收單位繼續稟食。以此來看，里耶"給食文書"中的"食皆盡三月"或是類似的內容。

② 鄔文玲先生對幾枚續食文書的生成、傳遞、處理程序有比較詳細的論證，並將簡文中"雨留不能投宿齎"重新斷讀作"雨留不能，投宿、齎"。詳見鄔文玲《里耶秦簡所見"續食"簡牘及其文書構成》，《簡牘學研究》第五輯，第 1—8 頁。

具獄,……當騰期廿日。敢言之。

零陽縣照會過所遷陵縣——七月戊申,零陽Ⅲ靠移過所縣鄉。/齮手。

遷陵縣接收——七月癸亥旦,士五(伍)臂以來。/嘉發。

遷陵縣批轉本縣倉——七月庚子朔癸亥,遷陵守丞固告倉嗇夫:以律令從事。/嘉手。

遷陵縣倉稟食——遷陵食辨、平盡己巳旦□□□□遷陵。

其中,"告倉主"和"以律令從事"顯示,零陽縣的稟食申請已經得到了遷陵縣的批准。5-1背"遷陵食辨、平盡己巳旦□□□□遷陵"雖有幾處文字存疑,但所缺内容很可能是在遷陵縣給食的具體情况。

還值得注意的是,秦簡牘中對給食過程中的不同地區還有專門的稱謂。比如,睡虎地秦簡中有如下記載:

> 宦者、都官吏、都官人有事上爲將,令縣貣(貸)之,輒移其稟縣,稟縣以減其稟。已稟者,移居縣責之。
>
> (《秦律十八種·倉律》44)

> 軍人買(賣)稟稟所及過縣,貲戍二歲;同車食、敦(屯)長、僕射弗告,戍一歲;縣司空、司空佐史、士吏將者弗得,貲一甲;邦司空一盾。·軍人稟所、所過縣百姓買其稟,貲二甲,入粟公;吏部弗得,及令、丞貲各一甲。 (《秦律雜抄》12~15)

律文中提到了"稟縣""居縣""稟所"等多個地域概念。其中"居縣"一詞,整理者注作"指現在到的縣"。[1] 陳偉老師通過梳理秦漢簡中的相關例證,指出"居縣"是指當事人家鄉之縣,並且"作爲當事人臨時所在的'它縣'、'署所',與作爲名籍所在的'居縣',關聯互動,形成對

---

[1] 睡虎地秦墓竹簡整理小組:《睡虎地秦墓竹簡》,第31頁。

於人員、物資的動態管理和全面控制,從而爲龐大的帝國機器的運行,提供了有效支撐"。① 這些分析展現了不同地域的機構之間相互協作的關係。這種管轄地與發放地之間的"關聯互動",在稟食事務的處理上尤爲明顯。具體而言,律文出現的"稟縣""稟所"等均是發糧所在地,"居縣"作爲其管理地需要與前者協調相關事務。比如,第一例中提到"稟縣"本當減少稟食但已經發放時,則向"居縣"追討。這展現了外地給食時,地區之間的協助關係。在此條件下,官方要求兩地分別以文書記録具體過程,以達到對稟食行爲的監管。

## 第三節　稟食的發放方式

秦代稟食的發放方式也是一個頗爲重要的問題。如按照發放的時間分類,則可將秦簡中的稟食方式分爲按月稟食和按日稟食兩大類,②且稟食可以由相關人員代領。下面分別討論:

### (一) 按月稟食

先來看按月稟食。睡虎地秦簡中有"月食",即指按月發放的稟食:

> 官嗇夫免,復爲嗇夫,而坐其故官以貲賞(償)及有它責(債),貧窶毋(無)以賞(償)者,稍減其秩、月食以賞(償)之,弗得居;其免殹(也),令以律居之。 (《秦律十八種·金布律》82~83)

---

① 陳偉:《秦漢簡牘"居縣"考》,《歷史研究》2017 年第 5 期。
② 黄浩波先生指出,里耶簡存在按日稟食、按月稟食的發放方式。詳見黄浩波:《〈里耶秦簡(壹)〉所見稟食記録》,《簡帛》第十一輯,第 127—132 頁。

　　　　官長及吏以公車牛稟其月食及公牛乘馬之稟，可殹（也）。官

　　有金錢者自爲買脂、膠，毋（無）金錢者乃月爲言脂、膠期踐。爲鐵

　　攻，以攻公大車。① 　　　　　　（《秦律十八種・司空》128～129）

這兩例中“月食”的發放對象均是吏員。前者規定，如果官嗇夫有債務
但又無力償還時，可以通過減少俸禄、月食的方式抵償。第二例規定，
官長及吏可以使用公家的牛車領取自己的月食。

　　在秦簡牘中，除了“月食”之外，還有“月食者”：

　　　　月食者已致稟而公使有傳食，及告歸盡月不來者，止其後朔

　　食，而以其來日致其食；有秩吏不止。

　　　　　　　　　　　　　　（睡虎地《秦律十八種・倉律》46）

　　　　囂園宣深有斗食嗇夫、史各一人，毋與相襆稍稟月食者。賣

　　□息子，所以爲耗□物及它② 　　（《嶽麓書院藏秦簡（肆）》341）

　　這裏的“月食者”，學者曾有詳細考證。如閻步克先生曾指出，周
代有按月考課、按月受廩的“稍食”，它針對“府吏胥徒”這個身份卑微
的階層。秦簡中的月食和俸禄不同，而秦代“月食”和漢代“月錢”來源
於昔日小吏的酬報形式。③ 上揭兩例中的“月食者”，當指“有秩吏”“官
嗇夫”“佐史”“官長”等基層吏員，這些人員的稟食大概是按月發放的。

　　里耶秦簡中，縣丞、佐史等基層吏員的稟食是按月發放的，並且每
次發放只針對一個人，也即此是針對個人的“單獨發放”：

　　　　稻一石一斗八升。　　　　卅一年五月乙卯，倉是、史感、稟人援

---

　　① 原釋文在“期踐”前斷讀，今改爲連讀。

　　② 齊繼偉先生將“賣□息子”補釋作“賣番息子”。齊繼偉：《〈嶽麓書院藏秦簡（肆）〉補
釋二則》，簡帛網 2017 年 2 月 23 日，http://www. bsm. org. cn/show_article. php? id＝
2738；雷海龍先生懷疑缺字爲“買”，省寫了下面的兩點。詳見“落葉掃秋風”（雷海龍）：《〈嶽
麓書院藏秦簡（肆）〉初讀》，“簡帛論壇”2016 年 3 月 24 日，http://www. bsm. org. cn/bbs/
read. php? tid=3331&keyword=%8E%5B%C2%B4，第 9 樓回帖。

　　③ 閻步克：《從稍食到月俸——戰國秦漢禄秩等級制新探》，《學術界》2000 年第 2 期。

出稟遷陵丞昌。 ·四月、五月食。Ⅰ

　　令史尚視平。感手。Ⅱ　　　　　　（8-1345＋8-2245）

　　☐稟人廉出稟鄉夫七月食。Ⅰ

　　☐卻手。Ⅱ　　　　　　　　　　　　　（8-1238）

　　朱錦程先生指出,該簡是遷陵縣丞一次領取兩個月的口糧,"數量很少,表明稟食待遇是對官吏的一種特殊補貼"。① 除了吏員之外,刑徒的稟食也有不少是針對個人按月集中發放的情況。試舉兩例:

　　徑膚粟米三石七斗少半升。　　　·卅一年十二月甲申,倉妃、史感、稟人窯出稟冗作大女鐵十月、十一月、十二月食。Ⅰ

　　令史狅視平。感手。Ⅱ　　　　　　（8-1239＋8-1334）

　　丙膚粟米一石二斗半斗。卅一年十二月庚寅啓陵鄉守增、佐盍、稟人小出稟大隸妾徒十二月食。Ⅰ

　　令史逐視平。　　盍手。Ⅱ　　　　（8-1590＋8-1839）

　　兩份記錄中,發放糧食均是以月計。② 雖然是按月計算,但也並不是每個月都能按時發放。比如,8-1345＋8-2245 是在五月一併發放四月、五月的稟食,8-1239＋8-1334 是在十二月發放十月、十一月、十二月連續三個月的稟食。這些記錄的出現,似顯示當時稟食發放的時間或並不固定,而且可能存在一些不能及時發放的情況。

## (二) 按日稟食

　　接下來,再看按日稟食。秦簡中出現的"日食",是指按日發放稟

---

① 朱錦程:《簡牘所見秦官吏的待遇》,《秦漢研究》第十一輯,陝西人民出版社 2017年,第 13 頁。

② 黄浩波先生指出,"按月出稟實際上仍是計日給稟"。黄浩波:《〈里耶秦簡(壹)〉所見稟食記錄》,《簡帛》第十一輯,第 135 頁。

食。比如,睡虎地《倉律》第 58 號簡作:

> <u>日食城旦</u>,盡月而以其餘益爲後九月稟所。城旦爲安事而益
> 其食,以犯令律論吏主者。減舂城旦月不盈之稟。　　倉
>
> (57～58)

律文中出現的"日食城旦"即計日向城旦稟食,而在此種情況下,糧食一般是每天都要結算一次。這種發放方式,在里耶簡中可以得到驗證:

> 徑廥粟米一石九斗五升六分升五。　　　卅一年正月甲寅朔
> 丁巳,司空守增、佐得出以食舂、<u>小城旦</u>渭等卅七人,積卅七日,日
> 四升六分升一。Ⅰ
> 令史□視平。　　　得手。Ⅱ
>
> (8－212＋8－426＋8－1632)
>
> ☑□司空守茲、佐得出以食舂、<u>小城旦</u>卻等五十二人,積五十
> 二日,日四升六分升一。Ⅰ
> ☑令史尚視平。　　　得手。Ⅱ　　(8－216＋8－351)

上述兩例分別是向舂、小城旦稟食的記録,二者采用的是多人集體發放的方式。並且,在集中發放稟食的記録中,多名受稟者身份一般是相同或相近的。① 另外,兩封文書中均記録了總人數、勞動總量(積日)以及平均口糧數。比如,8－212＋8－426＋8－1632 簡中共有 47 人,勞動量共積 47 日,則每人平均只勞作一天。同理,8－216＋8－351 號簡中共 52 人,勞動量纍積 52 日,平均每人也只是勞作了一天。

---

① 身份相同的情況,比如 8－925＋8－2195、8－1584 號簡的受稟者皆是大隸妾,8－1550 中受稟的"蒲"與"就"均是官佐;身份相近者的情況,比如 8－212＋8－426＋8－1632 簡中一起受稟的幾十名"舂"和"小城旦",8－1063＋8－1642 中受稟的"庫佐"和"令史",8－1574＋8－1787 簡中受稟的戍卒。

也就是説，兩枚簡皆是向幾十名春、小城旦集體發放一天糧食的記録。這正與前揭睡虎地關於"日食城旦"的律文相吻合。

除了"城旦、春"之外，秦簡中的計日受食者還包括其他人員。比如：

> 卅年六月丁亥朔甲辰，田官守敬敢言之：疏書日食牘北（背）上。Ⅰ敢言之。Ⅱ　　　　　　　　　（8-1566）
>
> 城旦、鬼薪十八人。AⅠ
>
> 小城旦十人。AⅡ
>
> 春廿二人。AⅢ
>
> 小春三人。BⅠ
>
> 隸妾居貲三人。BⅡ
>
> 戊申，水下五刻，佐壬以來。/尚半。　　逐手。Ⅲ
>
> 　　　　　　　　　　　　　（8-1566背）
>
> 粟米三石七斗少半斗。卅二年八月乙巳朔壬戌，貳春鄉守福、佐敢、稟人枚出，以稟隸臣周十月、六月廿六日食。　　令史兼視平。　　敢手。　　　　（8-2247）
>
> 稻三石泰半斗。卅一年七月辛亥朔己卯，啓陵鄉守帶、佐冣、稟人小出稟佐蒲、就七月各廿三日食。Ⅰ
>
> 令史氣視平。　　冣。Ⅱ　　　　　（8-1550）

根據8-1566號簡中的"疏書日食牘背"來看，簡背的"城旦、鬼薪、小城旦、小春、隸妾居貲"應當都是計日受稟。8-2247號簡是向隸臣稟食，其中的"六月廿六日"是指6月份中有26天需要稟食。陳偉老師指出，成年隸臣妾有"從事公"的前提條件，他們在非"從事公"的時候，則不予稟食。① 這條記録或是發放隸臣妾"從事公"的稟食，所發

---

① 陳偉：《秦簡牘校讀及所見制度考察》，第190頁。

放的糧食也是按日計算。8-1550 是向佐蒲、佐就兩人分別發放 7 月
份共 23 天的稟食。值得注意的是，這些稟食的天數均不滿整月（30
天），這也佐證上述人員的稟食是計日稟食的。

　　接下來，再看稟食發放的具體日期。爲便於尋找稟食日期的特
點，我們將《里耶秦簡（壹）》所見 49 例日期比較完整的稟食記録，按其
出稟時間統計，可得到每一天出現的次數：

　　　　出現 11 次：1 日。

　　　　出現 3 次：3 日、21 日、22 日。

　　　　出現 2 次：2 日、4 日、6 日、9 日、15 日、16 日、18 日、29 日。

　　　　出現 1 次：5 日、7 日、8 日、11 日、12 日、13 日、14 日、17 日、
23 日、25 日、27 日。

　　據此可知，秦代稟食的日期較爲分散，幾乎涵蓋了月份的每一天。
不過，從整體上來看，月初是比较集中的一段時間。[1] 具體而言，出現
次數最多是“朔日”，達到 11 次。[2] 其次是第 3、第 21 和第 22 日，分別
出現 3 次。另外還有第 5、7、8、11、12、13、14、17、23、25、27 日，均出現
1 次。也就是说，里耶簡中的出稟日期其實也存在一些規律：即月初
是比较集中的出稟時間，而“朔日”是其中最常見的一天。另外，在上
述日期中未見到“旬日”（10 日、20 日、30 日），似説明當時並不在旬日
發放糧食。[3] 至於不在旬日發放的原因，可能與當時的休假制度有關。

---

　　① 黄浩波先生曾考察了里耶簡中的稟食文書，指出“出稟日期多集中在當月上旬，中
旬、下旬亦有，最早的是朔日，最晚的是二十二日，並不固定”。詳見黄浩波：《〈里耶秦簡
（壹）〉所見稟食記録》，《簡帛》第十一輯，第 134 頁。另外，劉鵬先生亦曾統計秦始皇三十一
年的稟食日期（共 27 例），指出：“每月初一的確是稟食的高峰時期，而認爲秦代地方政府多
在月初進行稟食，中、下旬亦可領取，應該更加符合實際。”詳見劉鵬：《秦代地方稟食的幾個
問題》。
　　② 這十一例分别是：8-56、8-1739、8-1081、8-1239+8-1334、8-448+8-1360、
8-275、8-839+8-901+8-926、8-1595、8-816、8-2246、8-1328。
　　③ 該意見蒙魯家亮老師提示，謹此致謝。

根據廖伯源先生的研究,漢代郡縣小吏亦有休沐制度,其休沐是在郡縣府中供職五日(或若干日)後,得出府休沐一日。居延漢簡所見,有省卒作十日輒休一日者(EPT59∶357)。[1] 據此來看,里耶秦簡中旬日不稟食的情況,很可能也與當時吏員的休假有關,而當時縣級吏員很可能是十天休一日。

關於稟食的日期,睡虎地《倉律》中還有“後朔食”一詞:

> 月食者已致稟而公使有傳食,及告歸盡月不來者,<u>止其後朔食</u>,而以其來日致其食;有秩吏不止。　　　　(倉46)

律文規定,按月領取口糧的人員如果有公務外出,如果休假到月底仍不歸來的,應停發其口糧。其中的“止其後朔食”,整理者注作“後朔,下月初一日。推測月食者是在每月初一領取口糧。所以後朔食是指次月口糧”。[2] 于豪亮先生指出:“朔字本義爲月朔之朔,即每月的初一,因而引申有月字之義。……‘止其後朔食’即‘止其後月食’。”[3]結合里耶簡中稟食常在初一發放的情況來看,秦律的“朔食”當可能指代整個月的稟食。整理者的意見應當是可信的。

此外,根據睡虎地秦簡《倉律》的規定來看,稟食的發放與領取亦有最後期限:

> 有米委賜,<u>稟禾稼公</u>,<u>盡九月</u>,其人弗取之,勿鼠(予)。
> 　　　　(倉41~42)

律文要求,從官府中領取穀物時(“稟禾稼公”),要在九月之前領取,如果超過限期仍未領取,則不再發放。至於將最終領取時間定在九月份,大概是由於九月是年終,此時倉要進行年終的結算。

① 廖伯源:《秦漢史論叢(增訂本)》,中華書局 2008 年,第 264—265 頁。
② 睡虎地秦墓竹簡整理小組:《睡虎地秦墓竹簡》,第 31 頁。
③ 于豪亮:《于豪亮學術文存》,中華書局 1985 年,第 135 頁。

## （三）稟食的代領

如前文所述，秦簡所見秦代的稟食有單獨發放和集中發放兩種形式。在單獨發放時，領取者一般是本人。然而，在集中發放時，則可能並非發給本人。在前文所引例證中，有不少記錄是向幾人或幾十人一併發放的情況。比如，前揭簡 8－212＋8－426＋8－1632 是向 47 名舂和小城旦出稟，那麼其中或許存在代領的情況。另外，嬰兒的稟食是否直接發給本人，值得懷疑。一般來説，年幼的嬰兒需要成人專門撫養。那麼這些嬰兒的稟食，實際上很可能是由監護人代爲領取。[①]

此外，根據里耶 9－19、9－20 等簡來看，[②]官吏的糧食或也可以代領：

> 丞食一石一斗。AⅢ
>
> 疾已食一石三斗。AⅣ
>
> 出米二石，予疾已室。BⅠ　　　　　　　　　　　（9－19）
>
> 出米五斗，予疾已室。BⅠ
>
> 出米一石，予疾已室。BⅡ　　　　　　　　　　　（9－20）
>
> 疾已室取米：十二月二石、正月一石五斗、二月二石五斗。
>
> 二月▨ [③]　　　　　　　　　　　　　　　　　（9－300）

幾枚簡是向"疾已"發放稟食的記録。根據張春龍先生的研究，疾

---

① 睡虎地《倉律》中提到"嬰兒之毋（無）母者各半石；雖有母而與其母冗居公者，亦稟之，禾月半石"，可見嬰兒有"無母""有母"的區別，如果嬰兒有母冗居於公，則可能會由嬰兒的母親代領。

② 里耶秦簡博物館、出土文獻與古代文明研究協同創新中心中國人民大學中心編著：《里耶秦簡博物館藏秦簡》，第 188—193 頁。

③ 張春龍：《里耶秦簡中疾已和丞主的用餐記録》，《2007 年中國簡帛學國際論壇論文集》，臺灣大學中國文學系 2011 年，第 401 頁。

已的身份是吏員,且"其職別應與丞尉相當",而"疾已室"是指疾已的家人。[1] 簡文中,"出米二石,予疾已室"(9-19),"出米五斗,予疾已室;出米一石,予疾已室"(9-20),"疾已室取米:十二月二石,正月一石五斗,二月二石五斗"(9-47+9-300[2])等記載,均是將糧食發放給疾已的家人。換言之,這些記録説明秦代官員的糧食似可由家屬代領。

與之類似,西北漢簡中戍卒的稟食,也常常由同一候官、烽燧的人員乃至親人幫忙代領。比如,居延漢簡中有一編稟名籍的殘册,兹擇要摘録如下:[3]

　　城北候長竇何,十一月食一斛五斗。同 十月丙寅掾譚取。

卩　　　　　　　　　　　　　　　　　　　　(EPT65:8)

　　推木候長王宏,十一月食一斛五斗。同 十月丙寅掾譚取。

卩　　　　　　　　　　　　　　　　　　　　(EPT65:10)

　　第二十三隧長董放,十一月食一斛五斗舒。十月乙亥,守尉史王陽取。卩　　　　　　　　　　　　　　(EPT65:9)

　　第十㮼候長趙彭,十一月食一斛五斗。十月丙寅妻取。卩

　　　　　　　　　　　　　　　　　　　　(EPT65:11)

　　甲溝第三十二隧長張護,十一月食一斛五斗。十月甲子,嫂難取。卩　　　　　　　　　　　　　　(EPT65:12)

　　第二十燧長陳尚,十一月食一斛五斗。三十。十月乙丑母取。卩　　　　　　　　　　　　　　　　　(EPT65:13)

　　甲溝第二十八燧卒王歆,食一斛五斗。㮼十。十月□□嫂之

---

①　《校釋(二)》,第 26 頁。
②　《校釋(二)》,第 52 頁。
③　張德芳主編,韓華著:《居延新簡集釋(六)》,甘肅文化出版社 2016 年,第 114—116、131 頁。

取。卩 (EPT65:16)

第二十五隧長晏戎,十一月食一斛五斗三升。十月乙丑妻業

取。卩 (EPT65:97)

在這些名籍中,受稟者以候長、燧長、士吏等吏卒爲主,然而所發放的糧食並非本人領取。比如,EPT65:8、EPT65:10顯示,發放給候長的糧食由"掾譚"代領。EPT65:9、EPT65:11等簡中,所發放的糧食由這些吏卒的親屬(妻、嫂、母)代領。比較而言,漢代糧食發放允許代領的措施,很可能是自秦代繼承並演變發展而來的。

## 第四節　稟食的基本原則

簡牘所見秦律令,對稟食的發放有較爲詳細的規定。這些規定,涉及倉糧如何保存、出稟時使用何種糧食,以及不同身份者的稟食標準、稟食標準提高的具體時間、軍人稟食能否買賣、何種情況下停止或減少稟食發放等諸多細節問題。根據這些材料,可以管窺秦代稟食發放的基本原則。

### (一) 稟食使用的糧食

關於稟食使用的糧食,睡虎地秦簡中有詳細規定。比如:

程禾、黍□□□□以書言年,別其數,以稟人。 (倉33)

計禾,別黃、白、青。粲(秫)勿以稟人。 (倉34)

稻後禾孰(熟),計稻後年。已穫上數,別粲、穤(糯)秥(黏)稻。別粲、穤(糯)之裏(釀),歲異積之,勿增積,以給客,到十月牒

書數,上内【史】。　　　　　　　　　　　(倉 35～36)

第一條律文要求在計量穀物時要標明穀物的産年,[①]分別統計不同糧食的數量("別其數"),以便發放。第二條律文提到,統計穀物時要將黄、白、青三種分開,而且"秫"(黏穀)是不能出稟的。高敏先生指出,不許將黏穀稟人,可能是留給王室自己使用。[②] 第三條律文也是要求將不同種類、不同産年的糧食區别開來,分别使用。

至於記録糧食年份以及區分穀物成熟程度的原因,或是爲了區分糧食優劣,以便在糧食分配時靈活使用。另外,嶽麓秦簡《倉律》中也有一條關於糧食好壞的規定:

●倉律曰:縣官縣料出入必平,<u>稟禾美惡相襍</u>∟,大輸令丞視,令史、官嗇夫視平∟,稍稟,令令史視平∟,不從令,貲一甲。[③]

　　　　　　　　　(《嶽麓書院藏秦簡(肆)》163～164)

"美惡相襍"一詞,值得注意。睡虎地秦簡《金布律》有"錢善不善,<u>雜實之</u>"(64 號簡),"百姓市用錢,美惡雜之,勿敢異"(65 號簡),其中的"雜"是指優等和劣質的物資存放在一起,不做刻意區分。這與將糧食"美惡相襍"的情況頗爲相似。比較而言,簡文中的"稟禾美惡相襍",似是要求所發放的糧食不能全是優質的,也不能全是質量差的,它當是優等與劣質的"摻和物"。[④] 朱紅林先生提出,"糧食儲存美惡相

---

① "程禾、黍□□□"一句有缺文,"中國政法大學中國法制史基礎史料研讀會"指出,也許此處缺失五個字,即稻、麻、麥、苔、叔(菽),算上禾、黍共七種穀物。見中國政法大學中國法制史基礎史料研讀會:《睡虎地秦簡法律文書集釋(三):〈秦律十八種〉(〈倉律〉)》,《中國古代法律文獻研究》第八輯,社會科學文獻出版社 2014 年,第 66 頁。何四維先生認爲"大概有十个字的空缺",詳見何四維(A. F. P. Hulsewé):《Remnants of Ch'in Law》,E. J. BRILL,1985,p. 40。

② 高敏:《雲夢秦簡初探(增訂本)》,第 218 頁。

③ 黄浩波先生告知,他懷疑該句當斷讀作:"縣官縣料出入必平,稟禾美惡相襍∟。大輸,令丞視,令史、官嗇夫視平∟;稍稟,令令史視平∟。不從令,貲一甲。"這樣,"大輸"與"稍稟"的對應關係似更明晰。

④ 詳見拙文:《嶽麓涉倉諸律所見秦倉制考述》,《中國農史》2016 年第 6 期。

雜,只是指的同一批糧食而言,而實際上對於不同批次、不同種類的糧食,倉庫管理還是非常注意分類保存的"。① 該論當是。前揭《倉律》中規定的"以書言年""別黃白青",便是要求將不同年份與不同類型的糧食分別登記、儲存。此外,嶽麓秦簡《數》簡 153 是一道倉"稟米"的算題,其中提到倉中"毋米而有糙"時可以用糙米發放。② 可見,秦倉應當是將優質米和糙米分別儲藏,同時發放時可以按照換算關係折合爲糙米發放。

另外,睡虎地秦律中還有不少關於糧食種類的規定。比如:

> 有稟叔(菽)、麥,當出未出,即出禾以當叔(菽)、麥,叔(菽)、麥賈(價)賤禾貴,其論可(何)殹(也)? 當貲一甲。會赦未論,有(又)亡,赦期已盡六月而得,當耐。　　(《法律答問》153)

> 【度】禾、芻稾而不備十分一以下,令復其故數;過十分以上,先索以稟人,而以律論其不備。　　　　　　　　　　(效 167)

> 爲粟廿斗,舂爲米十斗;十斗,粲毇(毀)〈毇(毀)粲〉米六斗大半斗。麥十斗,爲麵三斗。叔(菽)、荅、麻十五斗爲一石。‧稟毇(毀)粺者,以十斗爲石。　　(倉 43)

根據第一條律文來看,在發放時不能隨便使用價貴的穀物替換低廉者。第二條律文是關於糧食、芻稾缺數的規定,若倉中糧食在核對時不足數不到原數十分之一,則相關人員要補足。如果不足數超過了十分之一,則先將糧食發完之後,再按不足數論劾相關人員。而睡虎地《效律》簡 2 記"官嗇夫、冗吏皆共賞(償)不備之貨而入贏",是與此

---

① 朱紅林:《〈嶽麓書院藏秦簡(肆)〉補注六》,《第七屆出土文獻與法律史研究學術研討會論文集》,第 81—82 頁。
② 該簡釋文作"□□且稟米五斗於倉,倉毋米而有糙,糙二粟一,今出糙幾可(何)? 當五斗有(又)十三分斗十。倉中有米,不智(知)153/0819+0828"。詳見《嶽麓書院藏秦簡(貳)》。

相關的規定。第三條律文是關於各種穀物的折算比率，從中可見不同類型的穀物所折合爲一石的標準也是不同的，這大概是在發放不同糧食時需要參考的標準。

據上揭諸例可見，秦代出稟的糧食有菽、麥、粟、荅、麻、𥺌、粺等多個種類，[①]這在稟食的具體實例和考古發現中也可以得到驗證。比如，里耶秦簡所見遷陵縣種植的農作物有粟、稻、麥、菽、秫、荅等十餘種。[②]又，1953 年洛陽燒溝漢墓曾出土有許多題記"稻種萬石""粟萬石""小麥萬石""秫米"等字的陶倉（見圖 2－3），並且陶倉在出土時仍盛放着黍、稻、粟、大豆、稷、麻、薏苡等農作物。它們很可能是秦漢時期倉中儲藏的主要糧食類型，同時也是稟食發放的主要糧食種類。

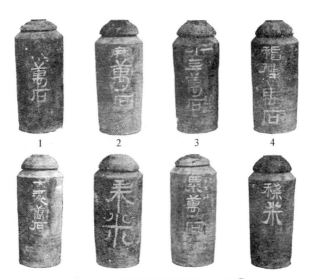

圖 2－3 洛陽燒溝漢墓出土陶倉[③]

① 劉鵬先生指出，稟食的作物種類有粟、稻、菽、麥等，其中粟最爲普遍，稻次之。秦統一前法定的隸臣月"禾二石"是指二石糲米，但實際稟給時仍有可能折合成原糧；秦統一後基本都以加工糧爲主。詳見劉鵬：《秦代地方稟食的幾個問題》。
② 詳見拙文：《里耶秦簡所見秦代作物考略》，《農業考古》2017 年第 3 期。
③ 中國科學院考古研究所：《洛陽燒溝漢墓》，科學出版社 1959 年，圖版貳肆。需要説明的是，此處使用的出土於私人墓葬的陶倉模型，與文中所討論的官倉，仍是有所區別的。不過，陶倉上所刻畫的文字，仍然可以爲我們討論倉儲糧食的種類，提供一定的借鑒。

不過,結合秦漢簡牘中稟食發放的具體情況來看,糧食種類還與受稟者的身份有直接關係。比如,里耶簡中向徒隸、戍卒等地位卑微者稟食時,所使用的糧食均是"粟米"(去皮之後的小米);嬰兒和官吏才會領取品質略好的"稻"米。另外,張家山《傅律》簡 354 中還提到稟食時會使用"鬻米"("公卒、士五(伍)九十五以上者,稟鬻米月一石"①)。整理者注作:"《漢書·文帝紀》'今聞吏稟當受鬻者,或以陳粟'注:'稟,給也。鬻,淖糜也。給米使爲糜鬻也。'"②可見,鬻米當是一種煮粥的米。同時,里耶 9-19、9-20 號簡中也有丞主和疾已食用"鬻米"的記載。這似乎說明,相較於刑徒等地位卑微者,官吏等地位高者不僅所受稟的糧食質量要好,而且可供選擇的糧食種類也要更爲豐富。

## (二) 軍人的稟食

在簡牘秦律中,還有關於在軍中服役時稟食的規定。比如,睡虎地《倉律》有如下律文:

> 有事軍及下縣者,齎食,毋以傳貣(貸)縣。 (倉 45)

齎食,整理者注:"應自帶口糧。"③"中國政法大學中國法制史基礎史料研讀會"結合里耶秦簡的記載,指出"或'齎'可取送、付之義。齎食指公家已經提供口糧,因此不得再以傳向縣貸食"。④ 此論當是。這條律文說明有事於軍者,當能獲得軍方提供的糧食,並且在受稟之後

---

① 武漢大學簡帛研究中心、荆州博物館、早稻田大學長江流域文化研究所,彭浩、陳偉、工藤元男主編:《二年律令與奏讞書——張家山二四七號漢墓出土法律文獻釋讀》,上海古籍出版社 2007 年,第 230 頁。
② 張家山二四七號漢墓竹簡整理小組:《張家山漢墓竹簡〔二四七號墓〕(釋文修訂本)》,文物出版社 2006 年,第 57 頁。
③ 睡虎地秦墓竹簡整理小組:《睡虎地秦墓竹簡》,第 31 頁。
④ 中國政法大學中國法制史基礎史料研讀會:《睡虎地秦簡法律文書集釋(三):〈秦律十八種〉(〈倉律〉)》,《中國古代法律文獻研究》第八輯,第 74 頁。

不得再以"傳"借貸。如果反過來考慮,在一些情況下(比如沒有"齎食"時),似可以使用"傳"向縣借貸。

除此之外,秦律對軍糧管理和發放也有規定。比如:

> 不當稟軍中而稟者,皆貲二甲,灋(廢);非吏殹(也),戍二歲;徒食、敦(屯)長、僕射弗告,貲戍一歲;令、尉、士吏弗得,貲一甲。•軍人買(賣)稟稟所及過縣,貲戍二歲;同車食、敦(屯)長、僕射弗告,戍一歲;縣司空、司空佐史、士吏將者弗得,貲一甲;邦司空一盾。•軍人稟所、所過縣百姓買其稟,貲二甲,入粟公;吏部弗得,及令、丞貲各一甲。•稟卒兵,不完善(繕),丞、庫嗇夫、吏貲二甲,灋(廢)。　　　　　　　(《秦律雜抄》11～15)

據"不當稟軍中而稟者"來看,秦軍糧當有固定的稟食對象,對不應從軍中領糧而領取者予以處罰,並撤職不再叙用。另據"軍人賣稟稟所及過縣,貲戍二歲"來看,軍人將受稟的糧食賣於"稟所"和縣鄉百姓的行爲也是禁止的。如果發現,則要對賣糧者處以"貲戍二歲"的處罰,且糧食也要充公。


## (三) 刑徒的日常稟食標準

相較於吏員、士兵的稟食,目前所見的秦律對刑徒稟食的規定要更爲詳細。比如,在睡虎地《倉律》中可以看到如下規定:

> 隸臣妾其從事公,隸臣月禾二石,隸妾一石半;其不從事,勿稟。小城旦、隸臣作者,月禾一石半石;未能作者,月禾一石。小妾、舂作者,月禾一石二斗半斗;未能作者,月禾一石。嬰兒之毋(無)母者各半石;雖有母而與其母冗居公者,亦稟之,禾月半石。隸臣田者,以二月月稟二石半石,到九月盡而止其半石。舂,月一

石半石。隸臣、城旦高不盈六尺五寸,隸妾、舂高不盈六尺二寸,皆爲小;高五尺二寸,皆作之。　　　　　　　　(倉49～52)

城旦之垣及它事而勞與垣等者,旦半夕參;其守署及爲它事者,參食之。其病者,稱議食之,令吏主。城旦舂、舂司寇、白粲操土攻(功),參食之;不操土攻(功),以律食之。　(倉55～56)

日食城旦,盡月而以其餘益爲後九月稟所。城旦爲安事而益其食,以犯令律論吏主者。減舂城旦月不盈之稟。

　　　　　　　　　　　　　　　　　　(倉57～58)

免隸臣妾、隸臣妾垣及爲它事與垣等者,食男子旦半夕參,女子參。　　　　　　　　　　　　　　　　(倉59)

食餔囚,日少半斗。　　　　　　　　　(倉60)

上揭律文主要是關於隸臣妾、城旦舂、司寇、居作者、餔囚等人稟食標準的規定。據此可見,稟食標準主要受刑徒身份、年齡、性別、是否勞作、勞作類型等因素影響。[1]

值得注意的是,簡文中有"不從事公勿稟"(《倉律》49)的原則。其中的"從事公",整理者注"爲官府服役"。陳偉老師指出,成年隸臣妾有"從事公"的前提要求,在非"從事公"的時候,則不予稟食,小隸臣妾、嬰兒無此限制,應是常年供給。[2] 如果將"不稟食"也視爲稟食的標準之一,那麼律文中月稟食的標準當包括七個檔次:0斗、5斗、10斗、12.5斗、15斗、20斗、25斗。[3]

---

① 高敏:《雲夢秦簡初探(增訂本)》,第217—218頁。
② 陳偉:《秦簡牘校讀及所見制度考察》,第190頁。
③ 沈剛先生曾將其分爲"二石半石""二石""一石半""一石二半石""一石""半石"等六個標準。其對應關係是:隸臣田者爲"二石半石";隸臣從事公爲"二石";隸妾從事公、小城旦、隸臣作者、舂田爲"一石半";小妾、舂作者、隸妾作者、小城旦、隸妾作者"一石二半石";小城旦、隸臣未能作者,小妾、舂未能作者,隸妾未能作者爲"一石";嬰兒之無母、嬰兒有母冗居公者爲"半石"。詳見沈剛:《〈里耶秦簡〉(壹)所見廩給問題》,《吉林大學古籍研究所建所三十周年紀念論文集》,第135頁。

若結合律文規定,按照刑徒的身份、年齡、性別等因素分別統計每月、每日、每餐的標準,[1]則可以得出一份"刑徒稟食標準的詳表"(見附表2-1)。同時,里耶秦簡中不同身份者的稟食標準也可以通過計算得出(見附表2-2)。[2] 比較兩組數據,可以發現里耶簡中刑徒的稟食標準大多符合《倉律》的規定,特別之處則如黃浩波先生所言"隸妾、舂、小城旦的月稟食標準均比《倉律》減少二斗半斗"。[3] 考慮到睡虎地《倉律》反映的主要是秦統一之前的標準,而里耶稟食文書的時限則在秦始皇二十六年至三十五年間。可以説,秦統一前後的主要稟食標準其實得到了很好的延續。

## (四) 刑徒稟食的幾個原則

除了前揭律文之外,秦簡中還有一些與刑徒稟食有關的律文。如:

> 小隸臣妾以八月傅爲大隸臣妾,以十月益食。 （倉53）
>
> 更隸妾節(即)有急事,總冗,以律稟食;不急勿總。
>
> （倉54）
>
> 黔首爲隸臣、城旦、城旦司寇、鬼新(薪)妻而内作者,皆勿稟

---

[1] 由於秦代普遍實行一天兩餐制,而且一般情況下兩餐的標準是一致的(但也有一些例外,比如從事特殊勞作的城旦舂、隸臣妾是按"旦半夕參"發放)。因此,據此我們可以大致推算出不同身份者每餐的用食標準。

[2] 對於里耶簡中稟食的標準,沈剛、黃浩波、吳方浪等先生均有論述。比如,黃浩波先生考證里耶秦簡中的稟食標準大致爲:"隸臣粟米二石,隸妾、舂、白粲、小城旦粟米一石二斗半斗,嬰兒粟米或稻米五斗。隸臣、嬰兒的月稟食標準仍與《倉律》相符;隸妾、舂、小城旦的月稟食標準則均比《倉律》減少二斗半。戍卒、居作男子的月稟食標準爲粟米二石,與隸臣相同。冗作(居作)女子的月稟食標準則與隸妾、舂、白粲的稟食標準相同。吏佐的月稟食標準則爲稻米二石。"另外,黃先生還對隸妾、舂、小城旦的月稟食標準減少的原因進行了推測,指出《倉律》可能在秦始皇二十七年至三十一年間進行了修訂。詳見黃浩波:《〈里耶秦簡(壹)〉所見稟食記録》,《簡帛》第十一輯,第127、136—137頁。

[3] 黃浩波:《〈里耶秦簡(壹)〉所見稟食記録》,《簡帛》第十一輯,第127頁。

食。黔首有貲贖責(債)而有一奴若一婢,有一馬若一牛,而欲居者,許之。　　　　　　　　　(《嶽麓書院藏秦簡(肆)》266~267)

<br>

彀(繫)城旦舂,公食當責者,石卅錢。　　　　　　(司空143)

第一條律文規定,由小隸臣妾在八月傅為大隸臣妾之後,其稟食仍然是在十月才提高標準。據此或可推測,新年度开始可能是一個提高稟食標準的官方日期,並且這個時間對於其他身份者可能也是適用的。第二條律文中顯示對更隸妾的稟食,存在"總冗"和"勿總"兩種發放方式。第三條律文中規定,黔首為隸臣、城旦、城旦司寇、鬼薪等刑徒的妻子且入官府冗作時,不能獲得稟食。據此可見,秦代的刑徒身份一旦確定,其家屬的某些利益也會受到影響。而上述措施,或可視作官府對犯人親屬施行的一種連帶懲罰。例四中的"公食當責者"說明並非所有的繫城旦舂者都會獲得稟食,當不能稟食時向官方借貸,則按照每石三十錢收取費用。

需要注意的是,秦代縣道之間亦會相互移交刑徒。那麼,這些人員被移交之後,他們的稟食又將如何發放? 對此,睡虎地秦律中亦有相關規定:

道官相輸隸臣妾、收人,必署其已稟年日月,受衣未受,有妻毋(無)有。受者以律續食衣之。　　　　　　　　(屬邦201)

該律提到在縣道官之間輸送"隸臣妾、收人"時,還需要移交稟食、稟衣的情況。其中,"受者以律續食衣之"一句,整理者譯文"如係領受者,應依法繼續給予衣食"。[1]《秦簡牘合集》指出,"受者指'道官相輸'時的接受方"。[2] 那麼,在人員移交之後,當是由接收的道官負責發放衣食。在漢簡中,也能見到類似的處理方式。比如,陳玲先生曾據懸

---

[1]　睡虎地秦墓竹簡整理小組:《睡虎地秦墓竹簡》,第65頁。
[2]　陳偉主編:《秦簡牘合集:釋文注釋修訂本(壹、貳)》,第141頁。

泉第 T0114④284 號簡“入正月四日使徒復作御初靡名籍,三百九十八石四升”論證,當刑徒到達具體服役單位后,其口糧衣物供應就隨同名籍一起被帶到屯戍地,並由該地繼續提供。[①] 這種處理與秦簡的規定大致相符。

## (五) 稟食的停止與減少

睡虎地秦律規定,在一些情形下稟食會被停止或減少發放。[②] 比如,在以下幾枚簡可以看到稟食被停止發放的記載:

> 月食者已致稟而公使有傳食,及告歸盡月不來者,<u>止其後朔食</u>,而以其來日致其食;有秩吏<u>不止</u>。倉　　　　　(46)

> 妾未使而衣食公,百姓有欲叚(假)者,叚(假)之,令就衣食焉,<u>吏輒披事之</u>。倉　　　　　(48)

> 吏有故當<u>止食</u>,弗止,盡稟出之,論可(何)殹(也)? 當坐所贏出爲盜。　　　　　(《法律答問》154)

第一例提到,按月領取口糧的人員有公務外出,如果休假到月底仍不歸來的,應停發其口糧。第二例提到“未役的隸妾”被百姓借出,則官府則“停發相應的衣食”(“吏輒披事之”)。[③] 第三例提到吏員的稟食本當停止(可能與例一中的停發糧食有關),但仍然發放。在此情況下,要按照“坐所贏出爲盜”的辦法處理。

---

① 釋文轉引自陳玲:《簡牘所見漢代邊塞刑徒的管理》,《南都學壇(人文社會科學學報)》2010 年第 5 期。

② 蔡萬進先生將“減少稟食”歸入“罰没糧食”一類,並將其視爲秦代倉儲糧食的一項來源。參蔡萬進《秦國糧食經濟研究(增訂本)》,第 70—71 頁。

③ 陳偉老師指出,“事”可能是指向“妾未使”者提供衣食。陳偉:《“披事”與“彼治”》,簡帛網 2013 年 10 月 4 日,http://www.bsm.org.cn/show_article.php?id=1933。後收入《秦簡牘校讀及所見制度考察》,第 237 頁。

稟食被減少發放的情況,在睡虎地秦律中也有不少。比如:

> 宦者、都官吏、都官人有事上爲將,令縣貸(貸)之,輒移其稟
> 縣,稟縣以減其稟。已稟者,移居縣責之。　　　　　(倉44)

> 百姓叚(假)公器及有責(債)未賞(償),其日踐以收責之,而
> 弗收責,其人死亡;及隸臣妾有亡公器、畜生者,以其日月減其衣
> 食,毋過三分取一,其所亡衆,計之,終歲衣食不踐以稍賞(償),令
> 居之,其弗令居之,其人【死】亡,令其官嗇夫及吏主者代賞
> (償)之。　　　　　　　　　　　　　　　(金布77~79)

> 官嗇夫免,復爲嗇夫,而坐其故官以貲賞(償)及有它責(債),
> 貧窶毋(無)以賞(償)者,稍減其秩、月食以賞(償)之,弗得居;其
> 免殹(也),令以律居之。官嗇夫免,效其官而有不備者,令與其稗
> 官分,如其事。吏坐官以負賞(償),未而死,及有辠(罪)以收,抉
> 出其分。其已分而死,及恒作官府以負責(債),牧將公畜生而殺、
> 亡之,未賞(償)及居之未備而死,皆出之,毋責妻、同居。
>
> 　　　　　　　　　　　　　　　(金布82~85)

第一條律文規定,宦者、都官的吏或都官的一般人員爲朝廷辦事
而來督送時,令所到縣“貸食”(墊付糧食),其飲食的情況會傳遞至“稟
縣”(原發糧單位),“稟縣”根據其食用的數量扣除相應的額度。如果
已經發放,則要發文書到其“居縣”(户籍所在縣)追討。[①] 第二條律文
規定,在隸臣妾丢失公家財物或有債務的情況下,可以通過減少稟食
發放的方式作爲抵償,但是稟食減少的標準不能超過總數的三分之一

---

① 居縣,原整理者注作“現在所在的縣”,陳偉老師指出其當指“當事人家鄉之縣”。詳
見陳偉《秦漢簡牘“居縣”考》。

（大概要保證其日常生存①）。如果終歲還不足以抵償，則可以令其以"居作"的方式抵償。第三條律文中規定，如果官嗇夫有處罰或有債而貧困無力償還，那麼可以從其秩祿和月食中扣除一部分，用來償還。從"稍减其秩、月食"來看，所减少的額度似乎並不太大。

至此，我們來看一條里耶秦簡中"丞主稟食"的問題，該簡釋文作：

> 稻一石一斗八升。卅一年五月乙卯，倉是、史感、稟人援出稟遷陵丞昌。•四月、五月食。I
>
> 令史尚視平。感手。II　　　　　　　（8－1345＋8－2245）

黃浩波先生已指出，該簡中"遷陵丞日均稟食僅爲二升，不知作何解釋，存疑待考"。② 吳方浪先生認爲，該簡中丞主稟食的數量遠遠少於鄉佐，但縣丞的官職高於鄉佐，這不合情理，可以推測這些稻只是發放給昌的部分口糧。③

根據睡虎地《傳食律》中的給食標準，丞主的用餐數大概爲每天四分之三斗（早餐半斗、晚餐四分之一斗），約合每天七升半。那麼，若8－1345＋8－2245號簡的數據真實，也即遷陵丞昌日均稟食數僅有五分之一斗（兩升），顯然偏少。筆者懷疑，偏少的原因或是由於丞主的某些行爲致使被减扣了部分稟食。遷陵丞昌的身份，與《倉律》簡44中的"宦者、都官吏、都官人"相符。並且，秦代基層吏員時常因公務外出，比如9－20號簡中有"丞主下行鄉"，"己卯疾已去，到已有日來"等。也就是説，遷陵丞昌有可能因公務曾在外地就食，遷陵縣在發放

---

① 宋作軍先生指出，"克扣口糧要在一定的比例範圍内進行，不能隨意克扣，還應當給刑徒留下最低限度的生命保障。"詳見宋作軍：《秦簡中所載刑徒問題初探》，吉林大學碩士學位論文，2008年4月，第40頁。

② 黃浩波：《〈里耶秦簡（壹）〉所見稟食記録》，《簡帛》第十一輯，第127頁。

③ 吳方浪、吳方基：《簡牘所見秦代地方稟食標準考論》，《農業考古》2015年第1期。

稟食的過程中將此部分糧食扣除了。當然,也不排除遷陵丞昌因違規行爲需要償還債務,繼而被減少稟食的可能性。

# 小　　結

對秦代稟食制度的考察,是研究秦倉制的重要内容。通過前文的分析,可以得出以下結論:

秦縣下屬的倉、司空、鄉、田官、尉、廡舍等機構均有稟食的職能,而倉是最主要的稟食機構,承擔着主要的稟食任務。各機構的出稟存在分工,"就近稟食"、"管理機構稟食"和"使用機構稟食"應當是分工的主要原則。各機構稟食所需的糧食,主要有兩個來源:第一種是直接從"正倉"中支取;第二種,倉向各機構輸送糧食。另外,一些出稟機構似乎還可以使用自産的糧食。

秦縣稟食主要分爲"本地稟食"和"外出給食"兩大類,二者的程序各有不同。本地稟食由倉、司空、田官、諸鄉等機構負責,其主要過程可分前期準備、具體發放、發放後的信息匯總與呈報。糧食發放,是其中最爲關鍵和複雜的一個程序。以"倉"出稟爲例,"倉"出稟的過程當包括"開倉""量穀""記録""封倉"四個關鍵步驟。外出續食大多跨地區、跨機構,這需要多個機構互相協作才能完成。一個比較完整的給食過程,大概要歷經"本地糧食機構提出稟食需求""本地縣廷照會外地縣廷""外地縣鄉接收與批轉外地糧食機構""外地糧食機構稟食"等關鍵環節。

按照發放頻率分類,可將秦簡中的稟食方式分爲按月稟食和按日稟食兩大類。其中,有秩吏、官嗇夫、佐史、官長等基層吏員,主要是按月發放、單獨發放;城旦舂、鬼薪白粲、小城旦、小舂、隸妾居貲主要是計日受稟,且多是集中發放。發放稟食的日期並不固定,但"朔日"是其中最常見的一天。另外,秦代的稟食或可以由親人及相關人員代領。

秦簡牘中,對出稟所使用的糧食有嚴格規定,這包括糧食的類型、成熟程度、糧食質量等等,而粟米和稻米是出稟時最常見的糧食類型。秦軍糧當有固定的稟食對象,並且在受稟之後不得以"傳"向縣貸食,所受稟的糧食也不能向外售賣。秦律中對刑徒的稟食標準有詳細規定,通過分析可以計算出其每月、每日乃至每餐的稟食標準。通過秦簡牘還可以看到,在刑徒身份變化、有急事、被轉輸到其他服役地點等各種情況下,秦官方對其稟食標準的調整、稟食的獲取均有詳細規定。另外,根據簡牘秦律可知,官方還制定了對吏員、刑徒稟食的"停、減機制"。當這些人員有違禁情況時,官方會通過停止或減少稟食發放的措施予以懲罰。

表2-1　睡虎地秦簡《倉律》所見秦刑徒稟食標準

單位：斗

| 身份 | 是否從事公 | 勞作類型 | 月稟食 | 日稟食 | 旦 | 夕 | 相關律文 |
|---|---|---|---|---|---|---|---|
| 隸臣、免隸臣 | 是 | 隸臣田者(2~9月)① | 25 | 5/6 | 1/2 | 1/3 | 隸臣田者，以二月月稟二石半石 |
| 隸臣、免隸臣 | 是 | 隸臣田者(10~1月) | 20 | 2/3 | 1/3 | 1/3 | 隸臣田者，到九月盡而止其半石 |
| 隸臣、免隸臣 | 是 | 垣及為它事與垣等者 | 25 | 5/6 | 1/2 | 1/3 | 免隸臣妾、隸臣垣及為它事與垣等者，食男子旦半夕參 |
| 隸臣、免隸臣 | 是 | / | 20 | 2/3 | 1/3 | 1/3 | 隸臣妾其從事公，隸臣月禾二石 |
| 隸臣、免隸臣 | 否 | / | 0 | 0 | 0 | 0 | (隸臣妾)其不從事，勿稟 |
| 隸妾、免隸妾 | 是 | 垣及為它事與垣等者 | 20 | 2/3 | 1/3 | 1/3 | 免隸臣妾、隸妾垣及為它事與垣等者，女子參。 |
| 隸妾、免隸妾 | 是 | / | 15 | 1/2 | 1/4 | 1/4 | 隸臣妾其從事公，隸妾一石半 |
| 隸妾、免隸妾 | 否 | / | 0 | 0 | 0 | 0 | (隸臣妾)其不從事，勿稟。 |
| 城旦 | 是 | 垣及它事而務與垣等者 | 25 | 5/6 | 1/2 | 1/3 | 城旦之垣及它事而務與垣等者，旦半夕參 |
| 城旦 | 是 | 守署及為它事者 | 20 | 2/3 | 1/3 | 1/3 | (城旦)其守署及為它事者，參食之 |
| 城旦 | 是 | 操土功 | 10 | 1/3 | 1/6 | 1/6 | 城旦舂，春司寇，白粲操土攻(功)，參食之 |
| 城旦 | 病 | / | / | / | / | / | (城旦)其病者，稱議食之 |

① "隸臣田者，以二月月稟二石半石，到九月盡而止其半石"，整理者譯文 "隸臣作農業勞動的，從二月起每月發糧二石半，到九月底停發其中加發的半石。至於在十月至正月減少稟食標準的原因，可能是由於秋收之後便進入了漫長的閑期，農業活動相對減少。據此可見，季節變換、糧食收穫等因素也會間接對稟食標準造成影響。

**續表**

| 身份 | 是否從事公 | 勞作類型 | 月稟食 | 日稟食 | 旦 | 夕 | 相關律文 |
|---|---|---|---|---|---|---|---|
| 舂 | 是 | / | 15 | 1/2 | 1/4 | 1/4 | 舂,月一石半石 |
| 舂 | 是 | 操土功 | 10 | 1/3 | 1/6 | 1/6 | 城旦舂,舂司寇、白粲操土攻(功),參食之 |
| 舂 | 病 | / | / | / | / | / | 稱議食之 |
| 舂司寇、白粲 | 是 | 操土功 | 10 | 1/3 | 1/6 | 1/6 | 城旦舂、舂司寇、白粲操土攻(功),參食之 |
| 小城旦、小隸臣 | 是 | / | 15 | 1/2 | 1/4 | 1/4 | 小城旦,隸臣作者,月禾一石半石 |
| 小城旦、小隸臣 | 否 | / | 10 | 1/3 | 1/6 | 1/6 | (小)城旦,隸臣未能作者,月禾一石 |
| 小妾、小舂 | 是 | / | 12.5 | 5/12 | / | / | 小妾、舂作者,月禾一石二斗半斗 |
| 小妾、小舂 | 否 | / | 10 | 1/3 | 1/6 | 1/6 | (小)妾、舂未能作者,月禾一石 |
| 嬰兒 | 否 | / | 5 | 1/6 | 1/12 | 1/12 | 嬰兒之毋(無)母者各半石;雖有母而其母冗居公者,亦稟之,禾月半石 |
| 男子居官府公食者 | 是 | / | 20 | 2/3 | 1/3 | 1/3 | 居官府公食者,男子參 |
| 女子居官府公食者 | 是 | / | 15 | 1/2 | 1/4 | 1/4 | 居官府公食者,女子騆(四) |
| 飯囚 | / | / | 10 | 1/3 | 1/6 | 1/6 | 食飯囚,日少半斗 |

備注:未知的項目用"/"表示,暫不確定的項目用斜體字表示。

表2-2 《里耶秦簡(壹)、(貳)》所見稟食標準

單位：斗

| 受稟者身份 | | 月稟食 | 日稟食 | 旦 | 夕 | 糧食類型 | 日期(秦始皇) | 來源 |
|---|---|---|---|---|---|---|---|---|
| 吏員 | 縣丞 | / | / | / | / | 稻 | 三十一年五月 | 8-1345+8-2245 |
| | 牢監、倉佐 | 20 | 2/3 | 1/3 | 1/3 | 稻 | 三十一年七月 | 8-1336 |
| | 官佐① | 20 | 2/3 | 1/3 | 1/3 | 稻 | 三十一年七月 | 8-1550 |
| 戍卒 | 屯戍士伍 | 20 | 2/3 | 1/3 | 1/3 | 粟米 | 三十一年十月 / 三十一年六月 / 三十一年□月 | 8-1545 / 9-174+9-908 / 9-762 |
| | 屯戍簪裊 | 20 | 2/3 | 1/3 | 1/3 | 粟米 | 三十一年七月 | 8-1574+8-1787 |
| | 罰戍公卒 | 20 | 2/3 | 1/3 | 1/3 | 粟米 | 三十一年七月 | 8-2246 |
| | 罰戍士伍 | 20 | 2/3 | 1/3 | 1/3 | 粟米 | 三十三年十月 | 8-761 |
| | 更戍士伍 | 20 | 2/3 | 1/3 | 1/3 | 粟米 | 三十三年九月 | 8-1660+8-1827 |
| 隸臣妾 | 大隸臣 | 20 | 2/3 | 1/3 | 1/3 | 粟米 | 三十一年□月 / 三十二年八月 | 9-813+9-1122 / 8-2247 |
| | 小隸臣 | $15$ / $12\frac{5}{6}$ | 1/2 ≈5/12 | 1/4 ≈1/4 | 1/4 ≈1/6 | 粟米 | 二十七年十二月 / 三十一年□月 | 8-1551 / 9-440+9-595 |

① 9-16號簡記秦始皇三十一年二月"少內佐"受稟稻米8斗,此或非整月口糧。

## 續　表

| 受稟者身份 | | 月稟食 | 日稟食 | 旦 | 夕 | 糧食類型 | 日期（秦始皇） | 來　源 |
|---|---|---|---|---|---|---|---|---|
| 隸臣妾 | 大隸妾 | 12.5 / 12又5/6 | 5/12 / ≈5/12 | 1/4 / ≈1/4 | 1/6 / ≈1/6 | 粟米 | 三十一年三月 / 三十一年十一月 | 8－760 / 9－85＋9－1493 |
| | 隸妾嬰兒 | 5 | 1/6 | 1/12 | 1/12 | 粟米 | 三十一年五月 | 8－1540 |
| | 隸臣嬰兒 | 5 | 1/6 | 1/12 | 1/12 | 稻 | 三十一年九月 | 8－211 |
| 城旦舂 | 舂 | 12.5 | 5/12 | / | / | 粟米 | 三十一年一月 | 8－212＋8－426＋8－1632 |
| | 小城旦 | 12.5 | 5/12 | / | / | 粟米 | 三十一年一月 | 8－212＋8－426＋8－1632 |
| 其他 | 乘城卒 | 20 | 2/3 | 1/3 | 1/3 | 粟粟 | 二十六年十二月 | 8－1452 |
| | 冗作大女 | 20 | 2/3 | 1/3 | 1/3 | 粟米 | 三十一年十二月 | 8－1239＋8－1334 |
| | 貲貧士伍 | 20 | 2/3 | 1/3 | 1/3 | 粟米 | 三十一年一月 / 三十一年六月 / 三十一年四月 | 8－764 / 9－1117＋9－1194 / 9－901＋9－902＋9－960＋9－1575 |
| | 白粲 | 12.5 | 5/12 | / | / | 粟米 | 三十一年四月 | 8－1335 |
| | 居貲士伍 | 20 | 2/3 | 1/3 | 1/3 | 粟米 | 三十一年七月 | 8－1321＋8－1324＋1328① |

備注：未知的項目用"/"表示，暫不確定的項目目用斜體字表示。

① 該簡綴合，詳拙文《〈里耶秦簡（壹）〉綴合（一）》|簡帛網 2016 年 5 月 16 日。

# 第三章
# 秦簡牘所見糧倉安全的幾個問題

　　糧倉安全是糧倉管理中最核心的一項内容。一般而言,糧食安全的隱患大致可分自然隱患和人爲隱患兩大類。自然隱患主要是指自然條件下產生的隱患,比如雨水、火災、潮濕,以及鳥雀、蟲害、鼠害等等;人爲隱患是指因人的某種行爲對倉帶來損失的情況,比如倉官貪墨和盜賊掠奪,等等。根據秦簡牘材料來看,秦代官倉亦面臨着各種威脅,而秦統治者對糧倉的安全問題亦非常注意。對此,已有不少學者利用秦簡牘材料進行過研究。[①] 受資料所限,以往研究多側重整體論述,一些具體細節容易被忽略。新材料的不斷出土,爲我們提供了瞭解秦代糧倉安全管理的新視角。下文試以秦簡牘爲主要材料,討論秦代糧倉安全管理的幾個細節問題。

---

　　① 相關研究成果頗多,比如吳賓、馮煒:《中國古代糧食倉儲制度與糧食安全研究》,《陝西農業科學》2006 年第 4 期;吳賓、黨曉虹:《論中國古代糧食安全問題及其影響因素》,《中國農史》2008 年第 1 期;張醅、戚亦農:《試論漢代國家應對糧食安全問題的措施》,《安徽農業科學》2010 年第 8 期;余全有:《試論先秦時期糧食安全觀》,《糧食問題研究》2012 年第 2 期;等等。更詳細的梳理,請參本書前言研究概述部分第四節。

# 第一節　水火敗亡課

## (一) 里耶秦簡中的"水火敗亡"

里耶秦簡中有多枚關於"水火敗亡"的文書,比如:

(1) 課上金布副。AⅠ

　　桼課。AⅡ

　　作務。AⅢ

　　疇竹。AⅣ

　　池課。AⅤ

　　園栗。BⅠ

　　采鐵。BⅡ

　　市課。BⅢ

　　作務徒死亡。BⅣ

　　所不能自給而求輸。BⅤ

　　縣官有買用錢。/鑄段(鍛)。CⅠ

　　竹箭。CⅡ

　　水火所敗亡。/園課。采金。CⅢ

　　貲、贖、責(債)毋不收課。CⅣ　　　　　　　(8－454)

(2) 廿九年九月壬辰朔辛亥,貳春鄉守根敢言之:牒書水Ⅰ火敗

　　亡課一牒上。敢言之。Ⅱ　　　　　　　　　(8－645)

　　九月辛亥旦,史邛以來。/感半。　　邛手。

　　　　　　　　　　　　　　　　　　　　　(8－645背)

（3）廿九年九月壬辰朔辛亥，遷陵丞昌敢言之：令令史感上Ⅰ <u>水火敗亡者課</u>一牒。有不定者，謁令感定。敢言之。Ⅱ

（8‑1511）

已。Ⅰ

九月辛亥水下九刻，感行。　　　感手。Ⅱ　（8‑1511背）

簡8‑454是金布曹的課志文書，在所考課的内容中，有一項條目是"水火所敗亡"。李均明先生認爲，該簡中許多稱謂未綴"課"字，應是某"課"之簡稱，如"水火所敗亡"當即"水火敗亡課"。[1] 這應當是可信的。簡8‑645與8‑1511則是屬鄉和縣上呈"水火敗亡課"的文書。陳偉老師判斷，8‑645與8‑1511"這兩件文書緊密相關。廿九年九月辛亥旦，貳春鄉將水火敗亡課送到縣廷，當天水下九刻遷陵縣將水火敗亡課送出（應該是送往洞庭郡）"。[2] 由於"課上金布副"，是各機構上交到金布進行匯總的材料。[3] 這些項目主要是針對少内、庫和廄官等機構。[4] 因此，"水火所敗亡"應當主要是針對幾個機構的物資而言。另外，8‑645則顯示，秦縣對屬鄉的"水火敗亡"情況也要考課。8‑1511是縣廷上呈的"水火敗亡課"，當是縣屬各機構"水火敗亡"情況的匯總。換言之，秦代縣屬的各機構可能都要上呈"水火敗亡"情況，前揭少内、屬鄉、庫等機構皆有此課，可見倉官可能也有水火敗亡課。

---

① 李均明：《里耶秦簡"記録"與"課志"解》，《簡帛》第八輯，第156頁。
② 陳偉：《里耶秦簡所見秦代行政與算術》，簡帛網2014年2月4日。後收入《秦簡牘校讀及所見制度考察》，第145—165頁。土口史記亦認爲8‑1511"爲遷陵縣丞派令史對上級機關（應是洞庭郡府）上交文書時的呈文。詳參土口史記：《里耶秦簡8‑739＋8‑42＋8‑55綴合》，簡帛網2017年9月15日，http://www.bsm.org.cn/show_article.php?id=2886。
③ 沈剛：《〈里耶秦簡〉【壹】中的"課"與"計"——兼談戰國秦漢時期考績制度的流變》。
④ 黎明釗、唐俊峰：《里耶秦簡所見秦代縣官、曹組織的職能分野與行政互動》，《簡帛》第十三輯，第137頁。

## (二)"水火敗亡"解析

　　關於"水火敗亡"的理解,《校釋(一)》注釋作:"敗亡,毀壞、損失。8-1511有'水火敗亡者課'。"①徐世虹先生進一步指出,水火敗亡是指"因水火而造成損害的後果","就一般而言,'水火敗亡'包括因故意縱火、決水、溺水或與此相關的過失行爲而導致的損害後果,也包括不可抗力造成的損害後果"。②然而,睡虎地秦簡《内史雜律》196號簡有云"有不從令而亡、有敗、失火,官吏有重皋(罪),大嗇夫、丞任之",其中將"亡""敗""失火"並列,可見"亡""敗"可能是與"失火"並列的損耗,即"水火敗亡"是對水患、火災、腐壞、遺失等物資損耗情况的統稱。

　　"水""火",顯然是指水災和火災。"敗""亡"的情况要複雜一些。典籍中有"敗亡",其對象既可爲物,又可指人。如《史記·河渠書》:"其後河東守番係言:'漕從山東西,歲百餘萬石,更砥柱之限,敗亡甚多,而亦煩費。'"③此處的"敗亡"是指漕運過程中的糧食腐敗丢失。又,《史記·朝鮮列傳》有云"樓船將齊卒,入海,固已多敗亡"。④這裏的"敗亡"即指士卒的戰敗死亡。然而,由於里耶"課上金布副"文書中將"作務徒死亡課"與"水火敗亡課"並列記載,可見"死亡"與"敗亡"應當存在區別。簡文中的"敗亡"應當主要是針對物資而言,並不包括人員死亡的情况。

---

　　① 《校釋(一)》,第153頁。
　　② 徐世虹:《秦"課"芻議》,《簡帛》第八輯,第254—255頁。
　　③ 〔漢〕司馬遷撰,〔南朝宋〕裴駰集解,〔唐〕司馬貞索隱,〔唐〕張守節正義:《史記·河渠書》,第1700頁。
　　④ 〔漢〕司馬遷撰,〔南朝宋〕裴駰集解,〔唐〕司馬貞索隱,〔唐〕張守節正義:《史記·朝鮮列傳》,第3620頁。

## （三）“水火敗亡”與糧倉安全

對於糧倉的管理而言，“水火敗亡”（尤其是水患、火災和糧食腐爛變質的問題），亦是倉需要特別防範的安全隱患。下面分別討論：

先來看“水”“火”。我們知道，水患與火災是造成糧食損耗的常見因素。典籍中也多見“水火”與“盜賊”並列的記錄，且二者皆被視爲倉儲管理的重大隱患。《唐律疏議》第 355 條云“即被殺、被盜，爲害特甚，或被人決水、縱火漂焚財物，盜即不限强、竊，漂焚不問多少，告者皆須明注日月，不合稱疑”，①明確將“決水、縱火漂焚財務”與“被殺、被盜”視爲重大的犯罪行爲。《大清律例》卷十二《户律·倉庫下》“損壞倉庫財物”條規定：“若卒遇雨水衝激，失火延燒，（若倉庫内失火，自依本律，杖八十，徒二年。）盜贓（分强、竊）劫奪，事出不測而有損失者，委官保勘覆實，顯跡明白，免罪不賠。其監臨主守（官吏）若將侵欺、借貸、挪移之數，乘其水火盜賊虛捏文案及扣換交單籍册申報瞞官（希圖倖免本罪）者，並計贓以監守自盜論。”②該律明確將雨水衝擊、失火延燒、盜贓劫奪、事出不測而有損失等幾項，視作“水火盜賊”的具體表現。比較而言，睡虎秦簡《爲吏之道》中對吏員注意“水火盜賊（簡 25叁）”的告誡，應當是比較早的記載。

在居延新簡中，也有因水而導致糧食損耗的實例：

……

幸所服官六石具弩一□□□□□

附尚子春車來歸，行到河上，河水溺，失亡衣物、穀粟及弩矢。

---

① 〔唐〕長孫無忌等撰，劉俊文點校：《唐律疏議》，中華書局 1983 年，第 444 頁。

② 馬建石、楊育棠：《大清律例通考校注》，中國政法大學出版社 1992 年，第 491—492 頁。

求索弩，不可卒得。① 　　　　　　　　（EPTF22：463A）

簡文提到河水將車淹没，最終導致衣物、穀粟及弩矢的丢失。或是由於秦漢時期水流致使物資損耗的情況時常出現，統治者專門制定了與水有關的律令以界定責任歸屬。比如：

> 船人渡人而流殺人，耐之，船嗇夫、吏主者贖耐。其殺馬牛及傷人，船人贖耐，船嗇夫、吏贖耏(遷)。其敗亡粟米它物，出其半，以半負船人。舳艫負二，徒負一；其可紐毄(繫)而亡之，盡負之，舳艫亦 負 二 ， 徒 負 一 ；罰船嗇夫、吏金各四兩。流殺傷人，殺馬牛，有(又)亡粟米它物者，不負。② 　　（《二年律令·賊律》6～8）

此律是關於渡船在被水流衝擊而造成損失的幾種情況下，如何判定責任的規定。簡文有"流殺"一詞，整理者注"流殺，淹死"。③ 這幾種情況分别是"船人渡人而流殺人"，"(流)殺馬牛及傷人"，"(流)敗亡粟米它物"，"流殺傷人，殺馬牛，有(又)亡粟米它物者"。其中，前三種情況分别是指對人、對馬牛及人、對糧食造成的損耗，在這三種情況下"船人""船嗇夫""吏主者""舳艫""徒"等相關人員，需承擔一定的責任。在第四種情況中，水流不僅殺傷人、馬牛，同時還造成糧食敗亡，損失更大。在此情況下，律令反而對"亡粟米它物者"不予追究(不負)。如此處理，或許是由於水患已非人力所能防，因此不予追責。④律文記錄的幾種情況是因水災而致，文獻中亦有相關記載。比如，《漢書·王莽列傳》："邯鄲以北大雨霧，水出，深者數丈，流殺數千人。"同

---

① 張德芳著：《居延新簡集釋(七)》，甘肅文化出版社 2016 年，第 532 頁。

② 釋文引自：彭浩、陳偉、[日]工藤元男主編《二年律令與奏讞書》，上海古籍出版社 2007 年，第 92 頁。

③ 張家山二四七號漢墓竹簡整理小組：《張家山漢墓竹簡〔二四七號墓〕(釋文修訂本)》，第 9 頁。

④ 《唐律疏議》第 424 條記"雨水過常，非人力所能防，勿論"，與之情況頗類。詳見《唐律疏議》，第 504—505 頁。

書《哀帝紀》又云：“乃者河南、潁川郡水出，流殺人民，壞敗廬舍。”這些記録當可視爲水患的真實體現。

除此之外，里耶秦簡中也有一些因水大而產生不利的情況。比如，簡 9－2287 云“五月丙子水大，留”，[①]這是因爲水大而導致人員滯留的記録。又，第 9－981 號簡還提到因爲水流太大而沖走了船隻。[②]而對於糧倉來説，如果發生洪水等災害，可能會對糧倉帶來致命的威脅。因此，倉的選址大多是在地勢高亢之所，以避開可能泛濫的河流。

流水可沖走糧食，雨水則能導致糧食腐敗。《禮記·經解》“故以舊坊爲無所用而壞之者，必有水敗”，[③]即是預示有水禍。除了自然的水患之外，還有一些人爲的犯罪行爲，也會對倉中的糧食造成損耗（如《唐律疏議》所提到的“決水”）。睡虎地《倉律》簡 27 規定“長吏相雜以入禾倉及發，見屚之粟積，義積之，勿令敗”，便是要求倉中的糧食一定要妥善保管，以免腐壞變質。對於已經腐敗變質的糧食，還要根據損壞數量及程度來判定責任，如睡虎地秦簡《效律》中的如下規定：

倉屚（漏）歾（朽）禾粟，及積禾粟而敗之，其不可食者不盈百石以下，誶官嗇夫；百石以上到千石，貲官嗇夫一甲；過千石以上，貲官嗇夫二甲；令官嗇夫、冗吏共賞（償）敗禾粟。禾粟雖敗而尚可食殹（也），程之，以其秏（耗）石數論負之。（效 164～166）

顯然，律文所言的“倉屚（漏）歾（朽）禾粟”“敗之”“敗禾粟”，均是指倉漏水而導致糧食腐朽、變質。另外，前揭《二年律令·賊律》中流水“敗亡粟米它物”，則屬於倉糧遺失的情況。二者皆屬於“敗”的範圍。

---

① 里耶秦簡博物館、出土文獻與中國古代文明研究協同創新中心中國人民大學中心編著：《里耶秦簡博物館藏秦簡》，第 123 頁。

② 湖南省文物考古研究所、湘西土家族苗族自治州文物處、龍山縣文物管理所：《湖南龍山里耶戰國——秦代古城一號井發掘簡報》，《文物》2003 年第 1 期。

③ 〔清〕孫希旦撰，沈嘯寰、王星賢點校：《禮記集解》，中華書局 1989 年，第 1257 頁。

　　火災,也是威脅糧倉安全的重要隱患。西北漢簡中常見倉庫"毋水火盜賊發"的記載,如居延漢簡 264·9 號簡"□五月戊寅,尉史蒲敢言之:乃丁丑直符,倉庫户皆完,毋盜賊發者"[①];居延新簡 48.132 又云"更始二年正月丙午朔庚申,令史□敢言之,酉己未直符,謹行視諸藏内,户封皆完,時毋水火盜賊發者,即日付令史嚴"。[②] 這些是尉史、令史巡視倉庫的相關記載。簡 264·9 中的"倉庫户皆完"是說倉庫的門户封印完好,並無安全隱患。簡 48.132 所言的"毋水火盜賊發者",則是上報糧倉並無水火盜賊之患。

　　秦簡牘材料中也多見糧倉防火的措施。比如,睡虎地秦簡中有不少關於失火、防火的記載:

> 　　有實官高其垣牆。它垣屬焉者,獨高其置芻廥及倉茅蓋者。令人勿靳(近)舍。非其官人殹(也),毋敢舍焉。善宿衛,閉門輒靡其旁火,慎守唯敬(儆)。有不從令而亡、有敗、失火,官吏有重辠(罪),大嗇夫、丞任之。　　　　　　　　　　(内 195～196)

> 　　毋敢以火入臧(藏)府、書府中。吏已收臧(藏),官嗇夫及吏夜更行官。毋火,乃閉門户。令令史循其廷府。節(即)新爲吏舍,毋依臧(藏)府、書府。　　　　(内史雜 197～198)

　　兩條律文主要是關於防火的具體措施。第一條律文所言"善宿衛,閉門輒靡其旁火,慎守唯敬(儆)",即加强夜間的安全防衛,並且要求關閉"實官"門後一定要及時熄滅門旁之火,謹防火災發生。這種隔絶火源的措施,在後世律文中也能見到類似規定,如《唐律疏議》429 條規定"諸庫藏及倉内,皆不得燃火。違者,徒一年"。[③] 此外,律文還要求"它垣屬焉者,獨高其置芻廥及倉茅蓋者",該句整理者譯注作"有其

①　簡牘整理小組:《居延漢簡(叁)》,第 155 頁。
②　張德芳主編,楊眉著:《居延新簡集釋(二)》,甘肅文化出版社 2016 年,第 217 頁。
③　〔唐〕長孫無忌等撰,劉俊文點校:《唐律疏議》,第 509 頁。

他牆垣和它連接的,可單獨加高貯芻草的倉和用茅草覆蓋的糧倉"。①

其實,這條律文當是規定儲藏糧草的倉廥之間,要單獨加高其牆垣,這些牆應當起到"防火牆"的作用。如果有火災發生,這些牆垣可以一定程度上阻止火勢蔓延到其他倉房。而防火牆的設置,在後世糧倉的建造中亦有沿用。另外,如本書第一章第一節所述,律文所言的"實官"顯然包括了"倉官"。律文又云"有不從令而亡、有敗、失火",即違反規定而造成了物資敗亡的行爲會受到重罰。第二條律文是禁止攜帶火入"藏府""書府"。藏府,整理者注作"收藏器物的府庫"。② 倉作爲管理糧食、發放衣物、製作器具的重要官署,這些規定對於倉也可能同樣適用。前引《唐律疏議》"諸庫藏及倉内,皆不得燃火"的内容,或即這方面的規定。

另外,嶽麓秦簡中亦有防火的記載。比如,嶽麓秦簡《内史襍律》也有與睡簡相似的規定:

> ●内史襍律曰:芻稟廥、倉、庫實官積,垣高毋下丈四尺,它藏(牆)財(裁)爲候,晦令人宿,候二人。備火,財(裁)爲【池】□水官中,不可爲池者財(裁)爲池官旁。③

> (《嶽麓書院藏秦簡(肆)》169～170)

從内容看,該律主要是關於"實官"的安全。其中所言"它藏(牆)財(裁)爲候,晦令人宿,候二人"當即睡簡的"善宿衛",此是强調人員監視。其後"備火,財(裁)爲【池】□水官中,不可爲池者財(裁)爲池官旁",則是開掘池塘儲水以防備火患的重要舉措。池塘一般要在建造實官之中,如不可爲,也要在實官附近建造。與文獻所記的防火措施相似,考古發掘的糧倉遺址中也常發現水井、池塘等儲水設施,這應當與糧倉防火有關。

---

① 睡虎地秦墓竹簡整理小組:《睡虎地秦墓竹簡》,"釋文注釋"第64頁。
② 睡虎地秦墓竹簡整理小組:《睡虎地秦墓竹簡》,"釋文注釋"第64頁。
③ 本段簡文釋讀及句讀的相關問題,請參本書第21頁注釋①。

例如,20 世紀 80 年代發掘的西漢京師倉遺址,也在倉址周圍發現水井 2 眼、水溝 1 條和水池 1 個,這些應當是防止火災的具體設施。[1] 根據里耶古城的考古發掘報告,在古城遺址中有池塘、水井多處,[2]這些池塘、水井的一個重要功能便是防火。時至唐宋,《天聖令·倉庫令》中也有"諸倉窖,皆於城内高燥處置之,於倉側開渠泄水,兼種榆柳"一類關於防潮、防火的規定。[3] 這些措施的制定,大概出於糧倉安全的考慮。

簡言之,里耶秦簡中的"水火敗亡課"或是關於水患、火災、腐敗、遺失等損耗的考課,而倉可能也需要上呈此課志到縣廷,縣廷匯總之後再向郡上報。同時,倉中儲藏的糧食也面臨着水、火、腐壞等各種隱患。考慮到遷陵縣位於西南山區,當地氣候濕潤、降水充分,且臨近酉水河,因此防潮與備水應當是糧倉重點部署的内容。除了前文討論的各種安全措施之外,秦簡牘中還能看到許多維護糧倉安全的規定:比如,倉可以飼養犬隻,以加強預警;[4]倉頂一般覆蓋有茅草,且茅草要經常整飭,以防止漏水;[5]對於漏雨的倉,要及時修補;[6]南方的倉房多選擇干欄式建築,[7]這樣既能離開地面防潮、防蟲,同時水災時亦能儘可能不受水侵害。這些方法,均是爲了消除水火敗亡的隱患。通過對"水火敗亡"的考課,統治者可以比較全面地了解倉糧的損耗情況,並以此實現對倉官的有效掌控。

---

① 陝西省考古研究所華倉考古隊(杜葆仁等執筆):《漢華倉遺址發掘簡報》,《考古與文物》1982 年第 6 期。

② 湖南省文物考古研究所:《里耶發掘報告》,岳麓書社 2006 年,第 38—53 頁。

③ 天一閣博物館、中國社會科學院歷史研究所天聖令整理課題組校證:《天一閣藏明鈔本天聖令校證:附唐令復原研究》,第 277 頁。

④ 睡虎地秦簡《倉律》63 號簡:"離倉用犬者,畜犬期足。"釋文采用陳偉老師斷讀意見,詳見陳偉:《睡虎地秦簡法律文獻校讀》,載《中國古代法律文獻研究》第九輯,社會科學文獻出版社 2015 年,第 15 頁。

⑤ 睡虎地秦簡《内史雜律》簡 195:"它垣屬焉者,獨高其寶芻屚及倉茅蓋者。"

⑥ 《嶽麓書院藏秦簡(壹)》簡 84～86"工用必審,庫臧(藏)羽革,臧(藏)盍(蓋)必法",簡 15～16 又云"臧(藏)蓋聯屚(漏),毋薦毋草"。

⑦ 里耶古城遺址中發現的建築多是干欄式建築,詳見湖南省文物考古研究所:《里耶發掘報告》,第 58—75 頁。

# 第二節　"鼠券束"與倉捕鼠

## (一) 里耶簡中的"鼠券束"

《里耶秦簡(壹)》中收録一枚自名"鼠券束"的木簡(如左圖),其内容作:

鼠券束　　　　　　　　　　　　　　(8-1242)

敢言司空　　　　　　　　　　　　　(8-1242背)

簡文中的"鼠券"一詞,值得注意。《校釋(一)》注:"鼠券,有關'鼠'的券書。《法律答問》152號簡云:'倉鼠穴幾何而當論及貲? 廷行事鼠穴三以上貲一盾,二以下訾。鼷穴三當一鼠穴。'"[1]史達先生則提出了另外一種解釋,他認爲"鼠"可理解爲"予",里耶8-461更名木方中有"鼠如故,更予人"。[2] 筆者認爲,這裏的"鼠券"或當如《校釋》所言"與鼠有關",並且其可能與里耶簡中的"責券"(8-135)、"禾稼出入券"(8-776)、"器券"(8-893)、"錢校券"(9-1)等券書名目類似,是一類較爲特殊的券文書。

另外,該簡自名"鼠券束",可見它應當還與"束"有關。在已刊布的里耶簡中,自名"束"者有"卅五年五月己事束"(8-306+8-282)[3]、

---

① 《校釋(一)》,第298頁。

② Thies Staack:《On Single-and Multi-Piece Manuscripts and the Distinction——between *du* 牘 and *die* 牒》,"第七屆出土文獻與法律史研究學術研討會"論文集,嶽麓書院 2017年,第39頁。

③ 何有祖:《里耶秦簡牘綴合(六)》,簡帛網 2012年6月4日,http://www.bsm.org.cn/show_article.php? id=1708。

“史象已訊獄束十六,已具☐”(8－1556)①、“卒束”(8－1728)等簡。比較幾枚簡的形制,8－1242與8－306＋8－282、8－1556、8－1728等幾枚簡頗爲相近,幾枚簡皆寬度較窄,其上書一行字,並且簡首均塗黑。

對於“束”的形狀,張春龍先生曾有比較詳細的介紹。他説:

> 束的形狀非常特別,正面削成梯形狀,背面平整,側剖面恰如一段鋸條。1(木11－14)兩端呈圓弧狀,中間側向橫穿一孔;2(木16－38)兩端齊平,四棱中間部位刻出凹槽。由這些特徵分析,束與它所揭示的公文衣籍等捆綁緊密牢靠。束這種形式不見於它處的秦漢或更晚的簡牘。束,《説文》:“縛也。”這裏應是集中捆縛,集中之意。文字書寫於束正面的各個小坡面上,束頂端或有墨點,或塗墨使黑。②

那麼,8－1242、8－306＋8－282、8－1556、8－1728,則與11－14、16－38、8－2251等簡中“正面削成梯形狀,背面平整,側剖面恰如一段鋸條”的特徵並不符合。③ 因此,里耶簡中自名“束”的簡牘,不止一種形式。比如,我們可以將8－1242與8－306＋8－282、8－1556、8－1728等簡視爲另一種形式的“束”。這一類型的“束”,正反兩面皆平整,側面也並未呈“鋸條”狀。

關於“束”的含義及用途,不少學者曾有過討論。其中,張春龍先生認爲此是“集中捆縛、集中之義”;籾山明先生認爲,“束”並非是此類文書的自

---

① 《校釋(一)》,第358頁。

② 張春龍:《里耶一號井的封檢和束》,《湖南考古輯刊》第八集,岳麓書社2009年,第68頁。該文中張先生公布了幾枚“束”的釋文和圖版。三枚簡的釋文分別作:

A: ●吏曹攻令☐者束　　　　　　　　　　　　　　(11－14)
B: ■卅年徒衣籍束　　　　　　　　　　　　　　　(16－38)
C: 爵它　　　　　　　　　　　　　　　　　　　(8－22)

按:8－22號簡,正式出版時編號爲8－2251。

③ 張馳先生將8－2551號簡視爲“多面體無封泥匣簡”。張馳:《里耶秦簡(壹)文書學研究》,第19頁。

名,而是與笥牌的"笥"一樣表示對象物的稱呼,里耶秦簡中的"束"應屬於標題類簡。① 這些是非常好的意見。"束"類簡當可視爲捆束在一起的簡牘的標題。《詩·小雅·白駒》:"生芻一束,其人如玉。"又,《淮南子·泛論》:"訟而不勝者,出一束箭。"高誘注:"箭十二爲束也。"可爲佐證。

具體到"鼠券束",其當是用來指示鼠券所用的標題簡。② 也就是説,里耶簡中很可能有一捆與"捕鼠"相關的券書。

## (二) 捕鼠券的復原

里耶秦簡中有多枚與"捕鼠"有關的記録。比如:

| | |
|---|---|
| 倉稟人捕鼠☐③ | (8-2467) |
| 倉廚捕鼠十　　嬰 | (9-1128) |
| 倉徒養捕鼠十☐ | (9-1134) |
| 庫門者捕鼠十☐ | (9-1062) |
| 尉守府捕鼠十　不害☐ | (9-2276) |
| 令史南舍捕鼠十☐ | (9-1646) |
| 令史中捕鼠十☐ | (9-3302) |
| 丞主舍捕鼠十　就　☐ | (9-1962) |
| ☐少内☐鼠☐④ | (9-2882) |

---

① ［日］籾山明:《"束"と表題簡の關係について——遷陵縣における文書保管と行政實務(1)》,"中國古代簡牘の横斷領域的研究"網 2014 年 1 月 13 日,http://www. aa. tufs. ac. jp/users/Ejina/note/note05(Momiyama). html.

② 鄔勖先生認爲"鼠券束"分別是"簿籍和券的集束"。詳見鄔勖:《秦地方司法諸問題研究——以新出土文獻爲中心》,博士學位論文,華東政法大學 2014 年,第 123 頁。

③ 該簡首尾皆殘,但簡首仍有部分殘筆作〔圖〕,原未釋。該字或是"倉"之殘筆,里耶簡的"倉"多寫作〔圖〕(8-968)、〔圖〕(8-1228)、〔圖〕(8-144),可參看。另,簡 9-1128、9-1134 中有"倉廚""倉徒養",似可作此意見的佐證。

④ "鼠"前之字未釋,疑是"捕"。

　　☑鼠廿微　　　　　　　　　　　　　　　（9－625）

　　☑□捕鼠十□得☑　　　　　　　　　　　（9－1181）

　　☑廷御門守府捕鼠廿☑①　　　　　　　（9－1972＋9－1269）

　　這幾枚簡的内容皆與捕鼠有關,且木簡形制相近、書寫格式也大致相同。② 因此,頗疑幾枚簡原可能屬於同一類,且這些鼠券很可能是集中存放的。爲方便説明,可將圖像揭示如下:

圖 3‒1　里耶秦簡中的捕鼠記録復原

----

　　①　兩枚簡的綴合,從何有祖先生意見。何有祖:《里耶秦簡綴合札記(四則)》,《出土文獻》第十四輯,中西書局 2019 年,第 246 頁。

　　②　筆者最初認爲幾枚簡的"字體書寫風格近似,它們可能屬於同一類,或可編聯"(謝坤:《〈里耶秦簡(貳)〉札記(一)》,簡帛網 2018 年 5 月 17 日,http://www. bsm. org. cn/show_article. php? id＝3108。何有祖老師經過仔細比較後指出,"這些鼠券涉及倉(廚、徒養)、庫、尉、令史南舍、令史中、丞主舍、少内等處,反映的應是這些單位各自捕鼠的記録,當由各單位分別書寫並上報給縣廷。從筆跡來看,有較大差異。"詳見何有祖:《里耶秦簡綴合札記(四則)》,《出土文獻》第十四輯,第 246—247 頁。

整理者曾指出里耶秦簡中有"捕鼠計",[①]或是指此類捕鼠簡。需要注意的是,前揭里耶 8 - 1242 自名"鼠券束"。比較而言,這裏的"鼠券束"或指這些捕鼠記録原是捆束在一起的。同時,"鼠券"可能是這些捕鼠記録的規範稱謂。

## (三) 捕鼠的相關問題

通過這兩條有關"鼠"的記載,我們也可以管窺秦代糧倉鼠患以及捕鼠的基本情況:

首先,兩則記録反映出當時的秦遷陵縣曾存在較廣泛的鼠患問題。據"鼠券束"的文書形成來推測,只有當地存在較爲嚴重的鼠患,才會要求相關機構、人員去捕鼠,繼而才會用"鼠券"作爲一類單獨的券書。

據學者先生介紹,在居延漢簡的發現過程中,就有與"鼠"有關的一些逸事,似説明漢代邊塞戍地亦有鼠患的問題。

在額濟納河邊的城障做發掘時,一些老鼠洞引起了貝格曼的注意,這些屢次更換"主人"的"廢宅"門口,總有一堆堆已經發黑的小米爲標識。在破城子,貝格曼攜帶的狗與老鼠開戰,但它不熟悉地形最終跌落在一個深深的鼠洞。多管閑事的愛犬在洞中慘叫,貝格曼小心翼翼地挖開了鼠洞,洞裏乾坤使他大開眼界:裏面有稻草、絲綢碎片、碎繩子和許多從簡牘上削下來的碎木頭。按慣例每當木簡在寫了字又不必保存時,就用利刃把有字的表面削掉再用來寫新的字。甚至有不少基本完整的木簡。一代一代的老鼠,把歷年棄置的碎木片拖回洞裏"陳列"起來,陰森的洞窟

---

變作木簡"檔案庫"。同時，還在老鼠洞裏發現了碎紙片，而同出的木簡的紀年，屬於西元前 2 世紀，他判斷這些紙是西漢時期的，但他並不知道這對於造紙術的發明與傳播意味着什麼——傳統的説法是東漢蔡倫爲造紙之首。要知道，貝格曼是發現了成噸文物的考古學家，居延烽燧、城障挖掘的木簡數量之多，以前也許只有"汲冢遺書"可以比肩（當然，後來甘肅考古工作者將"記録"整整翻了一倍）。但他卻没有放過一個已經繁衍了無數代老鼠的小小洞穴。漢代戍卒在居延邊防烽燧上燃起第一堆烽火時，這個洞穴就有老鼠出没了，直到漢代要塞成了棄置千年的廢墟，老鼠洞又構成了使今人能返回往昔歲月的"時光隧道"，兩千年的光陰在人間逝去，緑洲變成荒漠，要塞改名叫作"遺址"，有誰能想到，這不起眼的老鼠洞竟成爲"儲存"歷史綫索的"博物館"。

……黑河在身旁奔湧，太陽在頭頂照耀，在遺址中，我注意到有了新的老鼠洞。在洞口也有變黑的"小米"，但我相信那不是漢代戍卒的軍糧，而只是乾縮的老鼠屎，而且洞窟的主人也變成了沙漠跳鼠。[1]

如文中所描述的，在堪稱"博物館"的鼠洞裏，發現了糧食（經鑒定，有大麥、小麥、穀子、青稞、豌豆等[2]）、稻草、碎紙片、絲綢碎片和大量木簡，這爲我們展現了西北邊塞戍卒日常生活的真實圖景。

還值得一提的是，在廣州出土的南越國遺址趙佗墓中，還發現有捕鼠的記録，如：[3]

（1）大奴虜，不得鼠，當笞五十。　　　　　　　　（簡 105）

---

① 楊鐮：《在絲綢古道閲讀歷史（上）、（下）》，載《楊鐮西域探險考察文集（第 1 集）：烏魯木齊四季》，新疆人民出版社 2015 年，第 166—167 頁。
② 甘肅省文物工作隊編：《漢簡研究文集》，甘肅人民出版社 1984 年，第 505 頁。
③ 黄展岳：《先秦兩漢考古論叢》，科學出版社 2008 年，第 448—449 頁。

(2) □則等十二人,得鼠中員,不當笞。 （簡 107）

(3) ☑陵,得鼠三,當笞廿。 （簡 110）

從這些竹簡可以看出,當時南越國嶺南地區的鼠害應當較爲普遍,官府才比較可能出現數量頗多的捕鼠記録。並且,據簡文還可見官方對捕鼠的數量亦有要求,只有"中員"（符合標準）,才能免於懲罰。黃展岳先生指出,"南越統治者對每個國人可能都規定了捕鼠數,規定的捕鼠數是五隻,少捕一隻應笞十"。[1] 對於每人的捕鼠標準爲五隻的推測,黃先生的判斷是準確的。然而,這一捕鼠要求是否强制到"每個人"尚不好判斷,不過根據捕鼠者的身份來看（簡 105 有"大奴虜"）,官府中的奴婢應當在要求之列。至此,便不禁會將這些捕鼠記録與里耶簡中的"鼠券束"聯繫起來。若作更大膽地推測,我們懷疑南越國出土的捕鼠記録可能也屬於"鼠券"的範疇,並且這些記録所考核的對象主要是官府機構的勞作者。

其次,從 8-2467 號簡的"倉稟人捕鼠"來看,秦代的倉亦有專人捕鼠。我們知道,倉是儲備糧食的場所,同時"倉"還是管理糧食的重要機構,典籍中也多見倉中有鼠的記録。其中,比較著名的是《史記·李斯列傳》所記李斯在楚國擔任"郡小吏"時,"觀倉中鼠,食積粟,居大廡之下,不見人犬之憂"的場景。[2] 在出土漢畫像磚中,倉鼠有更加形象的展現。比如,在山東長清街倉廩圖畫像石中（圖 2）,有一部分圖像內容是幾座封閉的糧倉,而倉頂和倉中部則有碩大的倉鼠,倉下則是向鼠狂吠的犬隻。這幅圖像不僅展現了倉中有鼠的現實,同時也可以佐證犬被用來捕鼠。

然而,從秦簡牘材料來看,秦國的糧倉管理應當包含有抑制鼠患

---

[1] 黃展岳:《先秦兩漢考古論叢》,第 448 頁。
[2] 〔漢〕司馬遷撰,〔南朝宋〕裴駰集解,〔唐〕司馬貞索隱,〔唐〕張守節正義:《史記》,第 3083 頁。

圖 3－2　長清街倉廩圖畫像石（局部）①

的内容。比如，睡虎地秦簡《法律答問》152 號簡記："倉鼠穴幾何而當
論及貲？廷行事鼠穴三以上貲一盾，二以下貲。鼷穴三當一鼠穴。"該
律文要求倉官嚴格控制倉中鼠穴的數量，並對防治鼠患中的不力行爲
進行懲罰。另外，在周家臺秦簡、天水放馬灘秦簡等多批秦簡牘中也
不少關於秦代防治鼠患的直接記録。② 如：

（4）以壬辰，己巳、卯塼（墼）囷垤穴，鼠弗穿。③

（周家臺《病方及其它》371）

（5）·巳鼠方

取大白礜大如母（拇）指，置晉斧（釜）中，涂而燔之，毋下九
日，冶之，以　④　　　　（周家臺《病方及其它》372）

（6）正月壬子寊（填）穴，鼠弗居。⑤

（放馬灘《日書甲種》71 貳）

（7）凡可塞穴，置鼠塼（墼）囷日，雖（唯）十二月子。五月、六月辛

①　魯文生：《山東省博物館館藏精品》，第 276—277 頁。
②　曹方向：《試説秦簡"垤穴"及出土文獻所見治鼠措施》，簡帛網 2009 年 8 月 4 日，
http://www.bsm.org.cn/show_article.php? id＝1126。曹先生曾對秦簡中"垤穴"現象以
及出土文獻中的捕鼠現象有論述，可參見。
③　陳偉主編，李天虹、劉國勝等撰著：《秦簡牘合集：釋文注釋修訂本（叁）》，武漢大學
出版社 2016 年，第 245 頁。
④　陳偉主編，李天虹、劉國勝等撰著：《秦簡牘合集：釋文注釋修訂本（叁）》，第 246 頁。
⑤　陳偉主編，孫占宇、晏昌貴等撰著：《秦簡牘合集：釋文注釋修訂本（肆）》，武漢大學
出版社 2016 年，第 30 頁。

卯皆可以爲鼠□【方】。① （放馬灘《日書甲種》73 貳）

(8) 凡可塞穴置鼠澄(塹)困日，雖(唯)十二月子。〖五月、六月辛

卯皆可以爲鼠□方〗② （放馬灘《日書乙種》65 壹）

(9) ·窒鼠：己丑、辛卯、癸巳，禹步三，曰：今日己丑以塞鼠道。

牡鼠死，牝鼠歾(朽)。 （M-004）

☑……者葆之，即貍(埋)席下。③ （M-002）

觀察可知，上述材料大多與糧倉防鼠有關。比如例(4)、例(7)、例(8)中皆有"困"字。"困"，是一種圓形糧倉。在秦代，困也用指私家糧倉。《説文·口部》："困，廩之圓者。从禾在口中，圓謂之困。"④例(5)是鼠藥(白礜)的使用方法；例(6)的記載與例(4)類似，皆是用堵塞鼠穴的方法，對比可知，這應當也是指糧倉防鼠。根據這些記録來看，秦代對於糧倉防鼠、滅鼠的問題是比較重視的。

如前所述，由"鼠券束"可知當時的秦遷陵縣曾存在較爲廣泛的鼠患問題，鼠患可能不僅僅存在於糧倉管理機構。《嶽麓書院秦簡(肆)》中《內史襍律》有"芻稾廥、倉、庫、寶官、積"(169 正)、"廥、倉、庫、寶官"(175 正)的記載。陳偉老師將倉、芻稾廥、庫與"寶官"連讀，並指出"廥、倉、庫"等官署均是"寶官"。⑤據里耶秦簡來看，倉與庫、少內、司空等皆是儲存、發放財物的重要機構。⑥ 那麼，這些機構中或許也可能

---

① 陳偉主編，孫占宇、晏昌貴等撰著：《秦簡牘合集：釋文注釋修訂本(肆)》，第 31 頁。
② 陳偉主編，孫占宇、晏昌貴等撰著：《秦簡牘合集：釋文注釋修訂本(肆)》，第 54 頁。
③ 田天：《北大藏秦〈雜祝方〉簡介》，《出土文獻研究》第十四輯，中西書局 2015 年，第 16 頁。另，宋華强老師將"葆之"改釋"葆出"，並疑"葆"讀爲"捊"，簡文是説把什麼東西取出然後埋在席下。詳見宋華强：《北大秦簡〈雜祝方〉札記》，簡帛網 2017 年 12 月 27 日，http://www.bsm.org.cn/show_article.php?id=2957。
④ 〔漢〕許慎：《説文解字》，中華書局 2009 年，第 129 頁。
⑤ 陳偉：《里耶秦簡所見遷陵縣的"庫"》，載《秦簡牘校讀及所見制度考察》，第 141—142 頁。
⑥ "鼠券書"簡背有"敢告司空"四個字，而該簡可能與司空有關。籾山明先生則判斷簡背文字是"再利用的名片"。詳見〔日〕籾山明：《"束"と表題簡との關係について——遷陵縣における文書保管と行政實務(1)》，"中國古代簡牘的横斷領域的研究"網 2014 年 1 月 13 日。

存在捕鼠的問題。

再者,8-2467號簡中的"倉稟人捕鼠",不僅説明倉(機構)需要對糧倉的安全負責,同時也反映出秦遷陵縣在捕鼠的方法上,仍然較多地使用人力。如簡文中的"稟人",是負責日常稟食的勞作人員,但他們"通常由徒隷擔任,而且不是倉的管理者"。[1] 該簡的發現説明,除了常見的"稟食"之外,"稟人"似還需要承擔捕鼠的任務。

## 第三節　"倉窗容鳥"的問題

這裏,順便談一談倉中防鳥雀的問題。典籍中,"鳥雀"常與"鼠"同被視爲危害倉中糧食安全的重要隱患。比如,《抱朴子·詰鮑》云"夫君非塞田之蔓草,臣非耗倉之雀鼠也",指出"雀""鼠"均可耗費倉糧。明代吕坤《實政録》"積貯倉穀"云:"風窗本爲積熱壞穀,而不知雀之爲害也。既耗我穀,而又遺之糞,食者甚不宜人。今擬風窗之内,障以竹篾,編孔僅可容指,則雀不能入。"[2]既言明了鳥雀對倉糧的危害,同時也提到了用竹篾編織窗網以阻止鳥雀飛入的辦法。考古發掘的漢代陶囷模型,其上多畫有網格狀的圖形,這些或是用以防鳥的窗網。

在秦簡牘中,我們也能看到關於糧倉防鳥的記載。比如,《嶽麓書院藏秦簡(叁)》收録一件"暨過誤失坐官案",其中也涉及糧倉安全的問題。僅摘録相關簡文如下:[3]

　　□豯卿(鄉)倉天窓(窗)容鳥;　　　　　　　　　　　　　(096)

---

[1]　單印飛:《略論秦代遷陵縣吏員設置》,《簡帛》第十一輯,第95頁。

[2]　〔明〕吕坤撰、王國軒、王秀梅整理:《吕坤全集》,中華書局2008年,第951頁。

[3]　竹簡編聯,參考了陶安先生《嶽麓秦簡〈爲獄等狀四種〉新見的一枚漏簡與案例六的編聯》,《湖南大學學報(社會科學版)》2014年第4期。

其八月癸丑劾非縠(繫);其辛未劾窓(窗)　　　　（098）

　●鞫之:"曁坐八劾:小犯令二,大誤一,坐官、小誤五。已(已)論一甲,餘未論,皆相遝。"審。　　　　（105）

在該案中,"□谿鄉倉"因爲倉的天窗没有關好以至能够容納鳥雀飛入("倉天窗容鳥"),作爲其上級的江陵縣丞則被劾論,並被判定爲"小誤"[①]。據該案可以看出,秦代對糧倉防鳥已有嚴格規定,而及時啓閉糧倉窗户以及在倉的窗户上安裝"竹篾編的織窗網",[②]則是比較常見的處理方法。

# 小　　結

通過秦簡牘的相關記載可知,秦倉同樣面臨着各種安全隱患。比如,里耶秦簡反映秦代有監督各機構物資"水火敗亡"情況的考課制度,倉中糧食遭受水患、火災、腐爛、遺失等各種損耗,皆在考課範圍内。同時,從簡牘秦律也能看到秦代防患災害的各種措施,比如秦代建立了隔絶火源、建立防火墻、加强警衛、儲備水源等較爲系統的糧倉防火制度。這些措施不僅具有很强的操作性,同時還頗具科學性,後世糧倉管理時亦多沿用。里耶 8 - 1242 和 8 - 2467 兩枚簡,反映里耶簡中的"束"有多種形態,"鼠券束"是關於捕鼠的券書;里耶簡中的"倉稟人捕鼠"簡以及南越國遺址出土的捕鼠簡,可能是"捕鼠券"的實例;在倉中勞作的"稟人"還需要承擔捕鼠的任務。同時,秦代官倉對鳥雀

---

　①　時軍軍:《〈嶽麓書院藏秦簡(叁)〉相關問題研究》,鄭州大學 2015 年碩士學位論文,第 50 頁。

　②　王天藝、王勇剛:《陝西延安出土的漢代陶囷》,《湖南省博物館館刊》第九輯,嶽麓書社 2012 年,第 297 頁。

的危害亦有防範,及時啓閉糧倉窗户以及安裝窗網則是其常見的處理方法。總之,秦簡牘中有關糧倉安全的記載,爲我們提供了糧倉管理的細節,藉此可以更清晰地看到秦代糧倉安全管理的真實面貌。

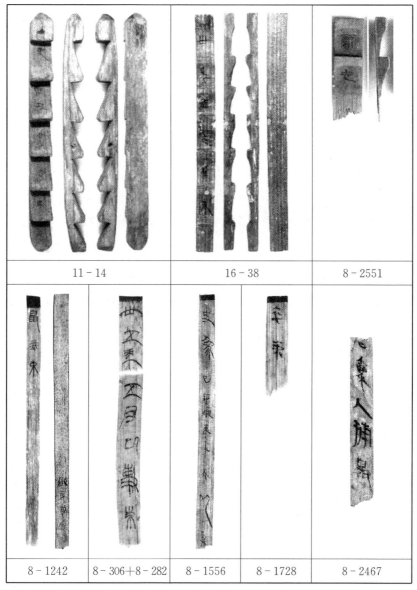

圖 3 - 3　里耶秦簡中的"束"與"倉稟人捕鼠"簡

# 第四章
# 秦簡牘所見倉對隸臣妾的管理

　　秦簡牘中隸臣妾的性質及管理,是秦漢史學界、法律史學界比較關注的焦點問題,對此學者曾展開熱烈討論。[①] 值得注意的是,陶安先生曾據睡虎地秦簡中隸臣妾主要集中於《倉律》,推測隸臣妾可能是由倉管理。[②] 該意見在近年公布的里耶秦簡中得到了充分驗證。此後,高震寰、賈麗英等先生結合里耶秦簡中的作徒簿文書,詳細論證了秦代的倉和司空是管理刑徒的機構,其分工大致是倉負責隸臣妾,司空負責城旦舂、鬼薪白粲等。[③] 不過,根據《嶽麓書院藏秦簡(伍)》的相關記載來看,中央和地方的倉官可能普遍在使用和管理徒隸(主要是隸臣妾)。[④] 既然隸臣妾由倉管理,那麼隸臣妾的生老病死、衣食住行、日常勞作當都在倉的管理範圍內。通過秦簡牘的相關記載,我們可以進

---

　　① 關於隸臣妾的研究成果可謂汗牛充棟,詳細的梳理,請參本書前言研究概述部分第三節。另,由於里耶簡中有"作徒簿""徒作簿"等不同類型的分配記錄,文中沿用整理者的意見,多統稱二者爲"徒簿"。

　　② [德]陶安あんど:《秦漢刑罰体系の研究》,第54—59頁。

　　③ 高震寰:《從勞動力角度看秦漢刑徒管理制度的發展》,第40—42頁。高先生在論文中補充説"倉以簿籍控管的只有屬於縣的隸臣妾"。

　　④ 《嶽麓書院藏秦簡(伍)》第319～320號簡釋文作:"●居室言:徒隸作官,官別離居它縣界中,遠。請:居室徒隸、官屬有皋當封,得作所縣官,作所縣官令獄史封,其得它縣官當封者,各告作所縣|官|,作所縣|官|□□□移封牒居室。·御史請:許泰倉徒及它官徒別|離|☐。"簡文中的"泰倉徒及它官徒",當是指太倉和它官管理的徒隸。該律的出現説明,在秦代不僅是地方的倉官管理有徒隸,在中央的太倉同樣管理有徒隸。

一步窺見倉管理隸臣妾的具體細節。下面試從隸臣妾"病""死亡""從事公""住所"等角度略作闡述。

# 第一節 隸臣妾"病"

## (一)"病"者暫不參與勞作

古常稱患病之輕者爲"疾",重者爲"病"。《説文·疒部》:"病,疾加也。"張金光先生曾指出,秦代的刑徒"只有在生病時,纔暫可休息,且立刻减扣口糧,這也迫使刑徒病不愈則亟需作"。[1] 那麼,秦代的隸臣妾如果患病,是否繼續勞作呢? 根據秦簡牘的相關記載來看,隸臣妾在患病時應當是不參加勞作的。具體而言,里耶秦簡便有不少隸臣妾"病"的例證:

卅一年五月壬子朔壬戌,都鄉守是徒薄(簿)。☑Ⅰ

受司空城旦一人、倉隸妾二人。☑Ⅱ

一人捕獻。☑Ⅲ

二人病。☑Ⅳ　　　　　　　　　　　(8-2011)

該簡中的"二人病",當至少包括一名從倉接收的"隸妾"。文書中將"病"與"捕獻"並列記録,説明患病與勞作是對立的,即隸臣妾在患病期間可以不參加"捕獻"。

又如,貳春鄉守畸的"徒簿":

廿八年九月丙寅,貳春鄉守畸徒薄(簿)。Ⅰ

_____

[1] 張金光:《秦制研究》,上海古籍出版社 2004 年,第 547 頁。

積卅九人。Ⅱ

<u>十三人病</u>。Ⅲ

廿六人徹城。Ⅳ　　　　　　　　　　　　　　　（8‐1280）

該簡是貳春鄉秦始皇二十八年九月三十日上呈的徒簿文書，[①]在當月貳春鄉纍計使用了 39 名徒隸，其中的"十三人病"當是該月纍計的生病人數。在里耶簡中，貳春鄉所使用的徒隸大概有兩個來源：一是倉派遣而來的隸臣妾，二是司空派遣來的城旦舂、鬼薪白粲、居作者。比如，第 8‐1143＋8‐1631 號簡是秦始皇三十年八月貳春鄉的月作徒薄，[②]文書提到貳春鄉在該月使用的刑徒纍計有 292 人，具體包括城旦、鬼薪 90 人，仗城旦 30 人，舂、白粲 60 人，隸妾 120 人。比較而言，第 8‐1280 號簡所記的"十三人病"，或許也包括了由倉派遣到貳春鄉的隸臣妾。並且，這些隸臣妾在"病"時，應當是不參與"徹城"勞役的。

在嶽麓秦簡《徭律》中，可以看到對"病"者可以暫緩徵發的規定：

繇（徭）律曰：歲興繇（徭）徒，人爲三尺券一，書其厚焉。節（即）發繇（徭），鄉嗇夫必身與典以券行之。田時先行富有賢人，以閒時行貧者，皆月券書其行月及所爲日數，而署其都發及縣請（情）┗。<u>其當行而病及不存</u>，署于券，<u>後有繇（徭）而聶（躡）行之</u>。節（即）券繇（徭），令典各操某里繇（徭）徒券來與券以畀繇（徭）徒，勿徵贅，勿令費日。　（《嶽麓書院藏秦簡（肆）》244～246）

當繇（徭）戍，<u>病不能出及作盈卒歲以上</u>，<u>爲除其病歲繇（徭）</u>，勿聶（躡）□□論毄（繫），除毄（繫）日繇（徭）戍，以出日傳（使）之。

（《嶽麓書院藏秦簡（肆）》251～252）

---

① 該月朔日，參張培瑜：《根據新出曆日簡牘試論秦和漢初的曆法》，《中原文物》2007年第 5 期。

② 《校釋（一）》，第 283 頁。

　　兩條律文是關於徵發徭徒,而徵發的原則包括"其當行而病及不存,後有徭而躡行之","病不能出及作盈卒歲以上,爲除其病歲徭"兩項。據此可見,官方會根據徭徒"病"的輕重不同而允許暫緩或免除徵發。之所以如此,大概是由於病者難以承擔繁重的勞役,並且會帶來安全隱患。比較而言,隸臣妾患病時或與此有相似之處。即,患病的隸臣妾暫時不必參與勞作,等到病愈之後再一切如故。

　　在患病時隸臣妾能否獲得稟食,也是一個值得關注的問題。有不少學者據睡虎地《倉律》"其不從事,勿稟"的規定,認爲隸臣妾在患病時是没有稟食的。筆者認爲,由於隸臣妾"從事公"與"不從事公"僅是對隸臣妾能夠正常活動時的規定,而患病則是一種特殊狀態,對這種情況下的稟食標準秦律尚没有明確記載。或許我們可以參考城旦舂患病時的處理情況:

　　　　城旦之垣及它事而勞與垣等者,旦半夕參;其守署及爲它事者,參食之。其病者,稱議食之,令吏主。城旦舂、舂司寇、白粲操土攻(功),參食之;不操土攻(功),以律食之。倉　(55～56)

　　由簡文可知,對於患病的城旦舂,官府並没有停止提供糧食,而是説"稱議食之,令吏主"。我們知道,"城旦舂"是罪刑較隸臣妾更重的一類刑徒,他們在患病時尚且能夠獲取一定的糧食。那麼,若隸臣妾在官府安排勞作時患病,管理機構爲了保障人力的安全,理應也會提供一定的糧食。關於城旦舂病時的發放標準,律文中僅説"稱議食之"。"稱議"一詞,整理者語譯作"酌情給予口糧",學者也曾提出其他解釋。① 翻檢睡

　　① 睡虎地《倉律》38～39號簡"其有本者,稱議種之"。整理者注:酌情,《墨子·備城門》"其上稱議衰殺之";岑仲勉《墨子城守各篇簡注》釋爲"酌度其合宜而逐漸減小";方勇:根據地力好壞決定所用種子的多少(《讀秦簡札記三則》,復旦大學出土文獻與古文字研究中心網站2009年8月25日,http://www.gwz.fudan.edu.cn/SrcShow.asp?Src_ID=877);湯志彪、孫德軍:如果田疇原已種植了某種植物,則根據所剩土地的肥薄等具體情況"稱議種之"(《秦簡文字瑣記(三則)》,《西華大學學報(哲學社會科學版)》2011年第1期)。

虎地秦簡,"稱議"共出現三次,另兩處分別是"稱議種之"(《倉律》39)、"稱議脂之"(《司空律》130)。三者分別出現在播種、出稟、保養車的語境下,且涉及對象均有好壞、大小等級之分。筆者懷疑,所謂"稱議×之"或是指根據對象的好壞、大小不同等級分別使用。具體到"稱議食之",大致是指根據受稟對象的身份、大小等信息來發放稟食。不過,不管如何發放,有一點是可以肯定的,那就是所受稟的糧食必定不會超過日常勞作時的標準,這些糧食也僅夠其勉強糊口而已。

## (二)"病"的認定與診治

當然,前文我們分析的主要是隸臣妾真正患病時的管理情況。還有一種可能是,隸臣妾並非真正的"病",而是爲了逃避勞役而選擇詐病。對於這些詐病行爲,官方也會有一些防範的措施。《唐律》"詐僞"條下便有不少專門針對"詐病""詐死傷"的規定:

> 381 諸詐疾病,有所避者,杖一百。若故自傷殘者,徒一年半。
>
> 382 諸醫違方詐療病,而取財物者,以盗論。
>
> 384 諸有詐病及死傷,受使檢驗不實者,各依所欺,減一等。若實病死及傷,不以實驗者,以故入人罪論。[1]

這些規定不僅針對各種行爲的詐病,同時一些醫生違背實情而"詐療病"的行爲也在打擊範圍。[2] 值得注意的是,《唐律》又提到"詐僞

---

① 〔唐〕長孫無忌撰,劉俊文點校:《唐律疏議》,第 471—473 頁。

② 《傷寒論·平脉法》中有一條診治詐病的記載:"師曰:病家人來請云:病人發熱煩極。明日師到,病人向壁卧,此熱已去也。設令脉不和,處言已愈。設令向壁卧,聞師到,不驚起而盻視,若三言三止,脉之咽唾者,此詐病也。"

律者,魏分賊律爲之。歷代相因,迄今不改。"①可見,針對詐僞的律文自古有之。而秦簡牘中也有不少關於詐僞的記載,比如秦王政二十年的南郡守騰文書提到:"是以聖王作爲灋(法)度,以矯端民心,去其邪避(僻),除其惡俗。灋(法)律未足,民多詐巧,故後有閒令下者。"又如,《嶽麓書院藏秦簡(伍)》中有一條令文作:

> [郡]守及縣官各以其事難易〈易〉、道里遠近,善爲期。……其病及遇水雨不行者,自言到居所縣,縣令獄史診病者令、丞前,病有瘳自言瘳所縣,縣移其診牒及病有瘳、雨留日數,告其縣官,縣官以從事。診之,不病,故▨

(《嶽麓書院藏秦簡(伍)》323～325)

簡文原在"診之"後斷讀。陳偉老師改爲在"從事"後斷讀,並指出"診之,不病"是說"自言到居所縣","縣令獄史診病者令、丞前"而發現當事人佯病。② 此從之。這條令文當可視爲秦代打擊詐病行爲的直接證據。

而當隸臣妾"病"時,管理機構爲了確認是否真"病",理應會進一步檢查、確認。前引《唐律》曾提到"檢驗""驗"等行爲,即診驗病、死傷真實性的具體程序。秦簡中將認定病和死傷的程序稱爲"診"。通過睡虎地秦簡《封診式》的相關記載,可以比較清晰地看到"診"的詳細情況:

> 告臣　爰書:某里士五(伍)甲縛詣男子丙,告曰:"丙,甲臣,橋(驕)悍,不田作,不聽甲令。謁買(賣)公,斬以爲城旦,受賈錢。"·訊丙,辭曰:"甲臣,誠悍,不聽甲。甲未賞(嘗)身免丙。丙毋(無)病殹(也),毋(無)它坐辠(罪)"令令史某診丙,不病。·令

---

① 〔唐〕長孫無忌撰,劉俊文點校:《唐律疏議》,第452頁。
② 陳偉:《〈嶽麓書院藏秦簡〔伍〕〉校讀(續二)》,簡帛網2018年3月11日,http://www.bsm.org.cn/show_article.php? id=3011。

少內某、佐某以市正賈（價）賈丙丞某前，丙中人，賈（價）若干錢。

（37～39）

厲（癘）　爰書：某里典甲詣里人士五（伍）丙，告曰："疑厲（癘），來詣。"‧訊丙，辭曰："以三歲時病疕，麋（眉）突，不可智（知）其可（何）病，毋（無）它坐。"令醫丁診之，丁言曰："丙毋（無）麋（眉），艮本絕，鼻腔壞。刺其鼻不嚏（嚏）。肘厀（膝）□□□到□兩足下奇（踦），潰一所。其手毋胈。令謕（號），其音氣敗。厲（癘）殹（也）。"

（52～54）

奪首　軍戲某爰書：某里士五（伍）甲縛詣男子丙，及斬首一，男子丁與偕。甲告曰："甲，尉某私卒，與戰刑（邢）丘城。今日見丙戲旞，直以劍伐痍丁，奪此首，而捕來詣。"診首，已診丁，亦診其痍狀。

（31～33）

在案例一中，男子丙爲甲的"臣"，由於此人"驕悍"，甲將丙賣於官府。在訊問記錄中丙匯報自己"無病"，但官府還是"令令史某診丙"，最終得出"不病"的結論。此後，才記錄購買的具體程序。案例二是匯報診治"癘病"（麻風病）的爰書，案例中的士伍丙被懷疑患了癘病，大概在三歲時患疕傷，眉毛脫落，但不知此是何病。經過醫生丁的診治，得出確實患有癘病的結論。案例三中，男子丁因爭奪首級而砍傷人，在抓捕此人之後，還診驗了傷者的受傷情況。

三例顯示，文書一般所記的"病"大概是需要經過官方診驗之後才會確定。具體而言，隸臣妾如果出現了"病"的情況，那麼隸臣妾的管理和使用機構很可能在診驗之後，才會將數據記錄到徒簿文書中。這麼做的一個目的，當是爲了强化對隸臣妾生理狀態的監管，同時防止隸臣妾詐病而不參與勞作。限於材料，隸臣妾生病之後治療的記載不多。不過，從里耶簡藥方簡中尚可窺見當時常見的疾病有"癃"（8－

1712+8-1811)、"癃"(8-585+8-238①)、"金傷"(8-1057)、"暴心痛"(8-1221)、"心腹痛"(8-1718)等病症,這些恐怕也是隸臣妾比較常患的病症。另外,里耶簡中還有一些患病或死亡的記錄,顯示着徒隸在患病之後的治療其實很難保障。②

此外,里耶簡中還有一條與病有關的記錄也值得關注。該簡釋文作"一人病已☐9-652"。③ 由於簡牘殘斷,簡文或有兩種理解:第一種是"已"爲人名,指生病者名"已"。第二種是"病已"表示"病愈"。枚乘《七發》:"涩然汗出,霍然病已。"若是第二種理解,則説明徒隸在病愈之後,似也需要造册登記。

值得一提的是,居延漢簡311·6記"遣尉史承禄齎七月吏卒病九人飲藥有瘳名籍詣府會八月旦",④簡文中的"飲藥有瘳名籍"當是治療之後病愈者的名籍。前揭《嶽麓書院藏秦簡(伍)》簡323~325中有"病有瘳自言瘳所縣,縣移其診牒及病有瘳、雨留日數,告其縣官"的規定,蓋與此相關,其可視爲呈報"瘳名籍"的規範性文件。至於里耶9-652號簡中的"一人病已",則更可能是記錄病愈的情況。

## 第二節　隸臣妾"死""亡"

此處所言的"死亡",包括了隸臣妾的"去世"和"逃亡"兩項内容。秦簡

---

① 該簡綴合,從何有祖:《里耶秦簡牘綴合(五)》,簡帛網 2012 年 5 月 26 日,http://www.bsm.org.cn/show_article.php? id=1704。

② 里耶 8-630 號簡云"☐☐病有能治者言,☐☐"。據此殘簡可知,當時的醫療條件當比較有限,一些病症難以醫治,因此才會尋找所謂"能治者"。另外,第 8-495 號簡"倉課志文書"中又有"徒隸死亡課",這裏所言的死亡者主要是隸臣妾,其中當有一些情况屬於因病而去世。

③ 湖南省文物考古研究所(張春龍執筆):《龍山里耶秦簡之"徒簿"》,《出土文獻研究》第十二輯,第 120 頁。

④ 簡牘整理小組:《居延漢簡(肆)》,"中研院"史語所 2017 年,第 1 頁。

中有不少隸臣妾死、亡的記録,據此可管窺秦代對死亡隸臣妾的管理措施。

## (一) 隸臣妾"死"

### 1. 死亡情况的診驗、上報

如前文所言,隸臣妾在"病"時需要官方診問,而"死"亦有類似程序。睡虎地秦簡《封診式》中有不少與死亡相關的案例,這些案例中均需要診驗死者的具體情况。比如:

> 賊死　爰書:某亭求盜甲告曰:"署中某所有賊死、結髮、不智(知)可(何)男子一人,來告。"即令令史某往診。令史某爰書:與牢隸臣某即甲診,男子死(尸)在某室南首,正偃。某頭左角刃痏一所,北(背)二所,皆從(縱)頭北(背),袤各四寸,相耎,廣各一寸,……訊甲亭人及丙,智(知)男子可(何)日死,聞(謨)寇者不殹(也)。　　　　　　　　　　　　(55~62)

> 經死　爰書:某里典甲曰:"里人士五(伍)丙經死其室,不智(知)故,來告。"•即令令史某往診。•令史某爰書:與牢隸臣某即甲、丙妻、女診丙。丙死(尸)縣其室東内中北廦權,南鄉(嚮),以枲索大如大指,旋通係頸,旋終在項。……節(即)死久,口鼻或不能渭(喟)然者。自殺者必先有故,問其同居,以合(答)其故。　　　　　　　　　　　　(63~72)

上揭例證是在人員非正常死亡時,求盜或里典將事情報告,官府會派人診驗死亡情况。不難想象,隸臣妾如果死亡之後,大致也會有相類似的診驗程序。[①] 並且在診驗之後,會由相關負責人將記録死亡

---

① 　栗勁先生據《廄苑律》"其小隸臣疾死者"等記載指出,隸臣妾是否正常死亡,要以診斷書爲證據,對非正常死亡,還要追究刑事責任。詳見栗勁:《秦律通論》,第270—271頁。

詳情的診書上報,繼而由管理機構做出對應的處理意見。

除了診驗人員死亡外,睡虎地秦簡顯示對馬牛等牲畜的死亡也需要診驗。舉例來看,《廄苑律》中便有"診斷"馬牛死亡的規定:

> 將牧公馬牛,馬【牛】死者,亟謁死所縣,縣亟診而入之,其入之其弗亟而令敗者,令以其未敗直(值)賞(償)之。其小隷臣疾死者,告其□□之;其非疾死者,以其診書告官論之。其大廄、中廄、宮廄馬牛殹(也),以其筋、革、角及其賈錢效,其人詣其官。其乘服公馬牛亡馬者而死縣,縣診而雜賈(賣)其肉,即入其筋、革、角,及案(索)入其賈錢。　　　　　　　　　(16～18)

這條律文主要是關於公馬牛死亡之後如何處理以及責任如何追究。律文中多次提到馬牛死後,所在縣要"診"之,並且儘快將肉入官或賣掉。並且,馬牛死亡的原因也影響責任的判定。簡16～17號簡中的"疾死者,告其□□之;其非疾死者,以其診書告官論之",陳偉老師將"其小隷臣"改上讀,並將所缺二字補釋"縣出"。[①]那麼,這條律文是要求根據馬牛是否病死采取不同的處置方案。如果是因病而死,大概會交由管理機構注銷死亡的牛馬;如果不是因病而死,則要出具診驗的文書,並追究相關人員的責任(可能是將牧者)。值得注意的是,里耶秦簡9-2352號簡提到一匹名爲"发難"的馬在行道途中墮落而死,在馬匹死亡之後,由"鄉趙、令史辰、佐見、即、居"等人"雜診"馬匹

<hr/>

① 陳偉:《雲夢睡虎地秦簡〈秦律十八種〉校讀(五則)》,《簡帛》第八輯,第343—344頁。中國政法大學中國法制史基礎史料研讀會認同此意見,並舉《二年律令·金布律》433簡中"牧之而疾死"作爲補充。(詳見中國政法大學中國法制史基礎史料研讀會:《睡虎地秦簡法律文書集釋(二):〈秦律十八種〉(〈田律〉〈廄苑律〉)》,《中國古代法律文獻研究》第七輯,社會科學文獻出版社2013年,第99頁)。另,關於缺字,亦有學者提出不同補釋方案。如李力先生補釋"官論"(《"隷臣妾"身份再研究》,第331頁);中國政法大學中國法制史基礎史料研讀會補作"官入"(《中國古代法律文獻研究》第七輯,第100頁);中央大學秦簡講讀會補"死所"([日]中央大学秦简講读会:《〈睡虎地秦墓竹簡〉訳註初稿:田律、廄苑律、倉律、金布律、関市律、工律、工人程、均工律、縣律、司空律》,《論究》1978年第10卷第1期,第89頁)。

的死亡特徵，並將"診"書上報縣廷。① 結合來看，這封上報診書或可視爲上揭律文的具體執行。

另外，里耶秦簡中也有倉官上報"診"書的殘簡：

☑死敢告贛即與☑……居貲亦雜診 I

☑求菌叚（假）倉贛【敢】……。上診一牒。敢言之。II

(8-459+8-2035)

☑　　巨手。②　　　　　　(8-459+8-2035 背)

簡文兩次出現的"贛"，應當都是"（將）求菌叚（假）倉贛"，此人是倉的管理人員，"將求菌"當是臨時負責的任務。③ 簡文第一行疑當在"死"和"敢告"後分別點斷，"死"可能是指倉所管理的徒隸或牲畜死亡。此後，"贛即與居貲亦"一同雜診案發現場，並由贛將具體情況和"診"書一牒上報縣廷。

據上述例證不難發現，秦統治者對於公家管理的馬牛極爲重視，並在死亡、生病之後都會儘快診驗、處理。那麼，作爲重要勞動力的隸臣妾如果死亡，必然也會有相類似的程序。這些程序包括記錄死者信息、診驗死亡現場、上報管理機構等等，而這些事務的辦理當由隸臣妾的管理機構（倉）具體負責。

2. 隸臣妾死亡後的債務清理

根據秦律，隸臣妾若從事公務不力，所造成的損失需要進行賠償。如果無力賠償，要通過其他途徑來抵債。對此，睡虎地秦簡《金布律》中有相關規定：

① 該簡釋文及圖版，可參看里耶秦簡博物館、出土文獻與中國古代文明研究協同創新中心中國人民大學中心編著：《里耶秦簡博物館藏秦簡》，第 127 頁。

② 兩枚簡的綴合，詳見拙文：《里耶秦簡牘校讀（六則）》，《出土文獻研究》第十六輯，中西書局 2017 年，第 141—142 頁。

③ 里耶秦簡中還有"將捕爰假倉兹"(8-1559)、"將奔命校長周"(8-439+8-519+8-537+8-1899)、"將粟佐贛"(8-1050)、"將計丞"(8-164)等等，皆是類似格式。

百姓叚(假)公器及有責(債)未賞(償),其日䠱以收責之,而
弗收責,其人死亡;及隸臣妾有亡公器、畜生者,以其日月減其衣
食,毋過三分取一,其所亡衆,計之,終歲衣食不䠱以稍賞(償),令
居之,其弗令居之,其人【死】亡,令其官嗇夫及吏主者代賞
(償)之。　　　　　　　　　　　　　　　　　　(金布 77~79)

律文規定,百姓、隸臣妾等人如果丟失公家的器具、牲畜,則要通
過減扣糧食或居作官府來抵償。如果隸臣妾死亡,那麼未付清的債務
將會轉嫁到主管隸臣妾的吏員身上("令其官嗇夫及吏主者代償之")。
這種處理方式,顯然是出於保護公物財産的考慮。在里耶秦簡中,我
們能夠看到這種處理方式的具體運用。

敬問之:吏令徒守器而亡之,徒Ⅰ當獨負。・日足以責,吏弗
責,負者死Ⅱ亡,吏代負償。Ⅲ8-644 徒守者往戍可(何)? 敬訊而
負之,可不可? Ⅰ其律令云何? 謁報。Ⅱ8-644 背

這枚簡是"敬"上報的訊獄案件,案情大致是吏員安排士卒看守器
物而器物丟失。在所呈文書中,"敬"引用了一條秦律:

日足以責,吏弗責,負者死亡,吏代負償。

《校釋(一)》已指出,此句應是引述睡虎地秦簡《金布律》或類似律
文。[①] 之所以在文書中引用此律,當是由於案件與此律相關——二者
皆是看守器物而丟失並且守器人已不在場。

另外,8-644 文書所言的"死亡"者,是負責看守器物的士卒。也
就是説,看守物資的士卒在死亡和逃亡之後,所欠負的債務會由管理
徒隸的吏員代爲償還("吏代負償")。在里耶秦簡中,隸臣妾經常會被
安排看守器具、放牧之類的勞作。結合來看,如有財務丟失,隸臣妾則

———————

① 《校釋(一)》,第 188—189 頁。

131

會被減扣衣食抵償;若其人死亡,則主管隸臣妾的吏員便會受到牽連。

3. 隸臣妾"死亡"後仍然影響子女身份

睡虎地秦簡《法律答問》中有"隸臣死亡"的記載:

> 女子爲隸臣妻,有子焉,今隸臣死,女子北其子,以爲非隸臣子殹(也),問女子論可(何)殹(也)? 或黥顏頯爲隸妾,或曰完,完之當殹(也)。　　　　　　　　　　　　　(174)

案例主要是關於"隸臣子"身份變動的問題。簡文大義是説,隸臣死亡之後,他的妻子通過"北其子"的方法將兒子身份變爲"非隸臣子",在此情況下隸臣妻當被判以"完隸妾"的處罰。黃展岳先生認爲,這一案例説明隸臣妾是世代相傳的。[1] 李力先生也持類似的觀點,他認爲此處"隸臣"的身份應是官奴隸,因爲刑徒的身份不能繼承而奴隸的身份是可以世襲的,並且"其子"是指未成年的官奴婢"小隸臣"。[2] 孫聞博先生則提出不同理解,他説"非隸臣子"不能成爲嚴格的一種身份,其長大後身份也不一定就是隸臣,但其父後來身份變化確實影響了自己的後代,這同奴與民爲婚在某種程度上存在着相似的地方。[3]

在嶽麓秦簡《傅律》中,也有隸臣妾子女身份判定的記載:

> ●傅律曰:隸臣以庶人爲妻,若羣司寇、隸臣妻懷子,其夫免若冗以免、已拜免、子乃産,皆如其已免吏(事)之子∟。女子懷夫子而有辠,耐隸妾以上,獄已斷而産子,子爲隸臣妾,其獄未斷而産子,子各如其夫吏(事)子。收人懷夫子以收,已贖爲庶人,後産子,子爲庶人。　　　(《嶽麓書院藏秦簡(肆)》160～162)

律文提到,隸臣妾之子的身份有"免吏(事)之子""隸臣妾""吏

---

①　黃展岳:《雲夢秦律簡論》,《考古學報》1980 年第 1 期。
②　李力:《秦簡"小隸臣妾"的身份與來源》,《法學研究》1993 年第 3 期。
③　孫聞博:《秦漢簡牘中所見特殊類型奸罪研究》,《中國歷史文物》2008 年第 3 期。

(事)子""庶人"等幾類,而隸臣妾的身份、是否斷獄、是否免贖直接影響子女出生後的身份。高震寰先生據此律指出,"若是身爲隸臣妾而懷孕産子,其子必爲隸臣妾無疑"。[①]此論當是。也就是説,在特定條件下,秦代應當有一部分隸臣妾的身份是世代相傳的。

將上揭兩條律文合觀,可以確認隸臣妾的身份會對子女產生影響。或是爲了讓子女擺脱身份的牽絆,《法律答問》中的女子才會冒着風險將子女的身份變爲"非隸臣子"。律文另外還顯示,秦代的隸臣妾身份的相傳又有一定的前提條件,並非所有隸臣妾的子女都必須成爲隸臣妾。嶽麓秦簡《傅律》所言"女子懷夫子而有辠,耐隸妾以上,獄已斷而産子",可視爲隸臣妾身份傳承的一種情形。一旦隸臣妾身份斷獄完成,他的身份會繼續影響下一代,這種建立在血緣關係上的傳承,不會因爲隸臣妾死亡而終止。

## (二) 隸臣妾"亡"

### 1. 限制隸臣妾逃亡的律文

由於勞役繁重、苛刻,不堪剥削的隸臣妾還可能走上逃亡之路,這在秦簡中亦有反映。如里耶 7 - 304 號簡有"已計廿七年餘隸臣妾百一十六人,……凡百五十一人,其廿八死亡",這裏所言的"廿八死亡",恐主要是隸臣妾逃亡的情況。另一方面,秦統治者制定了諸多關於隸臣妾逃亡的律令,用以限制這種行爲。比如,《嶽麓書院藏秦簡(肆)》中有不少關於逃亡的規定,其中有不少與隸臣妾逃亡有關。[②]試舉幾條如下:

---

① 高震寰:《從勞動力角度看秦漢刑徒管理制度的發展》,第 37 頁。
② 周海鋒指出,嶽麓簡中有"刑徒逃亡"一類。詳見周海鋒:《嶽麓書院藏秦簡〈亡律〉研究》,《簡帛研究 2016》春夏卷,第 164 頁。

及諸當隸臣妾者亡,<u>以日六錢計之</u>,及司寇冗作及當踐更者亡,皆以其當冗作及當踐更日,日六錢計之,皆與盜同灋。不盈廿二錢者,貲一甲。<u>其自出殹(也)</u>,<u>減罪一等</u>。」亡日錢數過六百六十而能以錢數物告者,購金二兩,其不審,如告不審律。六百六十錢以下及不能審錢數而告以爲亡,購金一兩,其不審,完爲城旦舂到耐罪,貲二甲;貲罪,貲一甲。

(《嶽麓書院藏秦簡(肆)》17～21)

十四年七月辛丑以來,諸居貸贖責(債)未備而去亡者,坐其未備錢數,與盜同灋。其隸臣妾殹(也),<u>有(又)以亡日臧數</u>,<u>與盜同灋</u>。隸臣妾及諸當作縣[道]官者,僕、庸爲它作務,其錢財當入縣道官而遺未入<u>去亡者</u>,有(又)坐逋錢財臧,與盜同灋。①

(《嶽麓書院藏秦簡(肆)》66～69)

寺車府し、少府、中府、中車府、泰官、御府、特庫、私官隸臣,免爲士五(伍)、隱官,<u>及隸妾以巧及勞免爲庶人</u>,復屬其官者,<u>其或亡盈三月以上而得及自出</u>,耐以爲隸臣妾,亡不盈三月以下而得及自出,笞五十,籍亡不盈三月者日數,後復亡,軵數盈三月以上得及自出,亦耐以爲隸臣妾,皆復付其官。

(《嶽麓書院藏秦簡(肆)》33～36)

虜學炊(吹)樗(枸)邑、壞德、杜陽、陰密、沂陽及在左樂、樂府者,及左樂、樂府謳<u>隸臣妾</u>,免爲學子、炊(吹)人,已免而亡,得及<u>自出</u>,<u>盈三月以爲隸臣妾</u>,不盈三月,笞五十,籍亡日,後復亡,軵盈三月,亦復以爲隸臣妾,皆復炊(吹)謳于(?)官。

(《嶽麓書院藏秦簡(肆)》84～87)

奴婢從誘,其得徼中,黥顏(顏)頯;其得故徼外,城旦黥之;皆

---

① 其中,"庸(傭)爲它作務"連讀,從陳偉老師意見。詳見陳偉:《秦簡牘校讀及所見制度考察》,第191—193頁。

畀主。誘隸臣、隸臣從誘以亡故塞徼外蠻夷，皆黥爲城旦舂；亡徼
中蠻夷，黥其誘者，以爲城旦舂；亡縣道，耐其誘者，以爲隸臣。道
徼中蠻夷來誘者，黥爲城旦舂。其從誘者，年自十四歲以上耐爲
隸臣妾∟，奴婢黥顏（顔）頯，畀其主。

（《嶽麓書院藏秦簡（肆）》100～102）

上揭律文包括"規範隸臣妾逃亡者的量刑""鼓勵自首""打擊誘
亡"等多個方面。

首先，秦代對隸臣妾逃亡的量刑大致是按盜錢的標準來執行的。
據已有材料，秦代曾對隸臣妾逃亡者按照每天 6 錢計算（"以日六錢計
之"），並且根據錢數又分爲"不盈 22 錢""22 錢至 660 錢""660 錢以
上"等級別。換言之，逃亡之後的 3 天以內是第一級，4 天至 11 天屬於
第二級別，110 天以上便達到最高標準 660 錢以上。另外，律文顯示不
同標準的處罰力度也是按照盜律分級執行的。[1] 如果纍計不超過 22 錢，
則"貲一甲"；纍計 22 錢至 660 錢，則"覂（遷）之"；如果纍計達到 660
錢以上，則"黥爲城旦"。不僅如此，律文還鼓勵告發逃亡行爲，並對告
發者提供一定的賞金，且告發逃亡纍積錢數多者，所獲得的購賞也要
更多。

---

① 關於隸臣妾盜錢數的標準與懲罰之間的關係，可以參考《法律答問》中的如下記錄：

　　A "害盜別徼而盜，駕（加）辠（罪）之。·可（何）謂"駕（加）辠（罪）"？·五人盜，臧
（贓）一錢以上，斬左止，有（又）黥以爲城旦；不盈五人，盜過六百六十錢，黥劓（劓）以爲
城旦；不盈六百六十到二百廿錢，黥爲城旦；不盈二百廿以下到一錢，覂（遷）之。求盜
比此。　　　　　　　　　　　　　　　　　　　　　　　　　　　　　　（1～2）

　　B 士五（伍）甲盜，以得時直（值）臧（贓），臧（贓）直（值）百一十，吏弗直（值），獄鞠乃
直（值）臧（贓），臧（贓）直（值）過六百六十，黥甲爲城旦，問甲及吏可（何）論？甲當耐爲
隸臣，吏爲失刑辠（罪）。甲有辠（罪），吏智（知）而端重若輕之，論可（何）殹（也）？爲
不直。　　　　　　　　　　　　　　　　　　　　　　　　　　　　　　（35～36）

第一條律文顯示，秦代對盜賊的處罰也是分級處理，在"加罪"的情況下，其量刑標準大
致分爲：1 錢至 220 錢、220 錢至 660 錢、660 錢以上三個標準。這三個標準的處罰力度分別
是"遷之""黥爲城旦""劓以爲城旦"。第二條律文顯示，在斷獄時超過 660 錢的標準，將士伍
甲"黥爲城旦"。比較而言，"加罪"當是將刑罰加重了一等。

其次,秦律還通過減免處罰標準的形式,鼓勵逃亡的隸臣妾自首。
"私官隸臣免爲士伍,隱官"和"隸妾以巧及勞免爲庶人"兩類人員,在
逃亡總日期超過3個月以上被抓捕或自首,耐爲隸臣妾,3個月以下被
抓捕或自首,笞五十。將這些標準與前文所討論的三個級别相比,顯
然要寬鬆了不少。另外,律文還出現了"十四年七月辛丑以來",這似
乎説明了秦律在對懲罰逃亡者方面存在一定的繼承,但同時也有一些
變化,這個變化的時間很可能是以秦王政十四年七月爲節點。

再者,律文顯示秦代嚴厲打擊"誘亡"行爲,且打擊對象不僅有誘
隸臣者,同時還包括了"從誘以亡"的隸臣妾,將被判處"黥爲城旦舂"
的重刑。張家山漢簡《賊律》第3號簡云"來誘及爲間者,磔",這是漢
初對誘者懲罰的律文,較之秦律顯然要更爲嚴厲。

2. 對逃亡隸臣妾的緝捕

里耶秦簡第10-1170號簡中有"其九十人亡",此是當月隸臣妾
纍計逃亡的總數。一旦發生隸臣妾逃亡的情況,管理機構需要將詳情
上報,并由相關機構製作通緝文書進行抓捕。[1] 根據《嶽麓書院藏秦簡
(伍)》中的相關令文,我們可以看到秦代通緝文書的大致格式:

> • 諸治從人者,具書未得者名族、年、長、物色、疵瑕,移讞縣
> 道,縣道官謹以讞窮求,得,輒以智巧譖(潛)潛訊其所智(知)從
> 人、從人屬、舍人未得而不在讞中者,以益讞求,皆捕論之。[2]
>
> (19~20)

李洪財先生指出,律文中的"讞"本意爲"求",此處或指通緝文書。[3]

---

[1] 何有祖:《里耶秦簡所見通緝類文書新探》,簡帛網2017年1月30日,http://www.bsm.org.cn/show_article.php?id=2719。
[2] 簡文"得,輒以智巧譖(潛)訊其所智(知)從人、從人屬、舍人未得而不在讞中者,以益讞求,皆捕論之"一句的斷讀,從陳偉老師意見。詳見陳偉:《〈嶽麓書院藏秦簡〔伍〕〉校讀》,簡帛網2018年3月9日,http://www.bsm.org.cn/show_article.php?id=3000。
[3] 李洪財:《秦簡牘"從人"考》,《文物》2016年第12期。

此論當是。"移讞縣道""以讞窮求"可視爲傳遞並按照通緝文書求捕"從人"的程序。而在里耶簡中，亦有不少與逃亡相關的通緝文書，可與此律合觀：

　　廿五年九月己丑，將奔命校長周爰書：敦長買、什長嘉皆告曰：徒士五（伍）右里繚可，行到零陽廡溪橋亡，不智（知）外内，恐爲盗賊，敢告。Ⅰ

　　繚可年可廿五歲，長可六尺八寸，赤色，多髮，未産須，衣絡袍一、絡單胡衣一，操具弩二、絲弦四、矢二百、鉅劍一、米一石五斗。Ⅱ①　　　　　　　　（8-439+8-519+8-537+8-1899）

　　廿六年端月己丑，上軑鄉爰書☐Ⅰ

　　人黑色，長面，大目，六尺九寸☐☐Ⅱ

　　端月甲戌，上☐鄉奠敢言之☐Ⅲ

　　二月癸丑，新武陵丞赾敢告☐☐Ⅳ②　　　　　　（15-259）

　　前揭律文要求"具書未得者名、族、年、長、物色、疵瑕"等信息，在里耶文書中逃亡者的姓名、籍貫、年齡、身高、膚色、疵瑕等特徵被記錄得非常詳細。還值得注意的是，通緝文書多是由實際管理者記錄、上報，如"徒士伍"逃亡之後由"將奔命校長"負責。懸泉漢簡中有一封《建昭三年廣至效穀案查刑徒逃亡書》，主要内容是司寇在服刑期間逃亡，作爲管理機構的效穀縣則負責追查刑徒，並將文書發往懸泉置。③那麼，隸臣妾的逃亡與通緝當與上述人員類似，具體事務則主要由倉的管理人員負責。

---

　　①　8-439+8-519+8-537由原整理者綴合（《里耶秦簡（壹）》，第111頁），筆者在此基礎上補充綴合了8-1899號簡。詳見拙文《里耶秦簡所見逃亡現象——從"繚可逃亡"文書的復原説起》，《古代文明》2017年第1期。

　　②　里耶秦簡牘校釋小組（魯家亮執筆）：《新見里耶秦簡牘資料選校（三）》，簡帛網2015年8月7日，http://www.bsm.org.cn/show_article.php?id=2279。

　　③　郝樹聲、張德芳：《懸泉漢簡研究》，甘肅文化出版社2008年，第265頁。

## (三) 隸臣妾死亡情况的匯總、考課

由於隸臣妾被視爲公家的重要財産,官府需要及時掌握隸臣妾的死亡、蕃息情况,而這些信息主要是由負責管理的倉匯總、統計。里耶秦簡中有一枚"倉課志"文書,文書中有一項"徒隸死亡課"。顯然,這項"徒隸死亡課"是對倉隸臣妾死亡的考課,而倉平時記錄的隸臣妾死亡情况,則是考課的主要内容。

在里耶簡中,我們還能看到不少統計隸臣妾死亡的記録:

元年遷陵隸臣妾積二百四人 AⅠ

<u>毋死亡者</u> AⅡ

倉守士五(伍)敦狐☒ BⅠ

視事二日☒ BⅡ ①　　　　　　　　　　　　　(9-2273)

廿八年遷陵隸臣妾及黔首居貲贖責作官府課。AⅠ

已計廿七年餘隸臣妾百一十六人。AⅡ

廿八年新・入世五人。AⅢ

・凡百五十一人,其廿八死亡。・黔道(首)居貲贖責作官世八人,其一人死。AⅣ

・泰(大)凡百八十九人。死亡・衛(率)之,六人六十三分人五而死亡一人。BⅠ　　　　　　　　　(7-304)

令拔、丞昌、守丞膻之、倉武、令史上、上逐除,倉佐尚、司空長、史郃當坐。②　　　　　　　　　(7-304 背)

---

① 里耶秦簡博物館、出土文獻與中國古代文明研究協同創新中心中國人民大學中心編著:《里耶秦簡博物館藏秦簡》,第 122 頁。

② 里耶秦簡博物館、出土文獻與中國古代文明研究協同創新中心中國人民大學中心編著:《里耶秦簡博物館藏秦簡》,第 76 頁。此處對簡文的閲讀順序有所調整,詳見拙文《里耶秦簡牘校讀札記(六則)》,《出土文獻研究》第十六輯,第 143—144 頁。

簡 9 - 2273 是秦二世元年遷陵縣倉守士伍敦狐的工作記録,簡文中的"毋死亡者"是指該年中遷陵縣並没有出現隸臣妾死亡的情況。7 - 304 號簡是秦始皇二十八年遷陵縣倉和司空兩份考課文書的匯總。[1] 其中,所考課的内容包括隸臣妾"已計""新入""死亡"三組數據,而"其廿八死亡"即是該年隸臣妾"死亡"和"逃亡"情況的總統計,這也是年終對倉官考課的重要憑證。兩枚簡的出現,進一步證實了隸臣妾死亡的情況當是由倉官分别統計、記録,待年終考課時若需追究責任,則倉的管理人員便是主要的追責對象。

## 第三節　隸臣妾的住所

隸臣妾的住處,亦是一個頗值得關注的問題。對此已有多位學者進行了研究,如日本學者飯尾秀幸先生曾據《二年律令》307 號簡"隸臣妾、城旦舂、鬼薪白粲家室居民里中者,以亡論之"的規定,提出隸臣妾不可能居住在里中,他們現實中被收容在里的外緣設施(與牢獄、監獄等不同)的可能性。[2] 陶安先生則持另外一種觀點,他認爲隸臣妾除了被限制居住在民里外,還享受一定居住的自由。[3] 高震寰先生詳細分析了《嶽麓秦簡(叁)》中的《田與市和奸案》,並據此懷疑隸臣妾可能和漢代官奴婢類似,其所屬單位會安排一個特定居住區,且隸臣妾有居住在縣廷的可能性。[4] 根據秦簡牘中的相關記載,頗疑秦代隸臣妾的

① 黎明釗、唐俊峰:《里耶秦簡所見秦代縣官、曹組織的職能分野與行政互動》,《簡帛》第十三輯,第 156 頁。
② [日]飯尾秀幸撰,楊振紅譯:《秦、西漢初期里的内與外》,《簡帛研究 2007》,廣西師範大學出版社 2010 年,第 308—309 頁。
③ [德]陶安あんど:《秦漢刑罰体系の研究》,第 56—57 頁。
④ 高震寰:《從勞動力角度看秦漢刑徒管理制度的發展》,第 40—42 頁。

住所並不固定,且受隸臣妾管理機構的位置而不斷變動,同時住所可能會按隸臣妾的性別及是否成年等因素分開設置,一些參與相同勞作的隸臣妾大概會在一起居住。

## (一) 隸臣妾的住所並不固定

我們知道,倉是秦縣中分管隸臣妾的主要機構。那麼,隸臣妾的居住應當與衣食類似,亦主要由倉負責。也就是説,倉很可能會規劃一片固定的區域令隸臣妾集中居住,以方便管理。我們在里耶簡作徒簿中常常看到倉在某日集中派遣隸臣妾的記録,只有這些隸臣妾由倉集中安排居住,才可能迅速地調集和派遣。據此還可推測,這些住處距離倉並不會太遠,或可能居住在倉的某些房舍内。里耶秦簡中,遷陵縣倉的位置應當位於都鄉之中,也即這些隸臣妾大多時候當是位於都鄉。

由於隸臣妾是重要的勞動力,其並非僅爲倉所役使,因此當這些隸臣妾被派往其他機構勞作時,使用機構則需要爲隸臣妾提供一定的住所。由於距離的原因,一些被派遣到偏遠地區的隸臣妾一般難以一天之内往返,此時他們很可能暫時居住在使用地,待到勞役結束後再由使用單位集中遣返。[1] 那麼,在其他機構中勞作的時期内,隸臣妾的住所當由具體使用機構安排。我們知道,遷陵縣隸臣妾的使用機構包括司空、田官、縣廷、少内、離鄉等等,那麼這些機構所使用的隸臣妾便

---

[1]　遷陵縣的兩個離鄉,距離縣廷所在地都鄉,應當有一段較長的距離。沈剛先生指出離鄉的文書通常超過一天才能送達縣廷(《秦代縣級檔案文書的處理周期——以遷陵縣爲中心》,《出土文獻研究》第十五輯,第 131—132 頁),唐俊峰先生計算出離鄉傳遞到縣廷的文書平均需要 7 天(《秦代遷陵縣行政信息傳遞效率初探》,《簡牘與戰國秦漢歷史——中國簡帛學國際論壇》論文集,第 165—166)。那麼,由倉分配的隸臣妾可能會長時間在屬鄉勞作,在經過一段時間後,才可能歸建於倉。

有可能暫時居住在所在單位提供的住所中。高震寰先生所言縣廷中可能有隸臣的存在,是有可能的,而這或許僅是隸臣妾住所的一種情況。由於倉經常派遣隸臣到縣廷中從事一些輔助事務(如擔任僕養、具獄、廷守府,等等),那麽這些隸臣可能會暫時居住在縣廷中。若推測成立,那麽可以説隸臣妾除了倉之外,還會居住在其他機構提供的住所中。

從更大範圍看,隸臣妾可能會被調遣到外縣服役或傳遞物資到外縣,此時這些隸臣妾的居所自然也是不斷變更的。如第 8－136＋8－144 號簡中云遷陵縣的隸臣鄧曾經爲“旬陽隸臣”,那麽隸臣鄧的住所也隨着其服役地點的改變從旬陽變動到遷陵。①　又如,里耶簡中有遷陵縣“隸妾行辟書彭陽”的記載(8－169＋8－233＋8－407＋8－416＋8－1185),②其中呈請所過縣鄉提供飲食時云“謁告過所縣鄉以次續食”,那麽其住宿的問題雖没有提到如何解決,但推測也當是由所過縣鄉分别安排。可以説,隸臣妾的住所因其服役地點和服役内容的不同,具有很大的不穩定性。

## (二) 住所按性别、年齡分開設置

秦律中發放物資常按徒隸的性别、大小等作爲分配的標準。比如,睡虎地《倉律》對大隸臣妾、小隸臣、大隸妾、小隸妾、嬰兒等不同人員制定了不同的稟食標準,睡虎地《金布律》提到發放衣物時也將性别

---

①　高震寰先生指出,該簡中隸臣的籍貫和城旦一樣,隨着配屬地點轉移。詳見高震寰:《從勞動力角度看秦漢刑徒管理制度的發展》,第 42 頁。
②　該簡釋文作:“卅五年二月庚申朔戊寅,倉守擇敢言之:隸妾餚爲獄行辟Ⅰ書彭陽,食盡二月,謁告過所縣鄉以次續(續)食。節(即)不Ⅱ能投宿齎。遷陵田能自食。未入關縣鄉,當成齎,Ⅲ以律令成齎。來復傳。敢言之。☒Ⅳ(8－169＋8－233＋8－407＋8－416＋8－1185)。”《校釋(一)》(第 102 頁)補釋第一列中的“守”“妾”,今從之。

和大小作爲影響發放標準的重要因素。① 在具體發放時,也多遵照律文的規定執行。比如里耶秦簡的稟食文書、徒簿文書中常將男女、小大分別記録,如:

　　☑【百】九十八,司空☑ Ⅰ

　　☑【升】泰半升,倉☑ Ⅱ

　　☑男五十女百廿二,倉☑ Ⅲ　　　　　　　　　　（8 - 491）

　　卅四年十二月,倉徒薄(簿)冣:AⅠ

　　大隸臣積九百九十人,AⅡ

　　小隸臣積五百一十人,AⅢ

　　大隸妾積二千八百七十六,AⅣ

　　凡積四千三百七十六。AⅤ　　　　　　　　　　（10 - 1170）

　　☑徒小大☑　　　　　　　　　　　　　　　　（8 - 2533）

　　☑□遷陵守丞齮【敢】言之:前日令史齮☑ Ⅰ

　　☑□守書日課皆□應(應)式令,令齮定□☑ Ⅱ

　　☑□課副及當食人口數,别小大爲食☑ Ⅲ

　　　　　　　　　　　　　　　　　　（8 - 704＋8 - 706）

　　這大概反映了秦代將徒隸的管理按性别、大小區别管理,隸臣妾的住宿應當也是如此。即,管理機構根據隸臣妾的性别、是否成年等因素分開設置,並且不同居住區之間應當還會保持一定的距離。

　　簡言之,隸臣妾的住所會由管理和使用機構劃定一個大致的區域,但主要還是在都鄉之中。由於使用機構勞作任務的不確定性,這些因素都可能導致隸臣妾住處的變動。考慮到方便管理、限制逃亡等

――――――――――

　　① 關於稟衣的規定,如《金布律》94～96 號簡云:"稟衣者,隸臣、府隸之毋(無)妻者及城旦,冬人百一十錢,夏五十五錢。其小者冬七十七錢,夏卅四錢。舂冬人五十五錢,夏卅四錢;其小者冬卅四錢,夏卅三錢。隸臣妾之老及小不能自衣者,如舂衣。•亡、不仁其主及官者,衣如隸臣妾。"

因素,其居住區域不會離的太遠,而活動範圍也可能會受到一定限制。隸臣妾一般不居住在里中,但同時也可能會有一些在其他機構勞作的隸臣妾暫時居住在縣廷、離鄉中。另外,隸臣妾的住宿應當和稟食相似,根據性别、大小、勞役類型分别居住。比如,由倉管理的隸臣妾可能單獨住宿在倉的某些房舍中,分配到其他機構的隸臣妾可能會由相應機構安排住宿。歸建之後,則繼續由倉安排。

# 第四節　隸臣妾"從事公"

## (一) 關於"從事公"的理解

睡虎地秦簡《倉律》規定,成年隸臣妾獲取稟食的一個基本條件是"從事公":

> 隸臣妾其從事公,隸臣月禾二石,隸妾一石半;其不從事,勿稟。小城旦、隸臣作者,月禾一石半石;未能作者,月禾一石。小妾、舂作者,月禾一石二斗半斗;未能作者,月禾一石。嬰兒之毋(無)母者各半石;雖有母而與其母冗居公者,亦稟之,禾月半石。隸臣田者,以二月月稟二石半石,到九月盡而止其半石。舂,月一石半石。隸臣、城旦高不盈六尺五寸,隸妾、舂高不盈六尺二寸,皆爲小;高五尺二寸,皆作之。倉　　　　　(49~52)

簡文中"從事公"與"不從事"對言,是説成年隸臣妾在"從公事"的條件下才能獲得稟食,否則不稟食。[①] "從事公",整理者語譯作"爲官

---

① 楊振紅:《秦漢簡中的"冗"、"更"與供役方式》,《簡帛研究 2006》,廣西師範大學出版社 2008 年,第 81—89 頁;張金光先生則認爲"其不從事勿稟"的規定,是"以斷絶生計來迫使隸臣等不敢有消極怠工之事"。張金光:《秦制研究》,第 548 頁。

府服役”。① 這是非常準確的。“從事公”，即從事於公，“公”當是指官府。睡虎地秦簡《司空律》142 號簡有“人奴妾毄（繫）城旦舂，貸（貸）衣食公，日未備而死者，出其衣食”，②嶽麓秦簡《司空律》相似的内容作“人奴婢毄（繫）城旦舂，貸衣食縣官，日未〔備〕而死者，出其衣食”。對讀可以發現，“貸（貸）衣食公”當對應“貸衣食縣官”，“公”即指“縣官”。

從上揭律文還能看到，隸臣妾從事勞作的類型也會影響到稟食發放的多寡。于豪亮先生指出，“從事”是工作的意思，律文中的“從事”偏重於指體力勞動。③ 這應當是可信的。那麽，究竟哪些行爲才屬於律文所言的“從事公”呢？睡虎地《倉律》中隸臣妾從事“田”“垣及爲它事與垣等者”勞作，當屬於從事公的範圍。此外，隨着里耶秦簡的陸續公布，我們看到了大量記錄刑徒勞作的徒簿文書，這些文書可以與睡虎地《倉律》的記載相互對讀、驗證。結合來看，“從事公”是隸臣妾在官府各機構勞作行爲的統稱。也即，隸臣妾所承擔的官府各機構的雜役，應當都屬於“從事公”的範疇。

## （二）里耶簡所見隸臣妾“從事公”的類型

### 1. 徒簿文書中隸臣妾的勞作

2013 年，整理者公布了里耶秦簡中共 170 餘枚徒簿文書的釋文，

---

① 睡虎地秦墓竹簡整理小組：《睡虎地秦墓竹簡》，“釋文注釋”第 32—33 頁。
② 陳偉老師曾較早指出二者可以對讀，並指出前者中的“人奴妾”在嶽麓簡中換成了“人奴婢”，顯然後者是前者修訂本。詳見陳偉：《從“臣妾”、“奴妾”到“奴婢”》，簡帛網，http://www.bsm.org.cn/show_article.php?id=2715，2017 年 1 月 27 日。後刊刊於《出土文獻與法律史研究》第六輯，法律出版社 2017 年，第 217—226 頁。今按，兩處律文中從“公”到“縣官”的變化，或亦可視作律文發展的一個體現。
③ 于豪亮：《于豪亮學術文存》，第 144 頁。

這爲我們的討論提供了基礎。① 根據製作單位的不同,這些文書可分爲倉、司空、屬鄉、庫、田官等機構的徒簿。我們知道,隸臣妾除了在倉的管理下勞作之外,還會有一部分被派遣到其他機構勞作。因此,討論隸臣妾的勞作類型當需要對倉和其他機構的徒簿文書分別考察。

先來看"倉"的徒簿中隸臣妾所參與的勞作。經梳理,可以確認里耶簡中至少有七枚簡屬於倉的徒簿文書(包括部分殘簡),下面逐一討論:

第一例:

　　卅一年四月癸未朔甲午,【倉是】□□ Ⅰ

　　大隸臣廿六人☑ Ⅱ

　　其四人吏養:唯、冰、州、□☑ Ⅲ　　　　　　　(8-736)

　　□午旦,隸【妾】□☑　　　　　　　　　　　(8-736背)

這枚殘簡是秦始皇三十一年四月十二日"倉嗇夫是"的日作徒簿。據已有簡文看,"倉嗇夫是"在當天共管理26名大隸臣,其中4名被安排充任"吏養"。另外,簡背還出現"隸妾□",按照里耶簡的一般格式,此處的隸妾是送信之人。也即,在此枚簡中隸妾負責"傳書"。

第二例:

　　二人付□□□。A Ⅰ

　　一人付田官。A Ⅱ

　　一人付司空:枚。A Ⅲ

　　一人作務:臣。A Ⅳ

---

① 湖南省文物考古研究所(張春龍執筆):《龍山里耶秦簡之"徒簿"》,《出土文獻研究》第十二輯,第101—131頁。整理者還指出,材料中還有一些"吏員簿、刑案判決記録"的内容。

一人求白翰羽：章。AV

一人廷守府：快。AⅥ

其廿六付田官。BⅠ

一人守園：壹孫。BⅡ

二人司寇守：囚、嬃。BⅢ

二人付庫：快、擾。BⅣ

二人市工用：饒、亥。BⅤ

二人付尉□□。☑BⅥ　　　　　　　　　　(8-663)

五月甲寅，倉是敢言之：寫上。敢言之。☑①

　　　　　　　　　　　　　　　　(8-663背)

　　該簡殘斷下半部分。不過從已有内容看，該簡應當也是"倉嗇夫是"上報的徒簿文書，文書中是安排隸臣妾勞作的具體詳情。從中可見，除了一部分隸臣妾被分配到"司空""田官""庫""尉"之外，還有許多被安排了具體勞作。這些勞作包括"作務""求白翰羽""廷守府""守園""司寇守""市工用"等。


　　第三例：

☑□十人。AⅠ

☑□□□□官。AⅡ

☑人守園：壹孫。AⅢ

☑人牢司寇守囚：嬃、負中。AⅣ

☑二人付庫：快、擾。AⅤ

────────

① 孫聞博先生指出第BⅢ列"司寇守囚"當連讀，"囚"字後有重文符號，該句的標點爲"二人司寇守囚：囚、嬃☑"。詳見孫聞博：《秦及漢初的司寇與徒隸》，《中國史研究》2015年第3期。

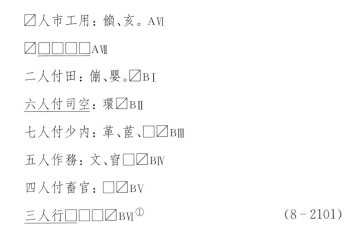

□人市工用：鎮、亥。A Ⅵ

□□□□□A Ⅶ

二人付田：俏、嬰。□B Ⅰ

<u>六人付司空</u>：環□B Ⅱ

七人付少内：革、苣、□□B Ⅲ

五人作務：文、宵□□B Ⅳ

四人付畜官：□□B Ⅴ

<u>三人行□□□□B Ⅵ</u>①　　　　　　　　　　（8－2101）

該簡首尾皆殘斷，製作單位不明。不過，簡文中的"六人付司空"
"七人付少内"可以提供判斷製作單位的依據。黄浩波先生在討論里
耶徒簿文書中提出了一個重要的原則："司空與倉皆自有刑徒，據此可
斷定，若有刑徒'付倉'的記録，則必定來自司空，必定屬司空作徒簿簡
文；若有刑徒'付司空'的記録，則必定來自倉，屬倉作徒簿簡文。"②這
是非常好的意見。據此標準來看，簡 8－2101 當是倉徒簿文書的殘
簡。在這枚簡中，倉隸臣妾所從事的勞作有"守園""牢司寇守囚""市
工用""作務""行□"③。

第四例：

　　　□凡五□。A Ⅰ

---

① 簡文第A Ⅳ列原釋文作"□人牢司寇守：囚、嬥、負中"，孫聞博先生指出"牢司寇守
囚"當連讀。此從之。詳見孫聞博：《秦及漢初的司寇與徒隸》。又，第A Ⅶ列釋文缺釋，從殘
筆來看該列可能是"X 人作務＋人名"的格式。其中，第二字殘筆作🖉，當是"務"字殘筆，字
形可參🖉（8－454）。里耶簡中"市工用"常和"作務"並列記載，如 10－1170"女卅四人市工
用，E Ⅶ；女卅三人作務，E Ⅶ"，可參看。

② 黄浩波：《里耶秦簡牘所見"計"文書及相關問題研究》，《簡帛研究 2016》春夏卷，第
95 頁。

③ "行"後之字殘筆作🖉，或可釋"書"，字形可參🖉（8－143）。里耶簡中隸臣妾"行書"
的記載較爲常見，不贅舉。

☑其一人稟人。AⅡ

一人行書。BⅠ

一人治守府。BⅡ

一人 捕 羽。CⅠ

一人歸司空。CⅡ　　　　　　　　　　（10－19）

同前文所述，這枚簡中出現有"一人歸司空"①，可見其亦當是倉的
徒簿。簡文中，倉隸臣妾所從事的勞作包括"（擔任）稟人""行書""治
守府""捕羽"。

第五例：

☑之。A

【付】小隸妾八人。BⅠ

六人付田官。BⅡ

一人收鴈，豫。BⅢ　　　　　　　　　　（8－444）

該簡上端殘斷，不過根據其中"付小隸妾八人"來看，其應當是倉
派遣隸臣妾到其他機構的記載。該簡中第二欄第三列有"一人收鴈"，
可見小隸妾可以參與"收鴈"這種稍簡單的牧養任務。

第六例：

☑□宛。AⅠ

☑□□追。AⅡ

☑□□□AⅢ

八人戲（繫）春。BⅠ

---

① "一人歸司空"，或與"一人付司空"相近，指將此人遣送至司空。

　　二人織：歐、婁。BⅡ

　　四人級：不耆,宜、欼、它人。BⅢ

　　<u>二人與上功吏：皆、狼。</u>BⅣ

　　<u>二人求菡：受、款。</u>BⅤ　　　　　　　　　　（8-1531）

　　▨□上敢言之。/□手。　　　　　　　　　（8-1531 背）

　　該簡中有"八人毄(繫)舂"一句,這裏所言的"繫舂"者應當是隸妾(8-145 有"隸妾壄(繫)舂八人"),而該簡應是隸妾的管理機構派遣徒隸的記錄。另外,第 10-1170 號簡是秦始皇三十四十二月"倉"的作徒月簿,其中所記"女百卅五人毄(繫)舂""女廿三人與吏上計""女九十人求菡"等項目,與 8-1531 號簡的"八人毄(繫)舂""二人與上功吏""二人求菡"較爲相近。"織""級""與上功吏""求菡"應當都是隸妾所參與的勞作類型。

　　第七例：

　　卅四年十二月,倉徒薄(簿)冣：AⅠ

　　大隸臣積九百九十人,AⅡ

　　小隸臣積五百一十人,AⅢ

　　大隸妾積二千八百七十六,AⅣ

　　凡積四千三百七十六。AⅤ

　　其男四百廿人吏養,AⅥ

　　男廿六人與庫武上省,AⅦ

　　男七十二人牢司寇,BⅠ

　　男卅人輸或(鐵)官未報,BⅡ

　　男十六人與吏上計,BⅢ

　　男四人守囚,BⅣ

　　男十人養牛,BⅤ

男卅人廷守府，BⅥ

男卅人會逮它縣，BⅦ

男卅人與吏□具獄，BⅧ

男百五十人居貲司空，CⅠ

男九十人毄（繫）城旦，CⅡ

男卅人爲除道通食，CⅢ

男十八人行書守府，CⅣ

男卅四人庫工。CⅤ

•小男三百卅人吏走，CⅥ

男卅人廷走，CⅦ

男九十人亡，CⅧ

男卅人付司空，DⅠ

男卅人與史謝具獄，DⅡ

•女五百一十人付田官，DⅢ

女六百六十人助門淺，DⅣ

女卅四人助田官穫，DⅤ

女百卅五人毄（繫）舂，DⅥ

女三百六十人付司空，DⅦ

女三百一十人居貲司空，DⅧ

女六十人行書廷，EⅠ

女九十人求菌，EⅡ

女六十人會逮它縣，EⅢ

女六十人□人它縣，EⅣ

女九十人居貲臨沅，EⅤ

女十六人輸服（箙）弓，EⅥ

女卅四人市工用，EⅦ

女世三人作務,EⅧ

女卌四人付貳春,FⅠ

女六人取薪,FⅡ

女廿九人與少内段買徒衣,FⅢ

女世人與庫佐午取桼,FⅣ

女世六人付畜官,FⅤ

女卌九人與史武輸鳥,FⅥ

女六十人付啓陵,FⅦ

女世人牧鷹,GⅠ

女卌人爲除道通食,GⅡ

女世人居赀無陽,GⅢ

女廿三人與吏上計,GⅣ

女七人行書酉陽,GⅤ

女世人守船,GⅥ

女世人付庫。GⅦ[1]　　　　　　　　　　　　(10-1170)

該簡是秦始皇三十四十二月遷陵縣倉管理刑徒的月度統計。[2]　從這枚簡中可以看到大量隸臣妾勞作的細項,而這些勞作又根據性别以及隸臣妾大小爲分三類:大隸臣參與的勞作有"吏養""上省""牢司寇""輸戜(鐵)官""與史上計""守囚""養牛""廷守府""與吏具獄""爲除道通食""行書守府""庫工";小隸臣參與的勞作有"吏走""廷走""與

---

　　① 里耶秦簡校釋小組(何有祖執筆):《新見里耶秦簡牘資料選校(一)》,《簡帛》第十輯,上海古籍出版社 2015 年,第 182—184 頁。另,簡文第GⅥ行中的"船"字原未釋,此從網友"abc"釋。詳見《讀里耶秦簡偶得》,簡帛網"簡帛論壇"2015 年 8 月 7 日,http://www.bsm.org. cn/bbs/read. php? tid=3271&fpage=6。

　　② 關於"倉徒簿冣"的研究頗多,如梁煒杰:《讀〈里耶秦簡(壹)〉札記——"作徒簿"類型反映的秦"冣"意義》,簡帛網 2013 年 11 月 9 日;胡平生:《也説"作徒簿及冣"》,簡帛網 2014 年 5 月 31 日;沈剛:《〈里耶秦簡〉(壹)所見作徒管理問題探討》;黃浩波:《里耶秦簡牘所見"計"文書及相關問題研究》,《簡帛研究 2016》春夏卷,第 110 頁;等等。

史具獄";大隸妾參與的勞作有"助田官穡""行書廷""求菌""□人它縣""輸服（箙）弓""市工用""作務""取薪""與少內買徒衣""與庫佐午取枲""與史輸鳥""牧鴈""爲除道通食""與吏上計""行書酉陽""守船"。比較三者，隸臣和隸妾的勞作存在明顯的分工，且二者絶大部分的勞作内容不同。但在縣内也有一些事務，隸臣與隸妾均可參與，比如"與吏上計""爲除道通食""行書"。這些勞役大致都屬於傳輸物資類，對性别没有嚴苛的要求。另外，小隸妾所參與的多屬於相對簡單的勞作。

接下來，我們再看其他機構中隸臣妾的勞作情況。在里耶秦簡所見司空、屬鄉、庫、少內等機構的徒簿文書中，可以確認至少有 10 枚接收並安排隸臣妾勞作的記録。① 經統計，可以確認隸臣妾參與的勞作有：擔任稟人、行書、捕羽（9-37、9-1349）；行廷、門（8-686＋8-973②）；徒

---

① 這十枚簡分别是：8-145＋8-2294（司空）、9-1349（啓陵鄉）、9-37（啓陵鄉）、8-1143＋8-1631（貳春鄉）、8-1280（貳春鄉）、8-2011（都鄉）、8-142（都鄉）、8-1069＋8-1434＋8-1520（庫）、8-686＋8-973（庫）、8-1099（少內）。其中，第八層之外的釋文，詳見湖南省文物考古研究所（張春龍執筆）：《龍山里耶秦簡之"徒簿"》，《出土文獻研究》第十二輯，第 101—129 頁。

② 如高震寰先生所言，里耶簡中"多數作徒簿中根本無法區分哪一種勞作由何種等級執行"，而 8-686＋8-973（庫守悍作徒簿）中"隸臣一人門：負劇"是一個例外。（詳見高震寰《從勞動力角度看秦漢刑徒管理制度的發展》，第 70—72 頁。）不過，儘管有一些例證中並没有寫明，但仍然可以從接受人數以及安排人員的數量關係，推算出隸臣妾參與勞作的可能性。比如：

(1) 卅一年四月癸未朔丁未，啓陵鄉守逐作徒薄。
受倉大隸妾三人，
其一人稟人，
一人行書□
—□ (9-37)
(2) □□□□月癸未朔丙午，□□□守□作徒薄。
□□□倉大隸妾三人，
其一人□□，
一人行書，
一人捕羽。 (9-1349)

兩枚簡中均提到從倉接受了三名隸妾，且在分配時也是三人，因此這三名隸妾可能被安排了充當稟人、行書、捕羽的任務。另外，張春龍先生認爲簡 9-1349 的朔日與二十六年端月，三十一年二月、四月相合，並將此簡暫放在三十四年四月（9-37 號簡、9-1349 號簡釋文，詳見《龍山里耶秦簡之"徒簿"》，《出土文獻研究》第十二輯，第 104 頁）。今按，該簡與 8-1278＋8-1757、9-37、10-122、16-966 等內容相近，這幾枚簡很可能是啓陵鄉三十四年四月的日作徒簿。若然，幾枚簡當可編聯或歸爲一類。

養(15－529[①]);牧鴈(16－1062[②])等。另外,還有一些疑似隸臣妾可以參與的項目。[③]

考察這些勞作名,可以發現秦代隸臣妾參與的事務非常廣泛,而這些事務主要屬於雜役和輔助的範圍。[④] 根據勞作内容的不同,這些雜役大致可分爲:(1) 生産類:助田官穫;(2) 輸送物資與傳遞文書類:輸戜(鐵)官,輸服(箙)弓,與史輸鳥,爲除道通食[⑤],行書;(3) 求取類:求菌,求菌[⑥],取薪,取桼,求羽(捕羽、求白翰羽);(4) 輔助類:徒養,稟人,吏走,廷走,與吏具獄[⑦],與上功吏[⑧],與吏上計,與庫武上

① 該簡釋文作:"隸妾嚣徒養(15－529)。"詳見《龍山里耶秦簡之"徒簿"》,《出土文獻研究》第十二輯,第126頁。

② 該簡釋文作:"隸妾被牧鴈▱(16－1062)。"詳見《龍山里耶秦簡之"徒簿"》,《出土文獻研究》第十二輯,第127頁。

③ 比如,爲莧、�(8－1069＋8－1434＋8－1520)、徹城(8－1280);除道、取芒、守船;司寇;取筭(篜);傳送酉陽;爲笥;爲席;治枲;壄;上眚(省);作廟;作務;作園(8－145＋8－2294);等等。對於這些暫不能確定隸臣妾參與的項目,暫不納入討論。

④ 關於秦代刑徒的服役範圍,不少學者有過討論。比如栗勁先生曾指出,"隸臣妾所從事的勞作大都是服務性質,甚至帶有某種職業性質,勞動强度並不很高,它們必須終身服刑。"(栗勁:《秦律通論》,第268頁。)張榮芳先生則將徒隸勞作的範圍歸納爲"從事農業勞動和放牧","從事各種手工業生産","守署等較輕的勞役","運送官物與傳遞公文","從軍","修築城垣,建造陵墓、長城","備守候望","臨時差遣和各種雜役"等八大類。(張榮芳:《簡牘所見秦代刑徒的生活及服役範圍》,載《秦漢史與嶺南文化論稿》,中華書局2005年,第1—15頁。)高震寰先生將倉中隸臣妾勞作歸納爲"圍繞着服侍吏員",將其與司空管理的城旦舂"原材料采集、加工"相區别。(高震寰:《從勞動力角度看秦漢刑徒管理制度的發展》,第74頁。)今按,輔助類勞作是隸臣妾勞作的重要内容,但采集、放牧、傳遞文書、輸送物資等也占據了較大比重。而且,隸臣妾與城旦舂勞作的種類主要還是受到管理機構性質的限制,隸臣妾從事一些倉管理糧食、牲畜有關的事務(如稟人、輸食、收鴈),同時承擔一些輕體力的雜役。雖其身份是隸臣,有"隸"屬的性質,但所服役的範圍已經超出了一般服務的範圍。根據分工,城旦舂則主要參與司空主管的工程勞作,如除道、壄、修築之類的重體力勞作,但在一些特殊情況下,二者又能集體勞作,區别並不明顯。

⑤ 《校釋(一)》(第418頁):"通食,似指送飯。"

⑥ 求菌(8－1531),《里耶秦簡博物館藏秦簡》(第198頁)釋"求菌"。筆者以爲,求菌或即"求菌"。8－459、8－2371、8－1689、10－1170等簡中均有"求菌",且10－1170亦是"X人＋求菌"的格式,可爲佐證。求菌,或與求取菌類植物有關。可參拙文:《讀〈里耶秦簡(壹)〉札記(一)》,簡帛網2015年6月29日,http://www.bsm.org.cn/show_article.php?id=2266。

⑦ "具獄",《校釋(一)》(第2頁):"似亦指完成獄案文書。"今按,前文所舉睡虎地《封診式》中常見隸臣妾與令史一起封診核查案發現場,那麼參與"具獄"的隸臣妾或許與負責診斷案情的隸臣妾爲同一類人員。

⑧ 《校釋(一)》(第351頁):"上功,呈報功勞。"

省①;(5)畜牧類:牧膈,養牛②,收膈;(6)守衛類:廷守府③,治守府④,守囚,守園,守船;(7)市場經營:作務,市工用,與少內買徒衣;(8)手工業類:織,緻⑤,庫工⑥。根據里耶簡,可以看到縣級機構中隸臣妾勞作的大致面貌,而這些勞作應當都是睡虎地《倉律》所言"從事公"的具體類型。

2. 倉管理隸臣妾的特點分析

除前文分析外,我們還注意遷陵縣倉管理隸臣妾具有以下特點:

首先,倉中隸臣妾的人員構成呈現出女多男少的特徵。以 10 - 1170 號簡爲例,遷陵縣倉所管理的隸臣妾大致在 150 人左右,其中大隸臣妾約 33 人、小隸臣 17 人,隸妾約 96 人。⑦ 也即,隸妾的人數是隸臣的三倍,是小隸臣的近六倍,即使將遷陵縣的大小隸臣加在一起,女性刑徒也是男性的兩倍。與之相反,司空則呈現另外一種情況。8 - 145+9 - 2294 所見司空所管理的男性刑徒占據多數(男性有 134 人,女性則有 92 人),這與倉呈現出不同的景象。出現這種情況,或許與人員調動有關。根據司空徒簿,其中有不少"隸臣居貲""隸妾居貲"

---

① 8-145"上省",《校釋(一)》(第 86 頁):"《禮記·明堂位》:'是故夏礿,秋嘗,冬烝,春社,秋省而遂大蠟,天子之祭也。'鄭玄注:'省讀爲獮。獮,秋田名也。'簡文'上省'不知是否與此有關。"

② 10-1170"男十人養牛",此顯示倉或亦負責飼養"牛"。但整月僅合計十人,此可能是臨時安排,而非常態。高震寰懷疑"也許在畜官之外,縣廷或倉也有自己的牛隻要管理"。詳見高震寰《從勞動力角度看秦漢刑徒管理制度的發展》,第 59 頁。

③ 廷守府,游逸飛先生認爲是"至太守府廷辦公"。文中注引陳偉老師 2014 年 5 月 5 日郵件云"廷守府,也可能理解爲'至縣廷守府',與郡守府無關,與傳遞文書出現的'守府'有關"。詳見游逸飛《戰國至漢初的郡制變革》,臺灣大學 2014 年博士學位論文,第 138 頁。高震寰先生認爲,廷守府"可能是守門的工作,或許就像貴族的門人一般,負責縣廷門口初步接待與傳遞消息"。詳見高震寰:《從勞動力角度看秦漢刑徒管理制度的發展》,第 58 頁。

④ 治守府,或與守門有關。"治"可訓"事"。《爾雅·釋詁下》"治,故也",郝懿行義疏:"治與事聲義近……事訓治,治亦訓事。"

⑤ 《校釋(一)》(第 203 頁):"《說文》:'絲次第也。'簡文或指爲絲之次第。"

⑥ "庫工",當是指安排到庫任"工"。

⑦ 高震寰:《從勞動力角度看秦漢刑徒管理制度的發展》,第 75—76 頁。

"隸臣繋城旦"者,這說明倉所管理的隸臣妾有一部分被轉到司空"居作"。[①] 司空中男性刑徒較多,或與隸臣居作也有一定關係。

其次,勞作分工呈現出固定化的特點。通過前揭隸臣妾勞作的具體記録,我們可以確定一些隸臣妾的具體姓名(見附表4-1)。結合其他文書的記載,可以進一步了解這些隸臣妾生活、勞作的基本狀態以及倉對隸臣妾的具體管理。比如,前揭簡8-663是一枚殘斷的倉徒簿,其中提到安排一位名"快"的隸臣擔任"廷守府":

    一人廷守府:快。                    (8-663)

這位名"快"的隸臣,經常出現在縣廷所發出的文書中(稱"守府快")。游逸飛先生也注意到此人,他指出"守府快"傳遞的文書又見簡8-71(三十一年二月)、8-1560(三十一年後九月)、8-157(三十二年正月)、8-155與8-158(三十二年四月)、8-60背+8-656背+8-665背+8-748背、8-140,全部是遷陵縣丞發出的文書。[②] 比較而言,這些文書中所言的"守府快"應當是同一人。還需注意的是,幾枚簡的記録時間均在三十一、三十二年間,這說明"守府快"至少在這段時間内主要是擔任"廷守府"的工作。也即,這位名"快"的隸臣,所參與的日常工作具有一定的穩定性。換言之,管理隸臣"快"的機構(倉),大概會經常性地將"快"安排爲"廷守府",這一分配呈現出固定的傾向。

除了前文的"守府快",我們還可以看到另外一些證據。比如,各機構的徒簿文書經常能看到以下幾個固定組合:

常見組合之一:倉管理的隸臣"冰、州"。

---

① 如睡虎地《司空律》133號簡:"有辠(罪)以貲贖及有責(債)於公,以其令日問之,其弗能入及貲(償),以令日居之,日居八錢。"

② 游逸飛、陳弘音:《里耶秦簡博物館藏第九層簡牘釋文校釋》,簡帛網2013年12月22日。

① 卅一年四月癸未朔甲午,【倉是】☑☑Ⅰ

大隸臣廿六人☑Ⅱ

其四人吏養:唯、冰、州、☑☑Ⅲ①　　　　　　　(8-736)

② ☑☑☑Ⅰ

☑□、冰、州、臺、赤☑Ⅱ

☑守囚:文同羅☑Ⅲ

☑齰☑Ⅳ　　　　　　　　　　　　　　　(8-2137)

常見組合之二:倉管理的隸臣“壹孫、餽、亥、嫭、快、擾”。

① ☑人守園:壹孫。AⅢ

☑人牢司寇守囚:嫭、負中。AⅣ

☑二人付庫:快、擾。AⅤ

☑人市工用:餽、亥。AⅥ

七人付少内:革、苴、□☑BⅢ　　　　　　(8-2101)

② 一人付司空:枚。AⅢ

一人守園:壹孫。BⅡ

二人司寇守囚:嫭☑。BⅢ

二人付庫:快、擾。BⅣ

二人市工用:餽、亥。BⅤ②　　　　　　(8-663)

常見組合之三:貳春鄉管理的“賀、何、成、聊、臧、骨”。

① 廿九年九月戊午,貳春□☑Ⅰ

其一學甄:賀。☑Ⅱ

四人負土:臧、成、聊、骨。☑Ⅲ　　　　　(8-1146)

② 卅年十月癸卯,貳春鄉守綽作徒薄:受司空居責、城旦、鬼

---

① 從殘筆來看,“冰、州”後所殘的字,可能是“臺”。

② “司寇守囚”連讀,從孫聞博先生意見。詳見孫聞博:《秦及漢初的司寇與徒隸》。

薪六人，舂☒

　其一人治土：晗；　一人徒養：☐☒

　三人負土：軫、乾人、央夠☒

　二人取城：☐、柱；爲甄廥：賀、何☒

　三人病：骨、聊、成☒①

　　　　　　　（8－787＋8－1327＋8－1161＋8－780）

③ ☒臧、骨☒Ⅰ

☒賀、何、成、軫、乾人☒Ⅱ　　　　　　　（8－822）

④ 卅年十一月癸未，貳春鄉徹作徒薄，受司空城☐☒

　其五人爲甄廥取茅：賀、何、成、臧、晗☒

　一人病：央夠☒②　　　　　　　　　（9－564）

⑤ 卅年十一月丁亥，貳春鄉守朝作徒薄，受司空城旦、鬼薪
五人，舂、白粲二人。凡七人。

　其五人爲甄廥取茅：賀、何、成、臧、時，一人徒養：骨。

　　　　　　　　　　　　　　　　　　（9－18）

田手。③　　　　　　　　　　　　　（9－18背）

⑥ 二人枯傳甄廥☐賀、何。Ⅱ　　　　　（8－1707）

常見組合之四：司空管理的“澤、務、寂、央、臧”。

① ☒囚吾作徒薄（簿）：A

九人與吏上事守府。☒BⅠ

---

① ［日］石原遼平：《里耶秦簡貳春鄉作徒簿綴合メモ——八-七八七＋一一三二七＋八-一一六一＋八-七八〇》，“中國古代簡牘の横斷領域の研究”網 2016 年 10 月 6 日，http://www. aa. tufs. ac. jp/users/Ejina/note/note18(Ishihara). html。按，石原先生綴合後未予標點，文中標點爲筆者擬加。

② 湖南省文物考古研究所(張春龍執筆)：《龍山里耶秦簡之“徒簿”》，《出土文獻研究》第十二輯，第 102 頁。

③ 湖南省文物考古研究所(張春龍執筆)：《龍山里耶秦簡之“徒簿”》，《出土文獻研究》第十二輯，第 102 頁。

五人除道：澤、務、寁、央、臧☐BⅡ①（8‐681＋8‐1641）

②☐□徒作薄（簿）。A

六人作務：驚、亥、何、勢、庭、田。BⅢ

五人除道：澤、務、寁、央、臧。BⅣ　　　　　（8‐2089）

　　這些機構相同、名字相同的徒隸，很可能是同一批人。② 這些人員在相當長的時間内經常一起勞作，且從事的事務也具有一定的穩定性。不過，所分配任務也並非一成不變，有時也常常會有任務的更換。比如“骨”在同一月中既充任“徒養”，又參與“負土”，同時有段時間患病。

　　再者，倉分配隸臣妾時需遵循一定的程序，這些程序應當包括申請、分配、上報、歸建等環節。所謂“申請”，是指一些需要使用徒隸的機構向倉或司空提交使用的請求，申請中大概需要説明使用方式、人數等基本情況。關於“申請”的環節，可以從下面兩封文書中窺其大概：

卅五年七月【戊子】朔壬辰，貳【春】☐Ⅰ

書毋徒捕羽，謁令官亟☐Ⅱ

之。/七月戊子朔丙申，遷陵守☐Ⅲ（8‐673＋8‐2002）

遣報之傳書。/獻手。/☐Ⅰ

---

① 　兩枚簡的綴合，詳見拙文：《〈里耶秦簡（壹）〉綴合四則》，《簡帛》第十二輯，第81—83頁。其中“寁”字的釋讀，從何有祖老師意見，詳見何有祖《里耶秦簡牘釋讀札記（二則）（修訂稿）》，簡帛網 2015 年 11 月 13 日，http://www.bsm.org.cn/show_article.php? id=2354。

② 　以上四個常見組合中，第三個組合已有多位學者論及，並認爲其中出現的可能是同一群人。詳見胡平生《讀〈里耶秦簡（壹）〉筆記》，《出土文獻研究》第十一輯，中西書局 2012 年，第 129 頁；唐俊峰：《里耶秦簡所示秦代的“見户”與“積户”——兼論秦代遷陵縣的户數》，簡帛網 2014 年 2 月 8 日，http://www.bsm.org.cn/show_article.php? id=1987；黄浩波：《里耶秦簡牘所見“計”文書及相關問題研究》，《簡帛研究 2016》春夏卷，第 106 頁。

七月乙未日失(昳)【時，東】成小上造寡以來。☑Ⅱ

(8－673背＋8－2002背)

廿七年三月丙午朔己酉，庫後敢言之：兵當輸内史，在貳春

□□□□Ⅰ五石一鈞七斤，度用船六丈以上者四楘(艘)。謁令司

空遣吏、船徒取。敢言Ⅱ之。☑Ⅲ　　　　　(8－1510)

三月辛亥，遷陵守丞敦狐告司空主，以律令從事。/……Ⅰ昭

行Ⅱ三月己酉水下下九，佐赾以來。/釦半。Ⅲ (8－1510背)

簡8－673＋8－2002是貳春鄉發出，請求派遣徒隸捕羽的文書。該簡下端雖殘斷，但據内容仍可判斷其當是發往遷陵縣廷，並由縣廷轉發至徒隸管理機構——司空或倉。在貳春鄉、啟陵鄉的徒簿文書中，可以看到不少徒隸捕羽的記載(如8－1515、8－142)，而所接收的徒隸主要來自於兩個機構。同時，簡文中的"謁令官嗹☑"，當即申請徒隸的具體體現。簡8－1510是"庫嗇夫"發往縣廷並由縣廷轉發至司空的文書，其中提到庫輸送兵器需要從司空中借調船隻和吏、船徒。其中"謁令司空遣吏、船徒取"，可視爲"庫"提出使用徒隸的申請，而縣廷在接收文書後，將文書轉發給司空。由於倉和司空在管理刑徒的方式上具有相似性，因此隸臣妾的使用也應當有類似的申請程序。一般來說，只有符合規定的合理申請，縣廷才會批覆並批轉倉派遣隸臣妾。里耶第16－5號簡曾引用的一條律文"令曰：傳送委輸，必先悉行城旦春、隸臣妾、居貲贖責(債)；急事不可留，乃興繇(徭)"，[1]可視爲使用隸臣妾的規範性文件。據里耶秦簡來看，一些機構大概會經常申請使用隸臣妾，這些申請是否需要每天都要上報，抑或是上報一次可以持續一段時間，我們暫不得而知。不過，嶽麓書院藏秦簡《内史倉曹令》中

---

① 里耶秦簡博物館、出土文獻與中國古代文明研究協同創新中心中國人民大學中心編著：《里耶秦簡博物館藏秦簡》，第142頁。

有一條與徒簿相關的令文,或可提供一定的綫索。該令作:

　　●令曰:縣官□□官(?)作徒隸及徒隸免復屬官作□□徒隸
　　者自一以上及居隱除者,黔首居☒及諸作官府者,皆日勞薄(簿)
　　之,上其廷,廷日校案次編,月盡爲冣(最),固臧(藏),令可案殹
　　(也)。不從令,丞、令、令史、官嗇夫吏主者,貲各一甲。秏官去其
　　廷過廿里到百里者,日薄(簿)之,而月壹上廷,恒會朔日。過百里
　　者,上居所縣廷,縣廷案之,薄(簿)有不以實者而弗得,坐如其秏
　　官令。内史倉曹令甲卅 (《嶽麓書院藏秦簡(伍)》251～254)

　　前文我們已指出,該令中可見官方會根據秏官距離上屬官廷的遠
近,靈活設置簿籍的上呈時間。其中,當距離在 20 里以内,需要按日
記錄、當天上報(見前文);如果距離在 20 里至百里,則每月在朔日上
呈一次("月壹上廷,恒會朔日");如果距離百里以上,則向所駐之縣的
縣官報告("上居所縣廷")。結合而言,頗疑距離遠近也是影響文書申
請頻率的重要因素。如果縣下諸官距離縣廷較近,則可能會當日申
請,並當日呈報文書;如果距離較遠,則申請文書可能較長時間内呈報
一次,其效用亦可持續一段時間。

　　關於"分配",里耶秦簡中的倉徒簿文書,所反映的主要是分配的
過程。在分配時,倉和司空大概會根據申報情況派出相關人員。由倉
或司空完成的分配,可稱爲初次分配。在這個過程中,倉和司空一般
只會安排相關人員到某機構,並不安排徒隸的具體服役項目,也不記
錄勞作者的名字(如 10-19)。這些信息會由使用單位在二次分配時
記錄。在倉或司空使用徒隸勞作的情況下,同樣也會記錄勞作者的勞
役及姓名(如 8-736)。也就是説,對刑徒勞作方式和勞作者的記載,
當是由最終的使用機構完成。

　　在分配勞作時,還有一點值得注意:倉和司空每天製作徒簿,是

否意味着這些記録中的徒隸需要每天往返於這些機構之間？若要解
決該問題，大概需要綜合考慮機構之間的距離、往返時間等因素。沈
剛、唐俊峰兩位先生曾詳細考證了里耶簡中縣級機構之間的文書傳遞
時間，得出都鄉和倉之間的文書一般在一天之内傳到，比較遠的離鄉
則需要多日。如貳春鄉大致需要 2 天，啓陵鄉也大致需要 2 天。① 這
些數據顯示，屬鄉的距離應當是比較偏遠，以至於一天之内難以達到。
那麼，分配到貳春和啓陵鄉勞作的隸臣妾，是否也需要在每天勞作完
之後返回"倉"，等待第二天重新分配任務呢？

　　考慮到時間和距離的限制，這種方案事實上很難操作。比較可能
的解釋是，倉和司空派遣徒隸到某個機構勞作，一般是有一個期限，等
到完成任務之後，各機構才最終將徒隸遣還至原管理單位。前文我們
據《内史倉曹令》提到，距離上屬官廷較遠的秷官可以將當月的徒簿集
中於某一日呈報。依此來看，如果縣下諸官距離縣廷較遠，則在這些
機構中服役的徒隸很可能會長期居於其中，而不必每天奔波兩地。在
此期間，使用機構很可能會對隸臣妾所從事的事務進行二次分配。前
文我們提到，隸臣妾勞作一般有固定組合，這樣不僅可以產生較大的
組合效益，而在此條件下徒隸勞作的穩定性也能得到進一步鞏固。

　　統計隸臣妾每天的勞作人數及任務分配，是倉管理隸臣妾的重要
内容。而這些日常統計的日作徒簿，則需要上呈縣廷，以備上級檢查、
監督。里耶簡還多見上呈日徒簿的文書，比如 8 - 1069＋8 - 1434＋8 -
1520"庫武敢言之：疏書作徒日薄（簿）一牒"。除此之外，統計並"上
報"月度、年度的徒簿文書，是倉和司空的重要職責之一，這也是統治
者實現對隸臣妾管理的重要途徑。分配完成的徒簿文書，會按月份、

---

　　① 沈剛：《秦代縣級檔案文書的處理周期——以遷陵縣爲中心》，《出土文獻研究》第十
五輯，第 127—144 頁；唐俊峰：《秦代遷陵縣行政信息傳遞效率初探》，《簡牘與戰國秦漢歷
史——中國簡帛學國際論壇》論文集，第 159—191 頁。

日期集中保存，最終會由倉集中統計、匯總，並上呈縣廷。里耶8－1559號簡所記由假倉茲"上五月作徒薄及冣（最）廿牒"的記載，即是倉官上報月徒簿的實證。另外，有學者指出秦簡中的"作徒日簿並非當日真實勞動記録"。① 這一分析是有道理的。從里耶秦簡看，其他機構使用隸臣妾的人員一般也是固定的。比如，8－1278＋8－1757、9－1349、8－37均是廿一年四月份中啓陵鄉日作徒簿，三枚簡均是"受倉大隸妾三人"，可見所接收的三人很可能是同一批人。或由於隸臣妾日常勞作的固定，每天記録的"作徒日簿"大概才會比較容易記録下來。

隸臣妾勞作結束之後，會遣送回原管理機構，即所謂的歸建。魯家亮老師曾詳細分析了簡8－145＋9－2294中司空管理的具體程序，他指出"這部分刑徒雖隸屬於司空管轄，但在交付出去後，其短期的管轄職權或發生轉移。在作徒們歸建之後，司空才會重新擁有其管轄之權"。② 這是非常好的意見。倉隸臣妾的"歸建"，與司空的管理類似，在完成任務後使用機構會將隸臣妾返回至倉。此時，倉重新掌握這些隸臣妾的管理權。里耶秦簡中還有徒隸歸建的具體記録：

> 廿年十月辛卯朔乙未，貳春鄉守綽敢告司空主，主Ⅰ令鬼薪轪、小城旦乾人爲貳春鄉捕鳥及羽。羽皆已Ⅱ備，今已以甲午屬司空佐田，可定薄（簿）。敢告主。Ⅲ　　　　（8－1515）

該簡是貳春鄉守發往司空主的文書，其中提到司空曾派遣鬼薪、小城旦到貳春鄉捕羽，完成任務後，已經將徒隸交給司空佐。此時提

---

① 高震寰：《從〈里耶秦簡（壹）〉"作徒簿"管窺秦代刑徒制度》，《出土文獻研究》第十二輯，第135頁；黃浩波：《里耶秦簡牘所見"計"文書及相關問題研究》，《簡帛研究2016》春夏卷，第105—106頁。
② 魯家亮：《再讀里耶秦簡8－145＋9－2294號牘》，《簡帛研究2017》春夏卷，第148頁。

到的"可定簿",是說貳春鄉已經完成使用,於是將徒隸歸建於司空。司空此時可以完成"定簿"的程序(確認徒簿)。另外,該簡可以與前揭8‐673+8‐2002號簡貳春鄉申請徒隸捕羽的記載對讀,結合二者則能够比較清晰地看到申請、派遣和歸建隸臣妾的大致過程。

第四,隸臣妾的技能。爲了充分發掘有特殊技能的隸臣妾的勞動價值,秦律中對特殊技能者亦有特殊規定。比如,睡虎地《工人程》第110號簡規定"隸妾及女子用箴(針)爲縮繡它物,女子一人當男子一人",即將能針織的隸妾按照男子的標準計算工作量。又,睡虎地《均工律》113號簡規定"隸臣有巧可以爲工者,勿以爲人僕、養",即禁止使用有特殊技能的隸臣擔任較低級的"僕養",以最大化地發揮其價值。反之,如果隸臣没有特殊技能,則可以擔任僕養。對此,嶽麓秦簡有如下規定:

> 倉律曰:毋以隸妾爲吏僕、養、官【守】府∟,隸臣少,不足以給僕、養,以居貲責(債)給之;及且令以隸妾爲吏僕、養、官守府,有隸臣,輒伐〈代〉之∟,倉廚守府如故。
>
> 　　　　　　　　《嶽麓書院藏秦簡(肆)》165～166)

> ●令曰:毋以隸妾及女子居貲贖者爲吏僕、養、老、守府,及毋敢以女子爲葆(保)庸,令炊養官府、寺舍,不從令,貲二甲,廢。丞、令、令史、官嗇夫弗得,貲二甲。·内史倉曹令弟(第)乙六
>
> 　　　　　　　　《嶽麓書院藏秦簡(伍)》255～256)

律令中也提到,禁止讓隸妾擔任吏僕、養、官守府。在里耶秦簡的實際應用中,擔任僕養者主要是隸臣。隸妾偶有擔任"徒養"的情况(如15‐529"隸妾嚚徒養"[①]),但擔任"吏養"的記載尚未見。之所以

---

① 湖南省文物考古研究所(張春龍執筆):《龍山里耶秦簡之"徒簿"》,《出土文獻研究》第十二輯,第126頁。

如此安排,可能與隸妾的工作環境有關。當隸妾擔任徒養時,她們不離開其夥伴。擔任吏養,則與之不同。禁止隸妾爲之,可能是爲了避免吏員對隸妾的侵害。[①] 比較律令規定和具體實踐的情況,可知在具體操作時是嚴格遵循律令要求執行的。[②]

陶安先生曾指出,"具有特殊技能者,會分配到能活用其技能的專門機構"。[③] 這是非常好的意見。倉對隸臣妾的管理即是如此。舉例來看,10 - 1170 號簡"倉徒薄(簿)取"文書中可見倉派遣隸臣擔任"庫工"的記錄("男卅四人庫工")。陳偉老師指出,"派遣到庫中的徒隸,則有擔當工匠與充任雜役的分別"。[④] 那麼這些分配到庫從事"工"的隸臣,應當是已經確認在庫中擔任工的人員,他們應當具有一定的技能。同理,據此還可推測倉派遣到庫中勞作的隸臣妾,可能有不少人員掌握有修車、製作器具的技能;到官府"具獄"或輔助的人員,可能對案件審理程序較爲熟悉;分配到畜官者,則可能善於飼養禽畜。這樣分配,可以儘量做到人盡其能。

值得注意的是,秦簡牘的相關記載還顯示,秦統治者曾允許徒隸學習某項特殊的技能。比如,里耶簡中有如下徒隸學習勞作技能的例證:

> 卅二年十月己酉朔乙亥,司空守圂徒作簿:
> 一人<u>學車</u>酉陽。BⅦ　　　　(8 - 145+9 - 2294)
> 工<u>學治</u>□☑[⑤]　　　　　　　　　(14 - 96)

---

① 此意見蒙陳偉老師提示。
② 周海鋒先生曾對秦代律令的執行情況進行了考察,認爲在"秦代基層官吏在日常行政中對律令條文的貫徹是十分到位的"。詳見周海鋒:《秦律令研究——以〈嶽麓書院藏秦簡〉(肆)爲重點》,湖南大學 2016 年博士學位論文,第 183 頁。
③ 〔德〕陶安あんど:《秦漢刑罰体系の研究》,第 68 頁。
④ 陳偉:《關於秦遷陵縣"庫"的初步考察》,《簡帛》第十二輯,第 175 頁。
⑤ 張春龍:《里耶秦簡中遷陵縣學官和相關記錄》,《出土文獻》第一輯,中西書局 2010 年,第 233 頁。

☑其八十一人<u>學甄</u>☑<sup>①</sup>　　　　　　　　　（13-1006）

廿九年九月戊午,貳春□☑ I

其一<u>學甄</u>:賀。☑ II　　　　　　　（8-1146）

限於材料,我們現在僅能看到"學車""學治□""學甄"等少量記載。不過從 13-1006 號簡"其八十一人學甄"來看,參與學習的徒隸可能不在少數。<sup>②</sup> 在這些學技的記載中,"學甄"具有一定的典型性。具體來看:第 8-1146 號簡顯示貳春鄉管理的"賀"曾在秦始皇二十九年九月"學甄",而在三十年十月(8-787＋8-1327＋8-1161＋8-780)及十一月(9-564、9-18)的記錄中,"賀"已經參與"爲甄廡"了。那麼,在這段近兩個月的時間裏,"賀"大概經歷了從學到正式參與的轉變。

睡虎地秦簡《均工律》中有學習技能的相關規定:

> 新工初工事,一歲半紅(功),其後歲賦紅(功)與故等。<u>工師善教之,故工一歲而成</u>,<u>新工二歲而成</u>。能先期成學者謁上,上且有以賞之。盈期不成學者,籍書而上内史。均工(111~112)

律文提到,新工開始工作,第一年要達到規定產額的一半,第二年應與過去作過工的人相等。在工師善教的情況下,過去做過工的一年學成,新工要兩年。以此學習時間爲標準,快則有賞、慢則上報(或有罰)。由此可見,秦代官方對學徒的工作量、學成時限等内容有比較嚴格的管制。前揭"賀"學甄的内容,或是在這些規定下具體操作的實例。<sup>③</sup> 隸臣妾學習一些專門技能的情形,大概與此類似。

---

① 張春龍:《里耶秦簡中遷陵縣學官和相關記録》,《出土文獻》第一輯,第 233 頁。

② 該簡可能是某機構的月作徒簿(疑爲貳春鄉),平均來算則在這段時間内有 3 人學甄。

③ 張春龍先生認爲,"學工""學車""學甄"出現在作徒簿中,是學習過程的時間統計,這種統計是爲踐行律令規定的學習時間,以學成時間是否與律令規定的時間相符,而加以賞罰。詳見張春龍《里耶秦簡中遷陵縣學官和相關記録》,《出土文獻》第一輯,第 233 頁。今按,里耶簡記録的多是分配情況,學習過程及時間或許另有記載。

## （三）不“從事公”時隸臣妾的生存方式

前文談到了隸臣妾“從事公”的一些具體類型，在此情況下他們能夠獲得一定量的稟食。那麼，如果不“從事公”的時候，隸臣妾的基本生活又將如何維繫呢？栗勁先生曾指出，隸臣妾除了法律規定的“事公”時間外，還有法律允許的“事私”時間，即從事私人的經濟活動時間。[1] 楊振紅先生亦指出隸臣妾的服役方式由“冗”（長期）、“更”（輪番）兩種類型，在不從事公時隸臣妾需要自謀生路。[2] 朱德貴先生認爲，不從事公務時只有獨立經營產業以獲取收入，包括從事生產和經商等工作。[3] 而據已有材料看，隸臣妾或主要依靠家庭供給、傭作、借貸、購賞等爲生。[4]

1. 家庭供給

根據睡虎地《司空律》141～142 號簡云“隸臣有妻妻更及有外妻者，責衣”，此說明隸臣妾有不少是有家室的，而律文中“責衣”大概也是考慮到隸臣妾的家室能夠供給基本的衣物。栗勁先生云，“之所以有這樣的規定，正是以隸臣的家庭有這種經濟能力爲前提的”。[5] 同樣的情況，或許也適用於其他物資。飯尾秀幸先生亦持有此看法，他認爲處以隸臣妾的刑罰，其妻（夫）是不被没收的，隸臣

---

① 栗勁：《秦律通論》，第 270 頁。
② 楊振紅：《秦漢簡中的“冗”、“更”與供役方式》，《簡帛研究 2006》，第 81—89 頁。
③ 朱德貴：《嶽麓秦簡所見“隸臣妾”問題新證》，《社會科學》2016 年第 1 期。
④ 高震寰先生認爲，隸臣妾私有財產的來源有傭作、借貸、賞金、在市場經商、擔任低級吏職等辦法獲取（高震寰：《從勞動力角度看秦漢刑徒管理制度的發展》，第 33—36 頁）。筆者贊同高先生對“傭作、借貸、賞金”的分析，而後兩種亦有存在的可能性，但二者主要還是“從公事”的範圍。
⑤ 栗勁：《秦律通論》，第 269、270 頁。

（妾）可以從妻（夫）那兒得到援助。① 也即，若隸臣妾不從事公，其衣用錢等物資或可由家中供給一部分。睡虎地 4 號墓出土的兩枚書信木牘中，黑夫和驚也提到希望家中寄送衣物和錢財，②這大概屬於類似的情況。

里耶簡中也有不少由家庭寄送"衣用""衣用錢"的相關記載。比如：

> 屯卒公卒胸忍固陽失自言：室遺廿八年衣用未得。今固陵
>
> （8 - 445）

> ☑□酉陽守丞又敢告遷陵丞主：令史曰，令佐莫邪自言上造 I
>
> 造 I

> ☑□遺莫邪衣用錢五百未到。遷陵問莫邪衣用錢已到 II
>
> ☑問之，莫邪衣用未到。酉陽已騰書沅陵。敢告主。III
>
> （8 - 647）

> ☑刻，隸妾少以來。/朝半。　　彼死手。（8 - 647 背）
>
> ☑□受家占遺用錢☑　　　　　（8 - 1799）

前兩例中的"公卒失""令佐莫邪"均非遷陵本地人，但相同的是兩則記錄中都有"遺衣用""遺衣用錢"的記載。8 - 1799 簡雖殘去部分內容，但也有家"遺用錢"有關。《校釋（一）》："遺，送。雲夢睡虎地 4 號秦墓 6 號牘云：願母幸遺錢五六百，布謹善者毋下二丈五尺……用垣柏錢矣，室弗遺，即死矣。"③上揭三例，可能與家中提供物資和錢有關。離開本地在遷陵縣服役的隸臣妾如果難以度日，則很可能向家中求助

---

① ［日］飯尾秀幸撰，楊振紅譯：《秦、西漢初期里的内與外》，《簡帛研究 2007》，第308 頁。
② 陳偉主編，彭浩、劉樂賢等撰著：《秦簡牘合集：釋文注釋修訂本（壹、貳）》，武漢大學出版社 2016 年，第 592、600 頁。
③ 《校釋（一）》，第 151 頁。

並接收到家中郵寄而來的物資。那麼,由家人提供一定的衣用錢當可視爲隸臣妾維繫生活的重要來源之一。

2. 借貸

在物資不足時,隸臣妾還可能通過借貸的方式暫時彌補短缺。秦律中有不少借貸衣食錢財的規定,反映了秦官方可以向無法爲生者借貸衣食。如睡虎地《司空律》142 號簡"人奴妾殹(繫)城旦舂,貸(貸)衣食公,日未備而死者,出其衣食"。該律是人奴妾繫城旦舂者向官府借貸衣食而死亡的有關規定,其中可以看管理部門可以向無法維持生計的繫城旦舂者借貸。嶽麓秦簡《司空律》257～259 號簡規定"司空律曰: 有皋以貲贖及有責(債)於縣官,以其令日問之……黔首及司寇、隱官、斡官人居貲贖責(債)或病及雨不作,不能自食者,貸食,以平賈(價)賈"。此律是司空可以向"不能自食"的居貲贖債者貸食,並且出貸的標準是以平價計算。關於貸錢,睡虎地《法律答問》32 號簡云:"府中公金錢私貣用之,與盜同灋(法)。·可(何)謂'府中'? ·唯縣少内爲'府中',其它不爲。"據這條記録可知,秦縣中有負責借貸的官方機構——縣少内,且管理者不能"私自借用"。

除了向官方借貸之外,向私人借貸也是存在的。在里耶秦簡中有如下一條記載:

令佐華自言: 故爲尉史,養大隸臣豎負華補錢五百,有約券。豎捕戍卒□□事贖耐罪賜,購千百五十二。華謁出五百以自償。卅五年六月戊午朔戊寅,遷陵守丞衛告少内問,如辭(辭),次豎購當出畀華,及告豎令智(知)之。/華手。

(8－1008＋8－1461＋8－1532)

高震寰先生已指出,這枚簡是隸臣豎曾欠令佐華五百錢,並有契券爲信。現在豎因爲逮捕犯下應處贖耐罪的戍卒賜,應得購賞 1 152 錢,華希望從賞金中抽出五百償還欠款。① 這則例證説明,隸臣妾有向私人借貸的行爲。另外,簡文中"養大隸臣豎"與"令佐華"的關係也值得注意。根據 8－736 號簡,一部分没有特殊技能的隸臣會被安排擔任"吏養"。② 而根據睡虎地《金布律》,"都官之佐"多人可配備一名專門煮飯的"養"。③ 這位身份爲養的大隸臣"豎",應當是服務尉史華在内的一些吏。此時的借貸行爲,當是向他服務的吏員借貸。再考慮到所借貸的金額有五百錢,此數目亦不算小,這與"華"尉史的身份符合。

3. 購賞

通過告發和抓捕犯罪人員獲取官方的購賞,也是隸臣妾謀生的重要途徑之一。冨谷至先生指出,監視、逮捕犯人也是隸臣妾的刑役之一。這種以賤人身份充當刑吏角色的現象,與日本江户時代的非人階級以及歐洲中世紀的刑吏有着某種共通性。④ 高震寰先生對此亦有論述,他指出里耶 8－1008＋8－1461＋8－1532 號簡證實,隸臣可以因捕獲有罪者接受賞賜。同時,高先生還將里耶 8－992 號簡視爲"隸臣于捕違法戍卒有功受賞文書":⑤

　　☑沈出錢千一百五十二購隸臣于捕戍卒不從☑ I

---

① 高震寰:《從勞動力角度看秦漢刑徒管理制度的發展》,第 33 頁。

② 里耶第 8－736 號簡釋文作:"廿一年四月癸未朔甲午,【倉是】☑☑ I 大隸臣廿六人 ☑ II 其四人吏養:唯、冰、州、□☑ III。"另,睡虎地《均工律》簡 13 云:"隸臣有巧可以爲工者,勿以爲人僕、養。"

③ 《金布律》72~74 號簡:"都官之佐、史冗者,十人,養一人;十五人,車牛一兩(輛),見牛者一人;不盈十人者,各與其官長共養、車牛,都官佐、史不盈十五人者,七人以上鼠(予)車牛、僕,不盈七人者,三人以上鼠(予)養一人。"

④ 〔日〕冨谷至著,柴生芳、朱恒曄譯:《秦漢刑罰制度研究》,廣西師範大學出版社 2006 年,第 27 頁。

⑤ 高震寰:《從勞動力角度看秦漢刑徒管理制度的發展》,第 33 頁。

　　☑　　　令史華監。☑ Ⅱ ①　　　　　　　　　　（8-992）

這些分析是很有道理的。還可以補充的是，里耶簡中還有一例少内向"吏養城父士五（伍）得"發放購賞的記録：

　　錢三百五十。卅五年八月丁巳朔癸亥，少内沈出以購吏養城父士五（伍）得。得告戍卒贖耐罪惡。Ⅰ

　　令史華監。　　　瘳手。Ⅱ　　　（8-811＋8-1572）

在該簡中，士伍得因告發"戍卒贖耐罪惡"而獲得了350錢的購賞。並且，士伍得的勞作身份爲"吏養"，這與前文隸臣擔任吏養的角色相同。據此，我們可以看到隸臣妾領取購賞的大致程序。

除了里耶文書簡之外，睡虎地、嶽麓秦簡所見律令中也有大量抓捕罪犯而賞賜購賞的規定。比如，睡虎地《法律答問》135號簡"捕亡完城旦，購幾可（何）？ 當購二兩"，第137號簡又記"夫、妻、子十人共盜，當刑城旦，亡，今甲捕得其八人，問甲當購幾可（何）？ 當購人二兩"。《嶽麓書院藏秦簡（肆）》第126/1233規定"有能捕告贖罪（遷）皋一人，購金一兩"，第19～21號又云"亡日錢數過六百六十而能以錢數物告者，購金二兩，其不審，如告不審律。六百六十錢以下及不能審錢數而告以爲亡，購金一兩"。這些律文顯示，如果告發和抓捕犯罪者便可以獲取數量頗豐的購賞。律文没有限定抓捕者的身份，顯然隸臣妾亦可以參與抓捕、告發犯罪者。② 因此，購賞當可視爲隸臣妾不從事公時的一項重要收入來源。

---

　　① "沈"字原未釋，今補。詳拙文：《〈里耶秦簡（壹）〉校讀札記》，《中國文字研究》第二十三輯，上海書店出版社2016年。
　　② 《嶽麓書院藏秦簡（伍）》中有多條律文提到隸臣妾可以參與抓捕違法者。比如，簡176～177云"隸臣捕道徼外來爲閒者一人，免爲司寇，司寇爲庶人"，簡179又云"隸臣捕道故徼外來誘而舍者一人，免爲司寇，司寇爲庶人"。這些規定説明，隸臣妾不僅可以參與正常的抓捕，而且如果抓捕到重要罪犯，還可以被減輕處罰。

4. 傭作

關於秦代的僱傭勞動(傭或傭作),已有頗多研究。[①] 然而,具體到隸臣妾能否參與傭作以及傭作的具體形態,相關討論還比較少。根據秦簡牘材料看,隸臣妾也可以參與傭作,且其傭作方式大致分兩類:一是私人傭作,二是官方安排下的傭作。

先來看私人傭作。私人傭作的行爲在典籍頗爲常見,比較著名的如陳涉在年少時"嘗與人傭耕"。[②] 隸臣妾如果不從事公,可以依靠傭作勞作爲生。里耶簡中也有一些私人傭作的殘簡,如 8 - 1749＋8 - 2165 號簡云"☑之,而私爲□庸,舍人、徒食即皆莫智(知)"。[③] 此處"私爲□庸"者身份未知,不過其可能與"舍人、徒食"相近。

高震寰先生將嶽麓秦簡《同、顯殺人案》也視作隸臣傭作的記載:案例中"同"最初謊稱自己是隸臣且"爲吏僕,内爲人傭"(脱離政府賦予的工作,私下傭作賺錢)。這套説辭幾乎騙過了審訊的官員,可見隸臣脱離崗位私下傭作是可能的情况。[④] 這些分析是有道理的。而據上揭例證可知,秦代當存在隸臣妾傭作的行爲,以至於出現一些管理人員私下派遣徒隸傭作牟利的現象。

---

① 如勞榦:《漢代的僱傭制度》,《歷史語言研究所集刊》1951 年第 23 本上册,《勞榦學術論文集甲編》,藝文印書館 1976 年,第 747—757 頁;翦伯贊:《兩漢時期的僱傭勞動》,《北京大學學報(哲學社會科學版)》1959 年第 1 期;何清谷:《略論戰國時期的僱傭勞動》,《陝西師範大學學報(哲學社會科學版)》1981 年第 4 期;高敏:《試論漢代的僱傭勞動者》,《秦漢史論集》,中州書畫出版社 1982 年,第 188—212 頁;張澤咸、王曾瑜:《試論秦漢至兩宋的鄉村僱傭勞動》,《中國史研究》1984 年第 3 期;等等。近年,亦有不少研究涉及里耶秦簡、北大秦簡等材料,比如陳侃理:《北京大學藏秦代傭作文書初釋》,《出土文獻研究》第十四輯,第 12—13 頁;石洋:《試論新出秦簡牘所見的幾種"庸"(草稿)——戰國末至漢初底層社會的一個側面》,《第六屆出土文獻青年學者論壇論文集》,第 303 頁;馬增榮《秦漢時期的僱傭活動與人口流動(修訂稿)》,簡帛網 2017 年 12 月 14 日,http://www.bsm.org.cn/show_article.php? id=2946。

② 〔漢〕司馬遷撰,〔南朝宋〕裴駰集解,〔唐〕司馬貞索隱,〔唐〕張守節正義:《史記·陳涉世家》,第 2365 頁。

③ 該簡綴合及釋文,詳見何有祖《里耶秦簡牘綴合(三)》,簡帛網 2012 年 5 月 17 日,http://www.bsm.org.cn/show_article.php? id=1697。

④ 高震寰:《從勞動力角度看秦漢刑徒管理制度的發展》,第 31—32 頁。

再看官方安排的傭作。秦簡牘中有官方安排隸臣妾傭作的記錄，如《嶽麓秦簡肆（肆）》有如下一條律文：

> 隸臣妾及諸當作縣【道】官者僕、庸（傭）爲它作務，其錢財當入縣道官而逋末入去亡者，有（又）坐逋錢財臧，與盜同灋。①
>
> （68～69）

律文中可見秦統治者對傭作行爲的認可與規範。陳偉老師指出，隸臣妾與諸當作縣道官者"可以由官方安排從事傭作，並將所得傭金上交官府，則是嶽麓秦簡肆 068－069 提供的新知識"。又云"由於隸臣妾歸倉管理，所謂作務産錢，大概是指隸臣妾出僕、'傭爲它作務'一類事情，或者至少包括這些事情在内"。② 石洋先生亦有類似的意見，他指出"地方官府常會將隸屬的强制性勞動力賃出，從事傭作，收取傭金。這裏的僱傭關係涉及三方。其中'庸'並非身份自由的齊民，隸屬於官府，他們是否傭作，取決於官府的指派；同時又要服從僱主的要求，是雙重性的役屬"。③ 這些分析是有道理的。同時，這條律文的出現還説明秦代官方可以安排隸臣妾傭作，但所得的錢財需要上交官府。

再來看第 8－1743＋8－2015 號簡中違規私令人傭作的行爲：

> 廿六年八月丙子，遷陵拔、守丞敦狐詣訊般敄等，辤（辭）各如前。鞫之：成吏、閒、起贅、平私令般敄、嘉出庸（傭），賈（價）三百，受米一石，臧（贓）直（值）百卌，得。成吏亡，嘉死，審。☑
>
> （8－1743＋8－2015）

---

① 其中，"庸（傭）爲它作務"連讀，從陳偉老師意見，詳參第 134 頁注釋①。
② 陳偉：《秦簡牘校讀及所見制度考察》，第 193 頁。
③ 石洋：《試論新出秦簡牘所見的幾種"庸"（草稿）——戰國末至漢初底層社會的一個側面》，《第六屆出土文獻青年學者論壇論文集》，第 300—301 頁。

前文我們曾提到,這起案件中的殷芻、嘉的身份有可能是徒隸(或爲隸臣妾)。簡文中的"私令",説明徒隸傭作被官吏當作謀私的工具,且所得的錢財没有上交官府,這些顯然違反了秦律。另外,這件案例中,徒隸是被指令出傭,雖然所得的收益最終並没有入官府,但出傭者勞作的性質仍然是受到官吏的脅迫,仍然可以視爲官方安排的傭作。

在前揭嶽麓秦簡《内史倉曹令》中,還能看到關於"葆庸"的令文:

　●令曰:毋以隸妾及女子居貲贖者爲吏僕、養、老、守府,及毋敢以女子爲葆(保)庸,令炊養官府、寺舍,不從令,貲二甲,廢。丞、令、令史、官嗇夫弗得,貲二甲。•内史倉曹令弟(第)乙六
(《嶽麓書院藏秦簡(伍)》255～256)

這則令文屬於"内史倉曹令",可見這是針對内史下屬之倉曹的專有令文。令文中規定女子不當爲吏僕,再次驗證了秦代的隸臣妾分屬倉管理的基本原則。另外,令文提到女子不得爲"葆庸"的原則,這大概也是出於保護女性的考慮。反過來考慮,參與葆庸者應當主要是男性,而隸臣參與傭作,應當不違反規定。

里耶簡中還有多枚記録傭作的殘簡,可進一步佐證秦遷陵縣傭作現象的普遍以及官府對傭作的管理:

　　　☑人庸作志☑　　　　　　　　　　　(8-949)

　　　☑　　卅五年☑　　　　　　　　　　(8-949背)

　　　☑□爲人庸□☑①　　　　　　　　　(8-1674)

　　詰乑(訊)嗛:寄,戍卒,大夫,徒食,8-231弗與從給其事一日,嗛取爲庸(傭),何【解】? 8-1567☑不識日誠嘗取寄爲庸☑8-1882+

_____

①　"爲"前殘字作▆,疑爲"私"。里耶8-920"☑【而】私爲陽里大女子"、8-1749+8-2165"☑之,而私爲□庸,舍人、徒食即皆莫智(知)",兩例中的"私"分別作▆、▆,可爲佐證。"私爲人庸",指私自傭作。

8-1849+8-1322☐卅四年八月中未賞(嘗)取寄爲【庸(傭)】①

(8-1883)

庸粟禾一日,取粟一斗米粟。它如前☐②

(8-1245+8-1374)

☐尉敬養興爲庸,約日三斗米,乙酉初作☐☐③

(8-2206+8-2212)

先來看第 8-949 號簡:由於這些簡牘出土於遷陵縣廷所在地,那麼簡文中的"人庸作志"或是秦始皇三十五年間官府派人傭作的記録。再來看 8-231+8-1567+8-1882+8-1849+8-1322+8-1883 號簡:何有祖老師將幾枚簡連讀,並將其視爲"奏讞記録"。④ 這是非常好的意見。據簡文中多次出現"取……爲庸"來看,該文書可能與典籍中的"取庸"相關。取庸,文獻指僱傭工,如《管子·治國》:"耕耨者有時,而澤不必足,則民倍貸以取庸矣。"《商君書·墾令》:"無得取庸,則大夫家長不建繕。"那麼,簡文中的"取……爲庸"當是指僱傭某人爲庸。這組簡,當是一起因僱傭而起的案例。又,從 8-1245+8-1374、8-2206+8-2212 兩枚簡能看到,傭作的報酬可以是糧食。8-2206+8-2212 號簡中的數量略多,爲"日三斗米",8-1245+8-1374 號簡僅一斗。何有祖老師曾指出"約日三斗米",當指"養興爲庸時約

---

① 8-1849+8-1322 兩枚簡,由何有祖老師綴合,詳見何有祖:《里耶秦簡牘綴合(四)》,簡帛網,2012 年 5 月 21 日,http://www.bsm.org.cn/show_article.php?id=1700;筆者補充綴合了第 8-1882 號簡,詳拙文《〈里耶秦簡(壹)〉綴合(四)》,簡帛網 2016 年 11 月 18 日,http://www.bsm.org.cn/show_article.php?id=2667;此後,何有祖老師指出 8-231、8-1567 與 8-1883 等簡當可連讀,詳見何有祖:《里耶秦簡"取寄爲傭"諸簡的復原與研究》,《出土文獻》第十一輯,中西書局 2017 年,第 256—265 頁。
② 兩枚簡的綴合,詳見何有祖:《里耶秦簡牘綴合札記(四則)》,簡帛網 2015 年 2 月 18 日,http://www.bsm.org.cn/show_article.php?id=2159。
③ 兩枚簡的綴合,詳見何有祖:《里耶秦簡牘綴合(三)》,簡帛網 2012 年 5 月 17 日。
④ 何有祖:《里耶秦簡"取寄爲傭"諸簡的復原與研究》,《出土文獻》第十一輯,第 262 頁。

定僱傭一日的酬勞爲三斗米"。① 根據相關記載,秦時一斗米的價格大致在 7 錢上下,②那麼一日傭作"三斗米"可折合 21 錢。另外,第 8-2206+8-2212 號簡中傭作者的身份是"尉敬養興"(指尉敬的"養"名叫"興"③),而秦律規定吏養一般是由隸臣擔任,那麼這位名"興"的吏養,身份可能是隸臣。也即,此簡可能是隸臣參與傭作的相關記錄。

一般情況下,隸臣妾出傭的價格要高於在官府勞作時的金額。根據睡虎地《倉律》,隸臣從事公時所得的稟食數是每月合計 2 石,每天三分之二斗;根據《司空律》一般居貲贖債作官府者是按每日 8 錢計算;根據《亡律》隸臣妾逃亡後按照盜律每天 6 錢計算錢數④,這大概説明隸臣妾每日勞作的價值大概是 6 錢。傭作時,如每天按 3 斗計算,則折合 21 錢。兩相比較,傭作所得的物資、錢數一般要比爲官府勞作的待遇高出不少。或因爲如此,才會發生管理人員鋌而走險私令徒隸出傭的情況。同時,不同情況下傭作的價格可能並不一致。比如,陳侃理先生指出北大秦簡《傭作文書》中"每日工錢是三錢大半錢"。⑤ 這説明,傭作價格大概與受僱傭者的身份以及具體勞作内容有關。

另外,在傭作期間,官方會停止向隸臣妾發放糧食。此時,隸臣妾的飲食當由僱傭者提供。睡虎地秦簡《倉律》簡 48 有"妾未使而衣食

---

① 何有祖:《里耶秦簡牘綴合(三)》,簡帛網 2012 年 5 月 17 日。
② 糧食價格在不同材料中有所波動,但基本穩定在每石 50 至 70 錢的範圍内。比如,嶽麓秦簡《數》152/0305:"米賈(價)石六十四錢,今禾粟四斗,問得錢幾可(何)?"另,王佳先生曾對里耶秦簡中的糧價進行了細緻分析,她據 8-1743+8-2015 號簡求得秦始皇二十六年的米價爲一石 140 錢,而這一價格過高,可能與當時不太安定的社會環境有關。詳見王佳:《里耶秦簡所見遷陵地區物價研究》,《江漢論壇》2017 年第 10 期。
③ 何有祖:《里耶秦簡牘綴合(三)》,簡帛網 2012 年 5 月 17 日。
④ 《嶽麓書院藏秦簡(肆)》17~18 號簡:"及諸當隸臣妾者亡,以日六錢計之,及司寇冗作及當踐更者亡,皆以其當冗作及當踐更日,日六錢計之,皆與盜同灋。"
⑤ 陳侃理:《北京大學藏秦代傭作文書初釋》,《出土文獻研究》第十四輯,第 9 頁。

公,百姓有欲叚(假)者,叚(假)之,令就衣食焉,吏輒柀事之"的規定,即是官方可將未役使的隷妾借出,而借者要提供衣食,官方也會"柀事之"(中止提供衣食①)。這種情況,與官方安排成年隷臣妾傭作的行爲頗爲相似。

<h1 style="text-align:center">小　結</h1>

本章我們討論了倉管理隷臣妾的幾個方面,主要得出如下結論:

秦縣的隷臣妾如果患病,作爲管理機構的倉需要對病情予以診問,以掌握隷臣妾的生理狀況並防止其詐病不作。若隷臣妾是真的患病,管理機構暫不安排勞作任務,並可能發放少量稟食。爲了加強管理,隷臣妾生病和病愈的情況,也會由管理機構分別記録。對患病隷臣妾的管理,雖是暫時減輕剥削的手段,但也可據此看到秦代"恤囚"的一面。

隷臣妾如果死亡,倉的管理者需要依程序記録死者信息、診驗死亡現場、上報管理機構。隷臣妾死亡之後若仍有未清理的債務,則管理隷臣妾的吏員則要代其賠償。同時,隷臣妾死亡後,其身份會繼續影響下一代。對於逃亡的隷臣妾,秦代亦有許多具體措施予以限制、緝捕。同時,爲了加強對隷臣妾的管理,隷臣妾"死亡"和"逃亡"的情況亦需要由倉統計、上報,並被作爲倉官考課的重要内容。

睡虎地秦簡中的"從事公",是隷臣妾在官府各機構勞作行爲的統

---

① 陳偉老師指出,"事"可能是指向"妾未使"者提供衣食,詳參第 89 頁注釋③。另,單育辰先生認爲"吏輒柀事之"應理解爲"官吏則或多或少的役使他"。詳單育辰:《秦簡"柀"字釋義》,簡帛網 2006 年 6 月 7 日,http://www.bsm.org.cn/show_article.php? id=358;後刊於《江漢考古》2007 年第 4 期。此從陳偉老師意見。

稱。里耶秦簡作徒簿中的各種勞作,當是"從事公"的具體類型。考察這些勞作名,可以發現隸臣妾參與的事務非常廣泛,但主要屬於雜役和輔助的範圍。這些雜役大致可分爲生產、傳輸、求取、畜牧、守衛等類型,且大多爲輕體力勞作。另外,據里耶秦簡作徒簿還可知,遷陵縣的隸臣妾呈現出女多男少的特徵,且隸臣妾勞作分工具有一定的穩定性,隸臣妾的使用需遵循申請、分配、上報、歸建等程序。有特殊技能的隸臣妾,會被禁止參與一些較爲低級的勞作種類,以最大程度地利用其價值。同時,徒隸還可以經過學習和實踐掌握某種特殊技能。當隸臣妾不從事公時,他們可以依靠家庭供給、傭作、借貸、獲取購賞等手段謀生。不過,據里耶秦簡來看,隸臣妾絕大部分情況下都是有任務在身的。也即,所謂的"不從事公勿稟"可能是統治者迫使隸臣妾不敢消極怠工的手段。

隸臣妾的住所會由管理和使用機構劃定一個大致的區域。由於使用機構勞作任務的不確定性,這些因素都可能導致隸臣妾住處的變動。考慮到方便管理、限制逃亡等因素,其居住區域不會離得太遠,而活動範圍也可能會受到一定限制。隸臣妾一般不居住在里中,但同時也可能會有一些在機構中勞作的隸臣妾暫時居住在縣廷、屬鄉中。另外,隸臣妾的住宿應當和稟食相似,根據性別、大小、勞役類型分配住宿。

表4-1 《里耶秦簡(壹)、(貳)》所見隸臣妾及相關事務

| 身份 | 人名 | 相關事務 | 出處 | 備注 |
|---|---|---|---|---|
| | 赤 | / | 8-18 | / |
| | 清人 | 受粟 | 8-48 | / |
| | 唯 | 行書 | 8-78 | / |
| | 鄧 | 被覆獄 | 8-136+8-144 | / |
| 隸臣 | 枚 | 付司空 | | 8-663號簡是倉上呈的徒簿文書。該簡釋文作:<br>一人付司空:枚。AⅢ<br>一人作務:臣。AⅣ<br>一人求白翰羽:章。AⅤ<br>一人廷守府:快。AⅥ<br>其廿六付田官。BⅠ<br>一人守園:壹孫。BⅡ<br>二人司寇守囚:囚、嬹☑。BⅢ<br>二人付庫:快、擾。BⅣ<br>二人市工用:餳、亥。BⅤ<br>二人付尉☑□。☑BⅥ①□(8-663) |
| | 臣 | 作務 | | |
| | 章 | 求白翰羽 | | |
| | 快 | 廷守府 | | |
| | 壹孫 | 守園 | | |
| | 囚 | 司寇守囚 | 8-663 | |
| | 嬹 | 司寇守囚 | | |
| | 快 | 付庫 | | |
| | 擾 | 付庫 | | |
| | 餳 | 市工用 | | |
| | 亥 | 市工用 | | |

① 第BⅢ列"二人司寇守囚:囚、嬹☑"的斷讀,從孫聞博先生的意見。詳見孫聞博:《秦及漢初的司寇與徒隸》。

**續　表**

| 身　份 | 人　名 | 相關事務 | 出　處 | 備　注 |
|---|---|---|---|---|
|  | [illegible] | 付尉 | 8－663 | 人名待考 |
|  | [illegible] | 付尉 |  | 疑"是" |
|  | 段 | 行書 | 8－666＋8－2006背 | / |
|  | 負解 | 門、行廷 | 8－686＋8－973 | / |
|  | 唯 | 吏養 | 8－736 | 卅一年四月癸未朔甲午,【倉是】□□Ⅰ大隸臣廿六人□Ⅱ其四人吏養:唯,冰,州,□□Ⅲ(8－736) |
|  | 冰 | 吏養 | 8－736 |  |
|  | 州 | 吏養 | 8－736 |  |
|  | 臣 | 行書 | 8－738 | 牟臣臣 |
| 隸臣 | 臣 | / | 9－619 | / |
|  | 臣 | / | 8－1871＋8－1542 | / |
|  | 移 | / | 9－2283 | / |
|  | 齰 | 購買庫的祭品 | 8－827 | / |
|  | 于 | 捕戍卒、領購錢 | 8－992 | / |
|  | 徐 | 購買庫的祭品 | 8－1002＋8－1091 | 或是同一人 |
|  | 徐 | 購買庫的祭品 | 8－1709 |  |

續表

| 身份 | 人名 | 相關事務 | 出處 | 備注 |
| --- | --- | --- | --- | --- |
| 隸臣 | □ | 行書 | 8-1005 | 人名待考 |
| | 曁 | 被討債 | 8-1008＋8-1461＋8-1532 | 養大隸臣 |
| | 亥 | 捕羽 | 8-1069＋8-1434＋8-1520 | 與8-663"亥"或爲一人 |
| | 羅 | 捕羽 | 8-1069＋8-1434＋8-1520 | 與8-1886"羅"或爲一人 |
| | 羅 | 行書 | 8-1886 | / |
| | 申 | 行書 | 8-1155 | / |
| | 瘳 | 受粟 | 8-1247 | / |
| | 良朱 | 行書 | 8-1515 | / |
| | 隸臣□ | 行書 | 8-1524 | / |
| | 盈 | / | 8-1871＋8-1542 | / |
| | 獲 | 吏養 | 8-1558 | / |
| | 大隸臣□ | 年人 | 8-1855 | 人名待考 |
| | 隸臣□ | 受粟 | 8-1947 | 人名待考 |

續　表

| 身　份 | 人　名 | 相關事務 | 出　處 | 備　注 |
|---|---|---|---|---|
| 隸臣 | 釋 | 受稟 | 8－2210 | □臣釋,曰伯,曰郜,曰適,曰申,曰賢。I |
| | 伯 | 受稟 | 8－2210 | □令史行監。II(8－2210) |
| | 郜 | 受稟 | 8－2210 | |
| | 適 | 受稟 | 8－2210 | |
| | 申 | 受稟 | 8－2210 | |
| | 賢 | 受稟 | 8－2210 | |
| | 周 | 受稟 | 8－2247 | / |
| | 起 | 行書 | 16－2202 | / |
| | 尚 | 行書 | 16－5 | / |
| | □ | / | 9－48 | 人名待考 |
| | | / | 9－66 | 人名待考。《校釋(二)》疑"椭"。 |
| | 規 | 行書 | 8－69 | / |
| | 申 | 行書 | 8－157 | / |
| 隸妾 | 燕 | 病 | 8－199＋8－688＋8－1017＋9－1895 | |
| | 宛 | 取菁 | 8－199＋8－688＋8－1017＋9－1895 | / |

181

續　表

| 身　份 | 人　名 | 相關事務 | 出　　處 | 備　　注 |
|---|---|---|---|---|
| | 孫 | 行書 | 8－475＋8－610 | |
| | 孫 | 行書 | 9－1044 | |
| | 孫 | 行書 | 8－1538＋9－1634 | 或爲同一人。 |
| | 孫 | 行書 | 9－1848＋9－1897 | |
| | 孫 | 行書 | 8－1538 | |
| | 少 | 行書 | 8－647 | ／ |
| | 咎 | 行書 | 8－651 | ／ |
| | 兜 | 受稟 | 8－760 | ／ |
| | 援 | 受稟 | 8－766 | 與 8－2249"援"或爲同一人。 |
| | 益 | 行書、受稟 | 8－904＋8－1343 | ／ |
| 隸妾 | 夸 | 受稟 | 8－925＋8－2195 | 粟米一石六斗二升半升。卅一年正月甲寅朔壬午,啓陵鄉守尚,佐取,稟人出,瓜人。☑亭,篆,邑,并,亭,瓜人食,瓜人。☑樂菅,韓歐毋正月食,積卅九日,日三升泰半升。令史氣視平。☑Ⅱ(8－925＋8－2195) |
| | 亭 | 受稟 | | |
| | 篆 | 受稟 | | |
| | 邑 | 受稟 | | |
| | 并 | 受稟 | | |
| | 瓜人 | 受稟 | | |
| | 樂菅 | 受稟 | | |
| | 韓歐毋 | 受稟 | | |

續　表

| 身　份 | 人　名 | 相關事務 | 出　　處 | 備　　注 |
|---|---|---|---|---|
| | 庇 | 受稟 | 8－1177 | / |
| | 亭 | 行書 | 9－1871＋9－1883＋9－1893＋9－2469 | / |
| | 畜 | 行書 | 8－1524 | / |
| | 賓 | / | 9－3283 | / |
| | 堂 | 受稟 | 8－800＋9－110 | / |
| | 欣 | / | 9－306 | / |
| | 管 | 受稟 | 9－85＋9－1493 | / |
| | 女 | 受稟 | 9－13 | / |
| | 廉 | 受稟 | 8－1557 | / |
| | 均 | 行書 | 9－470 | / |
| 隸妾 | 莙 | 受稟 | 8－1905＋9－309＋9－976 | / |
| | 忍 | 受稟 | 8－1584 | □【史】感、稟人援出稟隸妾忍、耎、欨娍、類、讙、小女、窗、歐。Ⅰ |
| | 耎 | 受稟 | 8－1584 | |
| | 欨娍 | 受稟 | 8－1584 | 感手。Ⅱ（8－1584） |
| | 類讙 | 受稟 | 8－1584 | |
| | 小女 | 受稟 | 8－1584 | □令史尚視平。 |
| | 窗 | 受稟 | 8－1584 | |
| | 歐 | 受稟 | 8－1584 | |

續　表

| 身　份 | 人　名 | 相關事務 | 出　處 | 備　注 |
|---|---|---|---|---|
| 隸妾 | 妝 | 受稟 | 9-495＋9-498 | / |
| | 如 | / | 9-759 | / |
| | 强 | 行書 | 8-1671 | / |
| | 徒 | 受稟 | 8-1839 | / |
| | 隸妾□ | 稟人 | 8-2219 | 人名待考 |
| | 援 | 受稟 | 8-2249 | / |
| | 扶 | 行書 | 9-368 | / |
| | 要 | 行書 | 9-1863 | / |
| | □ | 受稟 | 9-1527 | 人名待考 |
| | □ | 行書 | 9-1536 | 人名待考 |
| | □ | 行書 | 8-2441 | 人名待考 |
| 小隸臣 | 隸臣嬰自〈兒〉槐隂 | 受稟 | 8-217 | / |
| | 使小隸臣就 | 受稟 | 8-448＋8-1360 | / |
| | 未小隸臣▨ | 受稟 | 8-1153＋8-1342 | 人名待考 |

**續　表**

| 身　份 | 人　名 | 相關事務 | 出　處 | 備　注 |
|---|---|---|---|---|
| 小隸臣 | 小隸臣益 | 受稟 | 8－1551 | 9－2294號簡有"二人徒養:臣、益"。游逸飛先生指出,8－1551中秦始皇二十七年有"小隸臣益",9－2294爲秦始皇三十二年,已過五年,"小隸臣益"或已長大爲"隸臣益","二人或爲同一人。 |
| | 使小隸臣壽 | 受稟 | 8－1580 | / |
| | 使小隸臣豿 | 受稟 | 8－1656 | / |
| 小隸妾 | (小隸妾)豫 | 收賸 | 8－444 | / |
| 隸妾嬰兒 | 益禾 | 受稟 | 8－521 | / |
| | 揄 | 受稟 | 8－1540 | / |
| | 【嬰】兒利 | 受稟 | 8－327 | / |
| | 道 | 受稟 | 9－1574＋9－1976 | / |

備注:斜體字表示暫不確定。

185

# 第五章
# 里耶秦簡所見倉的考課

　　里耶秦簡中有大量課志類文書,這是考察秦代考課制度的絕佳材料。對此,已有不少學者進行過研究,並取得了顯著成果。① 然而,具體到秦倉的考課,仍然有不少問題還可以繼續探討。下面,將以里耶秦簡的"倉課志"爲中心,在復原文書的基礎上,試對秦倉考課的内容、標準、程序等問題予以分析。

## 第一節　"倉課志"文書的復原

　　里耶簡中收録有一枚"倉課志"木牘,其釋文作:

　　　　倉課志：AⅠ
　　　　畜彘雞狗産子課,AⅡ
　　　　畜彘雞狗死亡課,AⅢ
　　　　徒隸死亡課,AⅣ

---

　　① 比如鄒水杰:《簡牘所見秦代縣廷令史與諸曹關係考》,《簡帛研究 2016》春夏卷。更詳細的梳理,請參本書前言研究概述部分第五節。

徒隸産子課，AV

作務産錢課，BI

徒隸行繇（徭）課，BII

畜鬳死亡課，BIII

畜鬳産子課。BIV

・凡☐c　　　　　　　　　　　　　　　　（8－495）

該簡自名“倉課志”，可見其當屬於課志類文書。此類“課志”，在里耶簡中還有不少，比如8－482“尉課志”、8－483“鄉課志”、8－490＋8－501“畜官課志”等。這些文書皆是對縣屬諸官的考課，且此類文書有一個固定的格式：“一般兩欄或三欄書寫，首欄首行爲‘某某課志’，下臚列各課，末以‘·凡某課’結束，頗類目録。”[①]顯然，這枚殘斷的“倉課志”文書所缺失的部分，應當還包括一項對考課數量的統計。

循此綫索，我們在里耶簡中檢到如下一枚殘簡，其釋文作：

☐【年】課I

☐☐課II　　　　　　　　　　　　　　　（8－150）

該簡上端殘斷，且簡文中兩次出現“課”字，很可能亦屬於課志文書。將其與8－495號簡合觀：兩枚簡的寬度一致，皆爲3.5厘米，紋路、字體風格相同，茬口處亦能吻合（圖5－1）。[②]將兩枚簡拼合後文意亦比較連貫，可以復原“凡某課”的格式。因此，兩枚殘簡當能拼合。

兩簡拼合後可知，第8－150＋8－495號簡共計有“畜鼻雞狗産子課”“畜鼻雞狗死亡課”“徒隸死亡課”等八項內容，也即“凡”後所殘之字當補釋爲“八”。核對字形，與“八”亦吻合（見下圖），可參看。

①　徐世虹：《秦“課”芻議》，《簡帛》第八輯，第254頁。

②　需要説明的是，簡8－495中的兩個“課”字，與8－150“課”字體有別，二者或爲不同書手寫録。相同情況，也見於8－482、8－501等課志文書。

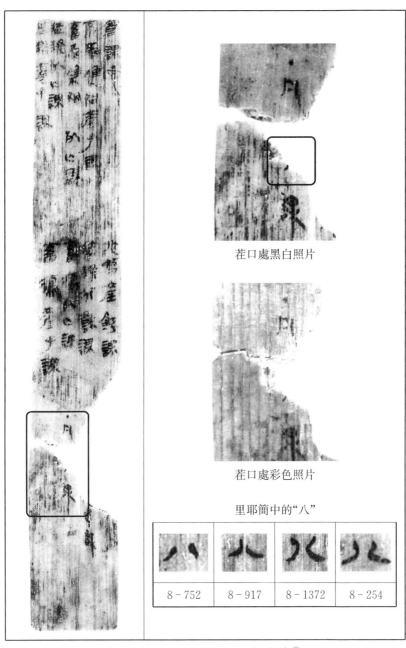

茬口處黑白照片

茬口處彩色照片

里耶簡中的"八"

| 8-752 | 8-917 | 8-1372 | 8-254 |
|---|---|---|---|

圖 5-1　里耶 8-150＋8-495 綴合①

① 兩枚簡的綴合，蒙楊先雲學妹核對原簡，並告知綴合可從。謹此致謝。

至此，則兩枚簡拼合之後的釋文當作：

倉課志：AⅠ

畜彘雞狗産子課，AⅡ

畜彘雞狗死亡課，AⅢ

徒隸死亡課，AⅣ

徒隸産子課，AⅤ

作務産錢課，BⅠ

徒隸行繇（徭）課，BⅡ

畜鴈死亡課，BⅢ

畜鴈産子課。BⅣ

……【年】課 CⅠ

•凡 八 課 CⅡ　　　　　　　　　　（8‑150＋8‑495）

## 第二節　"倉課志"文書中的考課内容

　　上揭"倉課志"文書中，對秦遷陵縣倉官的考課共包括"畜彘雞狗産子課""畜彘雞狗死亡課""徒隸死亡課""徒隸産子課"等八項。根據考課内容的不同，這些項目分爲"對徒隸的考課"和"對禽畜的考課"兩大類。[1] 這兩類考課，其實分別對應了秦倉官"管理徒隸""管理禽畜"的兩項職能。下面分別討論：

――――――――――

　　[1]　對於秦代縣倉的經營管理業務，劉鵬先生將其歸納爲"禾稼出入""糧芻借貸""禽畜飼養""器物管理""金錢收支""徒隸管理"幾類。詳見：劉鵬《簡牘所見秦代縣倉經營管理的業務》，《簡帛研究 2019》春夏卷，第 49—73 頁。

## （一）對徒隸的考課

里耶秦簡牘中的"徒隸"，是隸臣妾、城旦舂、鬼薪白粲等罪徒的統稱。[①] 由於秦代的倉官，是管理隸臣妾的重要機構，[②]因此對徒隸的考課會出現在倉課志文書中。至於對"城旦舂""黔首居貲贖債"等徒隸的考課，則繫於負責管理的"司空"之下。里耶簡 8 - 486 是一份"司空課志"，其中有"城旦死亡課，舂産子課，黔首□課，作務徒死亡課"等內容，[③]可爲其證。

倉課志文書中，對徒隸的考課包括"徒隸死亡課""徒隸産子課""徒隸行縣（徭）課""作務産錢課"等四項內容。

1. 徒隸死亡課

徒隸死亡課，顧名思義，是指對徒隸的死去、逃亡情况的考課。秦簡牘中多見徒隸逃亡的記載，如睡虎地秦簡《法律答問》132 號簡云"隸臣妾毄（繫）城旦舂，去亡，已奔，未論而自出，當治（笞）五十，備毄（繫）日"；嶽麓秦簡《亡律》17~18 號簡又云"及諸當隸臣妾者亡，以日六錢計之，及司寇冗作及當踐更者亡，皆以其當冗作及當踐更日，日六錢計之，皆與盜同灋"。這些記録均與隸臣妾的逃亡相關。

里耶秦簡中收録一枚自名"廿八年遷陵隸臣妾及黔首居貲贖責作

---

① 對"徒隸"一詞的理解，學者曾有不同意見，相關討論可參考《校釋（一）》第 20—21 頁"注釋"，此不贅。文中對秦簡牘中"徒隸"的理解，采取"徒隸是隸臣妾、城旦舂、鬼薪白粲等罪徒總稱"的意見。詳見陳偉：《秦簡牘校讀及所見制度考察》，第 181 頁。

② 高震寰：《從〈里耶秦簡（壹）〉"作徒簿"管窺秦代刑徒制度》，《出土文獻研究》第十二輯，第 132—143 頁；賈麗英：《里耶秦簡牘所見"徒隸"身份及監管官署》，後載於《簡帛研究 2013》，第 68—81 頁。

③ 該簡中"城旦死亡""徒"等字的釋讀，從何有祖老師的意見。詳見何有祖：《讀里耶秦簡札記（一）》，簡帛網 2015 年 6 月 17 日，http://www.bsm.org.cn/show_article.php?id=2261。

官府”的考課文書，其内容作：

> 廿八年遷陵隸臣妾及黔首居貲贖責作官府課。AⅠ
>
> 已計廿七年餘隸臣妾百一十六人。AⅡ
>
> 廿八年新·入卅五人。AⅢ
>
> ·凡百五十一人，其廿八死亡。·黔道（首）居貲贖責作官卅
>
> 八人，其一人死。AⅣ
>
> ·泰（大）凡百八十九人。死亡·衛（率）之，六人六十三分人
>
> 五而死亡一人。BⅠ　　　　　　　　　（7－304）
>
> 令拔、丞昌、守丞膻之、倉武、令史上、上逐除，倉佐尚、司空
>
> 長、史郤當坐。①　　　　　　　　　（7－304背）

黎明釗、唐俊峰兩先生指出，這枚簡同時記錄了倉和司空兩秭官
的課、隸臣妾課，應即里耶 8－495 倉課志之“倉徒隸死亡課”。② 也就
是説，7－304 號簡其實包括了“倉隸臣妾課”與“司空黔首居貲贖責作
官府課”兩件考課文書。需要注意的是，該簡中出現了兩組死亡數據，
其當分别對應倉和司空兩個機構中徒隸死亡的情況。爲方便説明，下
面將該簡的内容分别統計，如下表（表5－1）：

表5－1　里耶7－304號簡内容分析

| 名目 | 倉 | 司　空 | 整　合　後 |
|---|---|---|---|
| | 廿八年遷陵隸臣妾課 | 廿八年遷陵黔首居貲贖責作官府課 | 廿八年遷陵隸臣妾及黔首居貲贖責作官府課。AⅠ |

---

① 里耶秦簡博物館、出土文獻與中國古代文明研究協同創新中心中國人民大學中心編著：《里耶秦簡博物館藏秦簡》，第76頁。此處對簡文的閲讀順序有所調整，詳參第138頁注釋②。

② 黎明釗、唐俊峰：《里耶秦簡所見秦代縣官、曹組織的職能分野與行政互動》，《簡帛》第十三輯，第156頁。

| | 倉 | 司　空 | 整　合　後 |
|---|---|---|---|
| 内容 | 已計廿七年餘隸臣妾百一十六人廿八年新・入卅五人。<br>・凡百五十一人,其廿八死亡。 | 黔道(首)居貲贖責作官卅八人,其一人死。 | 已計廿七年餘隸臣妾百一十六人。AⅡ<br>廿八年新・入卅五人。AⅢ<br>・凡百五十一人,其廿八死亡。・黔道(首)居貲贖責作官卅八人,其一人死。AⅣ<br>・泰(大)凡百八十九人。死亡・衛(率)之,六人六十三分人五而死亡一人。BⅠ |
| 死亡率 | 28/151≈0.185 | 1/38≈0.026 | 29/189≈0.153 |
| 獎懲 | 倉武除;倉佐尚當坐 | 司空長當坐 | 令拔、丞昌、守丞膻之、倉武、令史上、上逐除,倉佐尚、司空長、史部當坐。 |

　　顯然,這件考課文書是由"倉""司空"兩份考課文書整合而成。其中計算得出的死亡率,當分別對應倉和司空徒隸死亡的情況。而前揭"倉課志"文書所記的"徒隸死亡課",當包含類似 7 - 304 號簡中隸臣妾死亡的數據。另外,7 - 304 簡背還有"倉佐尚、司空長"等人受罰的記録,這當是倉和司空管理者在死亡考課中不合格的結果。

　　2. 徒隸産子課

　　徒隸産子課,是對徒隸生産嬰兒及其相關情況的考課。里耶簡中有"産子"記載。比如:

　　　高里公士印。　　　卅五年産女□☑　　　　(8 - 1410)

　　　☑産子□＝子女嬰曰女巳。令史華監。　　　瘳手。

(8 - 984)

　　這兩條簡文雖非徒隸産子的直接記載,但據此亦可推測"徒隸産子課"中或包含有産子者的身份、産子日期、産子數量、嬰兒性別、姓名等内容。由於新生嬰兒是將來的勞動力資源，因此統治階級亦將徒隸產子的情況納入考課範圍。

關於新生嬰兒身份的確定，嶽麓秦簡《傅律》中有如下規定：

●傅律曰：隸臣以庶人爲妻，若羣司寇、隸臣妻懷子，其夫免若冗以免、已拜免、子乃產，皆如其已免吏(事)之子乚。女子懷夫子而有辠，耐隸妾以上，獄已斷而產子，子爲隸臣妾，其獄未斷而產子，子各如其夫吏(事)子。收人懷夫子以收，已贖爲庶人，後產子，子爲庶人。　　　　　　（《嶽麓書院藏秦簡(肆)》160～162）

此條律文規定了新生嬰兒身份的三種情況：① 隸臣妻懷子，如果其丈夫隸臣的身份在嬰兒出生之前免除，則新生嬰兒身份爲"免事之子"。② 女子身份爲耐隸妾以上，如果嬰兒在斷獄之後出生，嬰兒身份爲隸臣妾；如果在斷獄之前出生，嬰兒身份爲"事子"。③ 女子身份爲收人，如在產子之前已贖爲庶人，則嬰兒出生之後身份爲庶人。也即，嬰兒出生後的身份，與其父母的身份、是否斷獄、是否免贖有直接關係。倉課志中的"徒隸產子"應包括隸臣產子、隸妾和隸臣妾產子，而律文所言隸妾產子即屬於這種情況。

里耶簡中有不少"隸臣嬰兒"和"隸妾嬰兒"，他們或即嶽麓秦簡《傅律》所言的耐隸妾以上產子而子爲隸臣妾者：

粟米五斗。　　世一年五月癸酉，倉是、史感、稟人堂出稟隸妾嬰兒揄。Ⅰ

令史尚視平。　　感手。Ⅱ　　　　　　　　（8－1540）

稻四斗八升少半升。世一年八月壬寅，倉是、史感、稟人堂出稟隸臣嬰自〈兒〉槐庫。Ⅰ

令史悍平。　　六月食　　感手。Ⅱ　　　　　（8－217）

稻五斗。　　世一年九月庚申，倉是、史感、【稟人】堂出稟隸

臣☐ Ⅰ

　令史尚視平。Ⅱ①　　　　　　　　　　　　　　　　（8-211）

　☐妾嬰兒益來。Ⅰ

　☐　　感手。Ⅱ②　　　　　　　　　　　　　　　　（8-521）

這幾枚簡均是遷陵縣倉向嬰兒稟食的記録，所發放的對象有隸臣嬰兒和隸妾嬰兒，並且文書中還記録了嬰兒的名字。據上述諸簡可知，秦代嬰兒的稟食標準爲——稻或粟米每天六分之一斗（折合一升大半升）。根據睡虎地秦簡《倉律》簡50～51“嬰兒之毋（無）母者各半石；雖有母而與其母冗居公者，亦稟之，禾月半石”的記載，嬰兒的稟食與是否有母以及其母是否冗居公有直接關係。如果嬰兒有母而其母未冗居公者，並不稟食。至於糧食的發放，如果嬰兒有母且冗居於公，則糧食可能會由其母親代領。

　3. 徒隸行縣（徭）課

　徒隸行徭課，當是對徒隸服徭役情況的考課。秦簡中比較常見的徭役包括“行書”“傳送委輸”等等。對此，嶽麓秦簡《徭律》中有相關規定：

　　●縣（徭）律曰：毋敢傳（使）叚（假）典居旬于官府；毋令士五（伍）爲吏養、養馬；毋令典、老行書；令居貲責（債）、司寇、隸臣妾行書。　　　　　　（《嶽麓書院藏秦簡（肆）》154～155）

律文中“令居貲責（債）、司寇、隸臣妾行書”的規定，顯示秦代可以使用徒隸傳送文書。里耶秦簡的“徒簿”文書中，也多見倉官派遣隸臣妾傳送文書的記載。比如8-904＋8-1343號簡記“今隸妾益行書守

---

　① 黄浩波先生指出，該簡也是向隸臣嬰兒稟食的記録，“隸臣”之後所殘缺當是“嬰兒”及名字。黄浩波：《〈里耶秦簡（壹）〉所見稟食記録》，《簡帛》第十一輯，第122頁。

　② 從該簡的記録格式來看，此當是倉向“隸妾嬰兒益來”稟食的記録。

府”，10 - 1170 號“倉徒薄（簿）取”文書中有“男十八人行書守府、女六十人行書廷、女七人行書酉陽”，所統計對象主要是倉官管理的隸臣妾。

此外，里耶簡中還有一封洞庭郡守下發至遷陵縣的文書，其内容作：

廿七年二月丙子朔庚寅，洞庭守禮謂縣嗇夫、卒史嘉、假卒史穀、屬尉：令曰：傳送委輸，必先悉行城旦舂、隸臣妾、居貲贖債，急事不可留，乃興繇。今洞庭兵輸内史及巴、南郡、蒼梧，輸甲兵當傳者多節傳之。必先悉行乘城卒、隸臣妾、城旦舂、鬼薪、白粲、居貲贖債、司寇、隱官踐更縣者。田時也，不欲興黔首。嘉、穀、尉各謹案所部縣卒、徒隸、居貲贖債、司寇、隱官踐更縣者簿，有可令傳甲兵，縣弗令傳之而興黔首，興黔首可省少弗省少而多興者，輒劾移縣，縣亟以律令具論當坐者，言名決太守府。嘉、穀、尉在所縣上書。嘉、穀、尉令人日夜端行。它如律令。　　　（16－5）

三月丙辰遷陵丞歐敢告尉、告鄉、司空、倉主，前書已下，重聽書從事。尉別都鄉、司空，司空傳倉；都鄉別啓陵、貳春，皆勿留脱。它如律令/釦手。丙辰水下四刻隸臣尚行。[1]（16－5背）

該簡主要是與傳送甲兵有關。文書中引用了一條秦令：

令曰：傳送委輸，必先悉行城旦舂、隸臣妾、居貲贖債，急事不可留，乃興繇。

[1]　里耶秦簡博物館、出土文獻與中國古代文明協同創新中心中國人民大學中心編：《里耶秦簡博物館藏秦簡》，第 207 頁。其中，“必先悉行乘城卒、隸臣妾、城旦舂、鬼薪、白粲、居貲贖債、司寇、隱官、踐更縣者”一句，陳偉老師已將“隱官踐更縣者”連讀，該句釋文作“必先悉行乘城卒、隸臣妾、城旦舂、鬼薪、白粲、居貲贖債、司寇、隱官踐更縣者”。詳見陳偉：《嶽麓書院藏秦簡先王之令解讀及相關問題探討》，《“中央研究院”歷史語言所集刊》88 本第 1 分，2017 年 3 月。

吳雪飛先生指出，此律與嶽麓簡《徭律》第 148～150 簡"給邑中事、傳送委輸，先悉縣官車牛及徒給之，其急不可留，乃興縣如律；不先悉縣官車牛徒而興黔首及其車牛以發縣，力足以均而弗均，論之"的記載相關，並且《徭律》中的"徒"，即指這條秦令中的"城旦舂、隸臣妾、居貲贖債"等，即徒作於官府者。① 這一判斷，當是可信的。里耶 16－5 號簡所引秦令，是秦代可以使用城旦舂、隸臣妾等徒隸從事傳送委輸徭役的直接證據。而洞庭守禮又告誡"嘉、穀、尉"三人，令其核查縣卒、徒隸、居貲贖債、司寇、隱官踐更縣者的簿書，這即是"徒隸"行徭的實例。另外，據簡背記載可知，遷陵丞還將文書傳送給了倉、司空、尉等機構。之所以如此，大概是因爲徒隸主要由這幾個機構負責管理，它們與此事關聯甚密，故傳書通告。

4. 作務產錢課

作務產錢課，是關於從事勞作所得錢財的考課，這裏考課的主要對象是倉所管理的隸臣妾。② "作務"，曾見於睡虎地秦簡《關市律》和張家山漢簡《金布律》，學者曾有不少討論。③ 該詞在里耶簡中亦多次出現，比如 10－1170"女卅三人作務"，8－145、8－663、8－2008、8－2034 等簡有"一人作務"，皆是作務的具體實例。除了 8－501 號簡有"作務產錢課"之外，8－454"課上金布副"文書中還見"作務（課）"④和

① 吳雪飛：《從嶽麓簡看里耶秦簡中的一條秦令》，簡帛網 2016 年 12 月 9 日，http://www.bsm.org.cn/show_article.php? id=2679。
② 作務產錢課，或即"徒隸作務產錢課"，此處省略了主語"徒隸"。8－454 和 8－486 號簡中均有"作務徒死亡課"，當是對作務徒隸的統計。
③ 相關討論頗多，比如睡虎地整理小組注作"即從事於手工業"（睡虎地秦墓竹簡整理小組：《睡虎地秦墓竹簡》，"釋文注釋"第 42—43 頁）；吳榮曾先生認爲"作務是指從事手工業生產"（《秦的官府手工業》，載《雲夢秦簡研究》，中華書局 1981 年，第 43 頁）；楊振紅先生將睡虎地此句譯作"官府經營手工業者和買賣者"（《從張家山漢簡看秦漢時期的市租》，《中日學者論中國古代城市社會》，三秦出版社 2007 年，第 53—54 頁）；陳偉老師認爲，"爲作務"爲固定詞組，它是與"官"或"官府"類似的概念（《關於秦與漢初"入錢缿中"律的幾個問題》），《考古》2012 年第 8 期。
④ 游逸飛、陳弘音先生將"作務"補作"作務（課）"。游逸飛、陳弘音：《里耶秦簡博物館藏第九層簡牘釋文校釋》，簡帛網 2013 年 12 月 22 日。

"作務徒死亡課",8－486司空課志中亦有"作務徒死亡課",這些均是與作務相關的考課。

嶽麓秦簡中有如下兩條與"作務"相關的律文:

(1) 隸臣妾及諸當作縣 道 官者,僕、庸爲它作務,其錢財當入縣道官而逋未入去亡者,有(又)坐逋錢財臧,與盗同灋。①

　　　　　　　　　　　　　　　　(《嶽麓書院藏秦簡(肆)》68～69)

(2) ●金布律曰:官府爲作務、市受錢,及受齎、租、質、它稍入錢,皆官爲缿,謹爲缿空(孔),嫛(須)毋令錢能出,以令若丞印封缿而入,與入錢者參辨券之,輒入錢缿中,令入錢者見其入。月壹輸缿錢,及上券中辨其縣廷,月未盡而缿盈者,輒輸之,不如律∟,貲一甲。　(《嶽麓書院藏秦簡(肆)》121～123)

其中,例(1)規定隸臣妾與諸當作縣道官者在擔任僕、庸時,所得的錢財一定要入縣道官。例(2)與睡虎地秦簡《秦律十八種·關市律》簡97的記載類似,均是官府受錢(包括受作務錢)時的具體操作程序。陳偉老師將例(1)與里耶"倉課志"中的"作務産錢課"聯繫起來,並指出"由於隸臣妾歸倉管理,所謂作務産錢,大概是指隸臣妾出僕、'傭爲它作務'一類事情,或者至少包括這些事情在内"。② 這幾條記載説明,秦代允許隸臣妾從事官府事務以外的其他勞作,而所得的錢財需要上交官府。

另外,里耶第8－1272號簡是一枚頂端塗黑的"檢",其釋文作:

　　作務入錢。　　　　　　　　　　　　　　　(8－1272)

此是"作務入錢"類文書的標題簡。在里耶簡中亦有不少統計錢數的計録,比如8－2220號簡"錢百六十☐",8－2281號簡"錢百一十☐"等等。這些錢數當是某項事務的具體收支,而"作務入錢"則可能包含其

---

① 　其中,"庸(傭)爲它作務"連讀,從陳偉老師意見,詳參第134頁注釋①。

② 　陳偉:《秦簡牘校讀及所見制度考察》,第191—193頁。

中。那麼,前文所言的"作務産錢課",或即對這些作務錢的考課。

## (二) 對禽畜的考課

"倉課志"文書中對禽畜的考課共有四項,它們分別是"畜彘雞狗産子課""畜彘雞狗死亡課""畜鴈死亡課""畜鴈産子課"。在這四項考課中,主要涉及彘、雞、狗、鴈等四種禽畜。[①]"中國政法大學中國法制史基礎史料研讀會"根據這些課的内容指出,秦代的倉不僅飼養豬、狗以及家禽,並且飼養狀況也屬於考課的範圍。[②]這是可信的。

對畜類的考課,還見於里耶"畜官課志"文書:

畜官課志:AⅠ

徒隸牧畜死負、剝賣課,AⅡ

徒隸牧畜畜死不請課,AⅢ

馬産子課,AⅣ

【馬死亡課】AⅤ

畜牛死亡課,BⅠ

畜牛産子課,BⅡ

畜羊死亡課,BⅢ

畜羊産子課。BⅣ

・凡八課。BⅤ[③] (8-490+8-501)

該簡是對"畜官"管理牲畜的考課,據此可知秦"畜官"所管理的牲

---

① 彘,即豬,里耶秦簡8-461號簡有云:"毋敢曰豬曰彘。"
② 中國政法大學中國法制史基礎史料研讀會:《睡虎地秦簡法律文書集釋(三):〈秦律十八種〉(〈倉律〉)》,《中國古代法律文獻研究》第八輯,第87頁。
③ 該簡由兩枚殘簡拼合而成,拼合之後簡的左上方仍有缺失。據簡文"凡八課"可知,此簡當記有八項考課。由於對牛、羊的考課均包括"産子""死亡"兩項,那麼左上方殘失的部分,當有一項"馬死亡課"。故補。

畜主要有馬、牛、羊，這與"倉官"所管理的"彘、雞、狗"，剛好構成"六畜"。王彥輝先生認爲，秦代畜官與縣領官畜並存，倉畜養雞、豬、犬大概是其副業，並不構成與畜官並立的局面。[①] 然而上揭"倉課志"與"畜官課志"分別記錄且互不重合，或並非偶然。另外，里耶簡中顯示，縣屬諸鄉也有飼養犬、彘、雞的記載，[②]這與倉官飼養的情況大致相當。筆者懷疑，秦代的畜官和縣屬諸官在飼養牲畜方面，很可能存在一定的分工。

至於"倉課志"文書之所以出現對四種動物的考課，或可作如下理解：

首先，四種禽畜的飼養與秦倉官的職能有關。我們知道，飼養禽畜需要耗費不少糧食，而倉是管理糧食的機構，它具有飼養禽畜所需的主要原料。同時，倉飼養牲畜，在秦代也得到了官方的認可。在睡虎地秦簡《倉律》中，我們能夠看到相關規定：

畜雞。離倉用犬者，畜犬期足。豬、雞之息子不用者，買（賣）之，別計其錢。倉[③]　　　　　　　　　　　　　　　　　　　（63）

此律清晰記錄了秦倉可以畜養雞、犬、豬等禽畜。張金光先生云："倉畜此物，一可利用廢腐及飛撒之倉糧，再可生殖財貨。秦政府也是很精於算計的。"[④]此論當是。由於倉中儲糧，一些用處不大的廢穀、腐穀、秕穀則可以用來飼養禽類。而且，倉在日常糧食晾曬、出入等過程

① 王彥輝：《〈里耶秦簡〉（壹）所見秦代縣鄉機構設置問題蠡測》，《古代文明》2012 年第 4 期。

② 如 8 - 2491 號簡"都鄉畜志"有"牡彘一、牡犬四"；10 - 4 號簡"貳春鄉畜員"有"牝彘一、豭一、䝇一、犬一、牡犬一、雌雞五、雄雞一"。第 10 - 4 號簡的釋文詳見里耶秦簡牘校釋小組：《新見秦簡牘資料選校（一）》，《簡帛》第十輯，第 180 頁。據這兩件文書可知，對倉中禽畜的考課當包括禽畜的數量、雄雌等信息。

③ 該簡的斷讀，從陳偉老師意見。詳見陳偉《睡虎地秦簡法律文獻校讀》，載《中國古代法律文獻研究》第九輯，第 15 頁。

④ 張金光：《秦制研究》，第 643 頁。

中必定會有糧食散落,畜養雞鵝亦能儘量減少糧食的浪費。在出土漢代畫像石中,亦常見到倉旁有雞鵝尋食的場景(如圖5-2),則是其證。同樣,倉飼養豬,亦或有防止物資浪費的考慮。除了管理糧食之外,秦倉官還負責管理徒隸,而徒隸是飼養禽畜的重要勞動力。比如,里耶第10-1170號簡有"女世人牧鴈",8-444號簡有"一人收鴈",這些應當是徒隸養鵝的直接證據。

　　其次,倉官有飼養禽畜的需求。比如,爲加强糧倉安全,倉常常配備有犬隻。配備犬隻,不僅有助於防盜賊,同時犬隻也可以捕鼠。前揭《倉律》規定"離倉用犬者,畜犬期足",當有保衛糧倉安全的考慮。另外,在出土漢代畫像石、陶倉中,我們也能够看到倉旁常臥有犬隻(圖5-3),亦可爲佐證。

圖5-2　沂南古畫像石中的倉與雞、鴈①　圖5-3　焦作出土的陶倉樓與犬②

---

①　南京博物院、山東省文物管理處合編:《沂南古畫像石墓發掘報告》,文化部文物管理局,1956年,圖版104。按,該圖中有一座五脊重層倉房,倉前堆放着穀物,穀物旁有雞鴨鵝尋食。倉旁還有一棵大樹,樹旁臥有一頭牛。

②　河南博物館編著:《河南出土漢代建築明器》,大象出版社2002年,第16頁。按,該圖爲一座四層陶倉樓,倉門前有一人肩扛糧食將要進入倉中,倉門口則臥有一隻犬。

再者,飼養禽畜可以獲得一定的收益。飼養禽畜,是獲取肉食的重要途徑。秦漢時期,豬、雞、羊、狗是主要的肉類來源。[1] 在秦簡中,我們也能夠看到不少"彘肉""豚肉""狗肉""犬肉"的相關記載。[2] 比如:

> 卅二年三月丁丑朔丙申,倉是佐狗出祠先農餘徹豚肉一斗半斗賣於城旦赫,取錢四。令史尚視平,狗手。[3]

> (14-649+14-679)

> 以温酒一桮(杯)和,歙之,到莫(暮)有(又)先食歙(飲),如前數。恒浪(服)藥廿日,雖久病必已。I服藥時禁毋食彘肉。II

> (8-1290+8-1397)

> 以殺豕,其肉未索必死。 (睡虎地《日書甲種》107正壹)

> 庚辛有疾,外鬼傷(殤)死爲祟,得之犬肉、鮮卵白色,甲乙病,丙有閒,丁酢。 (睡虎地《日書甲種》74正貳)

> 卯以東吉,北見疾,西南得,朝閉夕啓,朝兆得,晝夕不得。·以入,必有大亡。以有疾,未少瘳(瘳),申大瘳(瘳),死生在亥,狗肉從東方來,中鬼見社爲姓(眚)。

> (睡虎地《日書乙種》163~164)

尤值得注意的是,第14-649+14-679簡是在祠先農之後出售"豚肉",而直接負責人員便是倉的管理者——倉嗇夫是、倉佐狗。由此可見,這些祭祀使用的肉食,很可能由倉提供。同時,根據嶽麓秦簡

---

① 彭衛、楊振紅著:《中國風俗通史·秦漢卷》,上海文藝出版社2002年,第32—33頁。
② 雞肉,應當也是其中之一。懸泉漢簡《雞出入簿》中有出入雞的記載(釋文詳見郝樹聲、張德芳著:《懸泉漢簡研究》,第262—263頁),這些雞被用作食物提供給過往官吏。秦簡中的雞鴈,或許與之類似。
③ 里耶秦簡博物館、出土文獻與中國古代文明協同創新中心中國人民大學中心編:《里耶秦簡博物館藏秦簡》,第139頁。

所見的"倉廚守府"來看,①秦代的"廚"與"倉"關係密切。庖廚所使用的肉食,也可能是由倉供應。②

飼養雞鴈,除了能夠獲得肉食之外,還可以獲得蛋類和小雞、小鵝等。對"雞産子""鴈産子"進行考課的一個重要目的,當是加強對雞鴈資源的控制。根據睡虎地《倉律》63 號簡"豬、雞之息子不用者,買(賣)之,別計其錢"的記載。李孝林先生指出,此是區別大豬、小豬、大雞、小雞,規定這些不同畜齡的豬、雞在出賣的時候,要"別計其錢",即單獨記賬。③ 由此可見,這些多餘的"息子"可以到市場上出售,而且還要分別記賬。另外,《嶽麓書院藏秦簡(肆)》第 341/0639 號簡有"賣□息子,所以爲耗□物及它",所言"賣□息子"或是指售賣多餘的禽畜産子。

里耶簡中也有售賣雞鴈的記録:

> □及雞 I

---

① 《嶽麓書院藏秦簡(肆)》第 165~166 號簡云:"倉律曰:毋以隸妾爲吏僕、養、官【守】府」,隸臣少,不足以給僕、養,以居貲責(債)給之;及且令以隸妾爲吏僕、養、官守府,有隸臣,輒伐(代)之」,倉廚守府如故。魯家亮老師認爲,"倉"和"廚"之間似應斷讀,分指倉守府和廚守府。詳見《〈嶽麓書院藏秦簡(肆)〉初讀》,簡帛網"簡帛論壇"2016 年 3 月 23 日,http://www.bsm.org.cn/forum/forum.php?mod=viewthread&tid=3331&extra=&page=1,第 2 樓"ljltom"回帖。今按,"倉廚守府"或是"倉廚"和"倉守府"的合稱,二者是在倉中服役的兩類人員,其身份與"僕""養"相近,且主要由徒隸擔任。
② 睡虎地 77 號漢墓中有一枚"畜息文書"簡,整理者指出其文書格式、簽署與里耶秦簡所見遷陵縣文書略同。該簡釋文作:
六年正月丁丑庚子,倉梁人敢言之:春祠社稷,當用牡廌二。謁令吳陽、陽武鄉輸五年所遺彘一,會二月朔日廚給,卒毋失期乏祠。倉以副從事。敢言之。正月庚子,安陸丞毋擇告吳陽、陽武鄉嗇夫:聽書從事,轉會令日,唯毋失期。它如(正)律令。/成手。•各一書。正月癸卯,求盜陽里上造賀以來。/期發。館舍手。(背)
文書提到安陸倉嗇夫向吳陽、陽武兩鄉征調五年"遺彘"各一,用以祭祀。從中可見西漢春祠社稷時使用的祭品,需倉參與製作、管理。文書中,倉嗇夫要求兩鄉將物品"會二月朔日廚給",顯示了"倉"與"廚"的密切關係,而"廚"則可能是隸屬於倉。該簡釋文,詳見熊北生、陳偉、蔡丹:《湖北雲夢睡虎地 77 號西漢墓出土簡牘概述》,《文物》2018 年第 3 期。
③ 李孝林等著:《基於簡牘的經濟、管理史料比較研究:商業經濟、兵物管理、賦稅、統計、審計、會計方面》,社會科學文獻出版社 2012 年,第 337 頁。

遣市束Ⅱ

一薄（簿）。Ⅲ　　　　　　　　　　　　（8-419＋8-612）

《校釋（一）》指出，"及"前一字，似是鴈。① 根據簡文中"遣市"等信息判斷，這枚簡可能是到市場售賣雞鴈的相關文書。另外，8-950號簡釋文作"☑□豬犬雞"，它有可能是交易"豬犬雞"的記録。

又，里耶8-1516號簡有一封"遷陵守祿"回復"沮守瘳"的文書。其内容作：

廿六年十二月癸丑朔庚申，遷陵守祿敢言之：沮守瘳言：課廿四年畜息子得錢殿。沮守周主。爲新地吏，令縣論言夬（決）。・問之，周不在遷陵。敢言之。・以荆山道丞印行事。②

　　　　　　　　　　　　　　　　　　　　（8-1516）

文書中的"課廿四年畜息子得錢殿"當是關於售賣禽畜息子得錢數的考課。③ 由於在此項考課中被評定爲"殿"（最末位），因而相關責任人"周"被處罰到新地擔任"新地吏"。④ 這封文書説明，秦代對禽畜"産子"情況非常重視，並且售賣禽畜産子所得的錢財，也當被視爲諸官的一項重要收入。

里耶簡中還有一枚少内向倉官交付"牝豚"的券書：

① 《校釋（一）》，第145頁。
② "夬"，從原整理者釋讀。詳見《里耶秦簡（壹）》，"釋文部分"第74頁。
③ 《校釋（一）》第344頁指出，"息子"此處指"小豬、小雞"。今按，據"倉課志"文書來看，或亦包括鴈、狗等。另外，里耶8-1495號簡是一枚記録因天寒而導致死亡的殘簡，其釋文作"☑【寒盡死。今其後者少（小），未可别雄雌。至】五月【有往來者】，□☑Ⅰ……Ⅱ"。根據簡文"今其後者少（小）""未可别雄雌"等信息判斷，死亡者可能是尚未長大的禽類。它們可能是8-1516等簡提到的"息子"。
④ 對"新地吏"問題的討論可參考：孫聞博《秦漢帝國"新地"與徙、戍的推行——兼論秦漢時期的内外觀念與内外政策特徵》，《古代文明》2015年第2期；朱錦程《秦對新征服地的特殊統治政策——以"新地吏"的選用爲例》，《湖南師範大學社會科學學報》2017年第2期；張夢晗《"新地吏"與"爲吏之道"——以出土秦簡爲中心的考察》，《中國史研究》2017年第3期；等等。

牝豚一。卅三年二月壬寅朔庚戌,少内守履付倉是。☑

(8-561)

我們知道,少内是主管錢財的機構,但並不負責飼養豬,那麼這裏所移交的“牝豚”可能是從市場購買所得。而將豚交付“倉”,當是由於“倉”是飼養豬的重要機構。換言之,這枚券書很可能是少内購買“牝豚”之後,將“牝豚”移交給倉官飼養的記録。若然,則秦倉官所飼養禽畜的一個重要來源,便是少内移付。

要之,秦代的倉是管理糧食、徒隸的重要機構,其具備飼養禽畜的基本條件;另外,倉還有飼養禽畜的需求,這樣不僅可以減少資源浪費,同時還能加强倉的安全;飼養的禽畜,除了提供肉食、蛋類之外,多餘的息子還可以售賣,這也是倉的一項重要收入。鑒於四種禽畜的重要價值,在倉課志文書中出現對四種禽畜産子、死亡的考課,也在情理之中。

## 第三節　倉官考課的相關問題

對倉官的考課,應當包括考課文書的編造、呈報、定課、結果認定等環節,其中的一些問題也是值得關注的。

### (一) 倉考課文書的編製

#### 1. 倉考課文書的内容來源

前文我們分析了“倉課志”文書的内容,其中的八項其實主要對應了倉官對禽畜、徒隸管理的兩項職能,所涉及的内容主要是物資財産的增益與損耗。我們知道，除了管理禽畜、徒隸之外，秦倉官還管理糧食、器具、錢財等等，而這些職能並未反映在 8－150＋8－495"倉課志"文書中。之所以沒有考課這幾項內容，或與"課志"文書的性質有關。

　　沈剛先生曾對里耶簡中的"計""課"文書進行分析。他認爲："計"是一定時期財産的静態總結，"課"則是動態的監督。就財産情況而言，"計"是對現有國家資財或固定資産的統計，"課"則是對國有資財增減情況的記録，並以此爲依據進行考評。另外，"課""計"分離，計只具有統計的功能，考績的工作由"課"來承擔。① 沈先生將"課"視爲一種動態的監督，是可從的。綜合里耶秦簡的"課志"文書來看，所考課的內容主要與人、畜有關，具體涉及的內容包括戍卒死亡、徒隸勞作、徒隸蕃息、禽畜生死等情況。對倉考課時，僅考課其中與徒隸、禽畜有關的項目，或也與此有關。

　　儘管"考課文書"與"計文書"的內容各有側重，但二者均涉及對物資的統計，其記録與形成過程又是大致相近的。黄浩波先生曾指出，"從券到計"與"從簿到計"，是計文書形成的兩種途徑。② 課志文書與"計文書"的形成，亦頗相似。具體而言，倉日常記録的各類"券"和"簿"，也是編製倉考課文書的原始檔案。其中，券類文書包括記録糧食出入的"禾稼出入券"、向徒隸發放稟食的"出稟券""貸食券"，與少內等機構的物資往來形成的"器券""錢券"等，"簿"類則主要是倉官記録的"徒簿"。這些券書和簿書，會按日、按月分類存放在筥、筥等盛器中。③ 待到年終考課時，縣廷向倉官下達考課的"具體項目"（倉課

---

　　①　沈剛：《〈里耶秦簡〉【壹】中的"課"與"計"——兼談戰國秦漢時期考績制度的流變》。
　　②　黄浩波：《里耶秦簡牘所見"計"文書及相關問題研究》，《簡帛研究 2016》春夏卷，第100—122 頁。
　　③　張馳先生據里耶簡指出，筥、筥是存放簡牘的盛器。詳見張馳：《里耶秦簡（壹）文書學研究》，第 219—221 頁。

志),①倉官則根據要求分類匯總,上報相關信息,最終完成考課。

2. 考課的時間

從秦簡牘的記錄來看,秦代的考課時間一般是在年終。比如,睡虎地秦簡《廄苑律》中有對"田牛"考課的記載:

以四月、七月、十月、正月膚田牛。<u>卒歲</u>,<u>以正月大課之</u>,最,賜田嗇夫壺酉(酒)束脯,爲旱〈皂〉者除一更,賜牛長日三旬;殿者,誶田嗇夫,罰冗皂者二月。其以牛田,牛減絜,治(笞)主者寸十。有(又)里課之,最者,賜田典日旬;殿,治(笞)卅。　廄苑律
　　　　　　　　　　　　　　　　　　　　　　　　(13~14)

該律規定,在"四月、七月、十月、正月"評比田牛,並以"正月"大課之。可見,對田牛的考課應當是在正月,其他幾個月份當是評比,而並非真正意義上的考課。

倉的考課時間,應當也是在年終。里耶簡中有兩條"統計券書"的記載:

卅年四月盡九月,Ⅰ倉曹當計禾Ⅱ稼出入券。Ⅲ
已計及縣Ⅳ相付受Ⅴ廷。苐甲。Ⅵ　　　(8-776)
倉曹Ⅰ廿九年Ⅱ當計出入Ⅲ券。甲Ⅳ笥。[圖案]Ⅴ
　　　　　　　　　　　　　　　　(8-1201)

8-776號簡顯示倉曹已統計完成了六個月禾稼出入券。8-1201號簡是秦始皇二十九年内尚待統計的出入券書。這兩份文書顯示,倉曹負責統計按月匯總的券書,而這些券書最終要匯總爲年度計録。由此來看,由倉官呈報的考課文書會在年終之前上報縣廷,縣再將各種

① 徐世虹先生指出,"某某課志,下臚列各課,末以'‧凡某課'結束,頗類目録"。詳見徐世虹:《秦"課"芻議》,《簡帛》第八輯,第254頁。

計、課文書匯總之後向上呈報。而這在嶽麓秦簡中，可以得到佐證：

> 上計冣(最)、志、郡〈羣〉課、徒隸員簿，會十月望。同期，一縣
> 用吏十人，小官一人，凡用令史三百八人，用吏三百五十七人，上
> 計冣(最)者，披兼上志ㄴ羣課、徒隸員簿。●議：獨令令史上計冣
> (最)、志、羣課ㄴ、徒隸員簿，用令史四百八十五人，而盡歲官吏ㄴ
> 上攻者　　　　　　　　　《嶽麓書院藏秦簡(肆)》350～352)

該律文中三次出現"羣課"，整理者注"羣課，是關於各種考課結果
的記錄"。[1] 那麼，遷陵縣的羣課，當指由縣屬諸官製作的各種考課文
書，而倉官的考課文書亦當包括其中。律文規定，上呈"羣課"需要與
"計冣(最)、志、徒隸員簿"等文書一起上呈，期會的日期是"十月望"。
另外，律文還規定，呈報上述文書的人員須是"令史"。[2]

里耶簡中，還有另外一些呈報考課文書的記載。比如：

> 廿九年九月壬辰朔辛亥，貳春鄉守根敢言之：牒書水Ⅰ火敗
> 亡課一牒上。敢言之。Ⅱ　　　　　　　　　　(8‑645)
>
> 九月辛亥旦，史卲以來。/感半。　　　卲手。
>
> 　　　　　　　　　　　　　　　　　　　(8‑645背)
>
> 廿九年九月壬辰朔辛亥，遷陵丞昌敢言之：令令史感上Ⅰ水
> 火敗亡者課一牒。有不定者，謁令感定。敢言之。Ⅱ
>
> 　　　　　　　　　　　　　　　　　　(8‑1511)
>
> 已。Ⅰ
>
> 九月辛亥水下九刻，感行。　　感手。Ⅱ　(8‑1511背)

---

① 陳松長主編：《嶽麓書院藏秦簡(肆)》，第 228 頁。

② 在實際執行中，往往亦由"令佐"擔任。比如，里耶 8‑1677 號簡云"一人與佐帶上
虜課新武陵"，第 8‑24＋8‑331 號簡云"爲令佐守田、上四時志會□☑"。其中，第 8‑24＋
8‑331 號簡綴合，見拙文《讀〈里耶秦簡(壹)〉札記(四)》，簡帛網 2017 年 8 月 31 日，http://
www. bsm. org. cn/show_article. php? id=2873。

8-645 與 8-1511 是兩封相關的文書,其主要内容是在九月上呈 "水火敗亡者課"。陳偉老師指出,"廿九年九月辛亥旦,貳春鄉將水火 敗亡課送到縣廷,當天水下九刻遷陵縣將水火敗亡課送出(應該是送 往洞庭郡)"。① 沈剛先生分析了兩封文書的記錄時間,並認爲"其之所 以選在九月,可能是秦以十月爲歲首,要進行全年的考課工作"。②

然而,縣屬諸官上呈課志的時間則可能會早於九月。比如:

元年八月庚午朔庚寅,田官守灈敢言 I 之:上狼(墾)田課一 牒。敢言之。☑ II                                                (9-1869)

八月庚寅日入,灈以來。/援發。灈手。③  (9-1869 背)

該簡是"田官守灈"上呈"狼(墾)田課"的文書,其中向縣上呈的時 間是"八月庚寅"(八月二十一日④)。前揭嶽麓簡律文規定,縣廷在"十 月望"上報中央。那麼,爲了確保時間充足,縣屬諸官上呈的時間應當 至少要提前一段時間,而在九月之前上呈至縣廷可能較爲合理。

里耶簡中還有一枚"畜官"因上呈課志不及時,而被縣廷催促的文 書。其内容作:

☑□朔戊午,遷陵丞遷告畜官僕足,令 I

☑□毋書史,畜官課有未上,書到亟日 II

☑□守府事已,復視官事如故,而子弗 III        (8-137)

☑事,以其故不上,且致劾論子,它承 I

---

① 陳偉:《里耶秦簡所見秦代行政與算術》,簡帛網 2014 年 2 月 4 日。後收入《秦簡牘 校讀及所見制度考察》,第 145—165 頁。

② 沈剛:《〈里耶秦簡〉【壹】中的"課"與"計"——兼談戰國秦漢時期考績制度的流變》。

③ 里耶秦簡牘校釋小組(魯家亮執筆):《新見秦簡牘資料選校(二)》,《簡帛》第十輯, 201 頁。

④ 里耶秦簡牘校釋小組(魯家亮執筆):《新見秦簡牘資料選校(二)》,《簡帛》第十輯, 201 頁。

☑　　就手。Ⅱ①　　　　　　　　　　　　　　　（8-137 背）

該簡上端因火燒殘斷，其部分内容缺失。不過，從"畜官課有未上"等記載，可以判斷其内容當是畜官沒有及時上呈課志的事情。文書中，遷陵縣丞告誡"畜官僕足"若不上報，將會被"劾論"。由此，亦可窺見秦代對不上報課志行爲的處理措施。

另外，里耶簡中還有一枚關於考課的木楬：

卅四年Ⅰ遷陵課Ⅱ笥。Ⅲ　　　　　　　　　　（8-906）

該簡是秦始皇三十四年遷陵縣課笥的標題簡，此簡的出現説明秦代考課文書大致是按年度集中保存。也就是説，里耶簡所見的同一年度諸官上呈的考課文書，很可能是存放一起的。

3. 倉考課的"式"

據學者研究，官文書的製作需要遵循一定的標準——式。比如，徐世虹先生認爲，式是指某種標準、定式。② 邢義田先生認爲，式爲漢代行政文書的範本。③ 嶽麓書院藏秦簡《爲吏治官及黔首》簡 01/1531 云"它官課有式，令能最，欲毋殿，欲毋罪，皆不可得"，其中的"它官課有式"即指各官考課皆有固定的樣式。里耶 8-94 號簡云"群志式具此中"，可見秦代有各種文書的"式"。

倉課志文書所遵循的"式"，應當至少包括以下内容：

---

① 第三列"□守府事已"前有殘字未釋，該字原圖作🔲，可釋"課"。同簡中的"課"字寫作🔲，可參看。"課"，當指第二行中的"畜官課"。該簡大意是説，此文書到達之後請迅速上呈"畜官課"。"亟日"之後或是"夜上"。里耶 8-1523 號簡中有"洞庭叚（假）守繹追遷陵亟，日夜上勿留"，網友"鄭公渡"讀爲"洞庭叚（假）守繹追遷陵亟日夜上，勿留"。詳見，"抱小"《讀〈北京大學藏西漢竹書（叁）〉（一）》文後跟帖，復旦大學出土文獻與古文字研究中心網 2015 年 11 月 18 日，http://www.gwz.fudan.edu.cn/Web/Show/2645。
② 徐世虹：《秦"課"芻議》，《簡帛》第八輯，第 264 頁；後收入陳偉主編，徐世虹、鄔文玲、[德] 陶安、南玉泉、支强、李力：《秦律研究》，武漢大學出版社 2017 年，第 144 頁。
③ 邢義田：《從簡牘看漢代的行政文書範本——"式"》，載《治國安邦——法律、行政與軍事》，中華書局 2011 年，第 450—472 頁。

第一，"死亡者別以爲二課"。里耶第 8－41 號簡云"☑死亡者別以爲二課，不瘾（應）令，書到呕"，這顯然是對考課文書的要求。由於部分殘斷，該簡或有兩種理解：第一，"死亡"分開，指將死去和逃亡兩種情況分別考課；第二，簡前所殘部分有"産子"，這樣"産子"與"死亡"構成兩項考課。比較而言，第二種可能性與里耶考課文書經常出現的"××産子課""××死亡課"更符合一些。

第二，"當食人口數，別小大爲食"。里耶第 8－704＋8－706 號簡是遷陵守丞回復下屬機構的文書，該簡釋文作：

☑☑遷陵守丞齮【敢】言之：前日令史 齮☑Ⅰ

☑☑守書日課皆不瘾（應）式令，令齮定☑☑Ⅱ

☑☑課副及當食人口數，別小大爲食☑Ⅲ

☑☑☑課副及☑傳上，有不定☑Ⅳ　　（8－704＋8－706）

☑言之守府。丙申、己亥、甲辰追，今復☑Ⅰ

☑手。Ⅱ

☑守丞齮敢言之：令二月☑亥追，今復寫前日☑Ⅲ

☑時都郵人羽行。☑Ⅳ①　　（8－704 背＋8－706 背）

該簡主要内容是，某官所上呈的課文書不符合規定，因此遷陵守丞令人重新核校。沈剛先生指出，簡文的"課皆不應式令"是要求課的書寫模式應該符合"式"的標準，下一行的"當食人口數，別小大爲食"當是對書寫内容的具體要求。② 這是很正確的。

由於簡牘殘泐，所發往的具體機構暫不可確知。③ 另外，據簡文發放糧食、別人員大小等内容可知，文書的接收部門承擔着向不同身份

① 簡正面第Ⅳ行"課副及☑傳上"中，未釋字原圖作🔲，疑爲"食"字殘筆。同簡中，"食"字作🔲、🔲，可參看。"課副及食傳上"，可對應第Ⅲ列"課副及當食人口數"。
② 沈剛：《〈里耶秦簡【壹】中的"課"與"計"——兼談戰國秦漢時期考績制度的流變》。
③ 根據簡文中出現的"守府"來推斷，可能是發往洞庭郡。

者發放糧食的職能。我們知道,倉官是里耶簡中管理糧食的核心機構,並且在里耶的倉稟食文書中,受稟的隸臣妾也常被分爲大隸臣、大隸妾、小隸臣、小隸妾、嬰兒等不同身份予以發放。因此,"別小大爲食"的規定對於倉的考課文書應當同樣適用。

4. 倉考課的"程"

既然對某事考課,則必然要有一套系統的考課程序和標準。具體來説,對倉官"牲畜""徒隸"死亡的考課,應當也要設定一些固定的死亡比例作爲標準。[1] 李均明先生曾指出,郵書課評定會使用"中程""過程""留止""不及行"等核定結果的用語。[2] 這裏的"程",便是標準。那麽,對於倉官的考課或也有類似的"程"。我們注意到,睡虎地秦簡《工人程》有不少關於"程"的規定:

(1) 隸臣、下吏、城旦與工從事者冬作,爲矢程,賦之三日而當夏二日。　　工人程　　　　　　　　　　　(108)

(2) 冗隸妾二人當工一人,更隸妾四人當工【一】人,小隸臣妾可使者五人當工一人。　　工人程　　　　　　(109)

(3) 隸妾及女子用箴(針)爲緡繡它物,女子一人當男子一人。　　工人程　　　　　　　　　　　　　　(110)

整理者注:"人程,即員程。工人程,關於官營手工業生産定額的法律規定。"[3]三則律文中主要涉及隸臣妾勞作的標準。其中例(1)規定冬日勞作 3 天按照夏日勞作兩天計算。例(2)中則規定冗隸妾、更隸妾、小隸臣妾折算標準爲男子勞作的標準爲二比一、四比一

① 徐世虹先生認爲,倉既然負責隸臣妾的管理,則相關的死亡率和出生率自是其職責之一。詳見陳偉主編,徐世虹、鄔文玲、[德]陶安、南玉泉、支強、李力:《秦律研究》,第138—139 頁。
② 李均明:《秦漢簡牘文書分類輯解》,文物出版社 2009 年,第 425—428 頁。
③ 睡虎地秦墓竹簡整理小組:《睡虎地秦墓竹簡》,"釋文注釋"第 45 頁。

和五比一。例（3）規定隸妾及女子能够縫織者，按照男子一人的勞動量計算。

里耶簡中也有不少與"過程""不中程""中員""不中員"相關的記載，比如：

　　☒□攺死，過程四☒　　　　　　　　　　　（8‑1139）

　　☒亡不轃過程☒　　　　　　　　　　　　（8‑2255）

　　☒□殹，課過程，士五（伍）陽里静以當襦綺（褲）。

　　　　　　　　　　　　　　　　　　　　（8‑1356）

　　☒課行道中員，不☒　　　　　　　　　　（8‑2273）

這些簡多殘斷，不過根據其中"過程""中員"等關鍵詞來判斷，其當是對考課是否符合標準的評定。8‑1356 號簡的"課過程"，即是如此。而從内容判斷，上述殘簡很可能是死亡、行道的考課結果。

另外，里耶簡中還有一枚記録漆生産管理獎懲的"漆課"文書：

　　䰼[漆]課。得錢過程四分一，賜令、丞、令史、官嗇夫、史各襦，徒人酒一斗、肉少半斗；過四分一到四分二，賜襦、綺，徒酒二斗、肉泰半斗；過四分二，賜衣，徒酒三斗、肉一斗。[得]錢不及程四分一以下，貲一盾，笞徒人五十；過四分一到四分二，貲一甲，笞徒百；過四分二，貲二甲，笞徒百五十。[1]　（10‑91＋9‑133）

這裏的"程"即是産漆的標準，而"得錢過程四分一""過四分一到四分二""過四分二""不及程四分一以下""（不及程）過四分一到四分二""（不及程）過四分二"等六個等級，是按照完成額度制定的考核細化標準。與之相應的，則是獎勵和懲罰的具體情況。

在秦簡中，我們還能看到一些具體數值的"程"。比如，睡虎地秦

---

①　湖南省文物考古研究所（張春龍執筆）：《里耶秦簡中和酒有關的記録》，吳榮曾、汪桂海主編《簡牘與古代史研究》，北京大學出版社 2012 年，第 14 頁。

律有牲畜産子、死亡情況的考課：

> 牛大牝十，其六毋（無）子，貲嗇夫、佐各一盾。・羊牝十，其
> 四毋（無）子，貲嗇夫、佐各一盾。・牛羊課 （《秦律雜抄》31）

> 今課縣、都官公服牛各一課，卒歲，十牛以上而三分一死；不
> 【盈】十牛以下，及受服牛者卒歲死牛三以上，吏主者、徒食牛者及
> 令、丞皆有罪。内史課縣，大（太）倉課都官及受服者。□□
>
> （《秦律十八種・廄苑律》19～20）

第一條律文中有"牛羊課"的題名，說明該律主要是針對馬牛羊的考課。其中，"牛大牝十，其六毋（無）子"與"羊牝十，其四毋（無）子"，當是考課牛羊的具體標準。若用數值表示，則牛的産子率當不能低於40％，羊的産子率不能低於 60％。一旦考課時達不到此標準，相關人員則要面臨一定的貲罰。第二條律文是對"公服牛"死亡情況的考課，若年終牛的死亡率在"十牛以上而三分一死"，"不盈十，而卒歲死牛三"及以上，則相關人員有罪。據此可以計算出，"公服牛"死亡情況的考課標準是死亡率不能超過三分之一(33.3％)。[1]

再來看徒隸産子、死亡的考課標準。里耶第 7-304 號簡是對徒隸、黔首作官府者死亡情況的考課。其中，倉官所管理的 151 名隸臣妾死亡了 28 人（死亡率 18.5％），司空所管理的 38 名"黔首居貲贖責作官者"有 1 人死（死亡率 2.6％）。在該簡中，倉和司空的管理者分別受到了相應懲罰。依此來看，秦代對徒隸死亡比例的考課標準應當在

---

[1] 高一致師兄告知，《天聖令・廄牧令》附唐令第 7 條也有關於飼養牲畜的考課："諸牧，牝馬一百匹，牝牛、驢各一頭百(百頭)，每年課犢、犢各六十，騾駒減半。馬從外蕃新來者，課駒四十，第二年五十，第三年同舊課。牝駝一百頭，三年内課駒七十。白羊一百口，每年課羔七十。羖羊一百口，課羔(羔)八十口。"釋文詳見天一閣博物館、中國社會科學院歷史研究所天聖令整理課題組校證：《天一閣藏明鈔本天聖令校證(附唐令復原研究)》，第 295 頁。通過比較材料，他認爲："唐令中百頭母牛每年課犢六十，百口母白羊每年課羔七十、母羖羊每年課羔八十，較睡簡《牛羊課》中牛、羊産仔率都要高，這應當是唐代牲畜養殖技術進步和獸醫學水平提高的結果。據此，大致可以認爲簡文中對牛羊産仔的考課週期是一年。"

2.6%以下。

另外,里耶 8-132+8-334 號簡是一件對"尉守狐"考課的文書,其内容作:

　　　　☑冗募群戍卒百卅三人。AⅠ

　　　　☑廿六人。・死一人。AⅡ

　　　　☑六百廿六人而死者一人。AⅢ

　　　　尉守狐課。BⅠ

　　　　十一月己酉視事,盡十二月辛未。BⅡ(8-132+8-334)

陳偉老師指出,該簡"應該屬於 8-482'【尉】課志'中的'卒死亡課'。尉守狐從十一月己酉到十二月辛未用 23 天的時間進行考查,結論是 626 名士卒有 1 人死亡("六百"前有無千位數,不詳)"。① 其中,"冗募群戍卒"死亡的數據值得注意。假設"六百廿六人而死者一人"之前無千位數,則該簡中"冗募群戍卒"死亡率約爲 1.6‰(如前還有千位,則該數值將更小),這比 7-304 號簡中 2.6%的死亡率要低得多。由於簡文中並無懲罰的相關内容,這似説明此數據符合了官方制定的標準。綜合而言,頗疑秦代徒隸死亡的官方標準大致是在 1.6‰~2.6%的範圍内。②

徒隸在秦代地位低微,"倉課志"文書中將徒隸産子死亡情況與鴈、雞、犬並列,即反映了這一社會現實。前揭睡虎地秦律屬秦統一前的律文,里耶秦簡則主要反映的是統一後的情況。儘管二者時間有別,但在制定人畜産子、死亡考課的原則上,似仍相一致。這個原則大致可歸納爲:價值越大者,要求越高,懲罰也更嚴格。舉例來看,由於秦代的徒隸是重要的勞動力資源,其價值要大於一般的牛馬,而牛馬

---

① 陳偉:《里耶秦簡所見秦代行政與算術》,簡帛網 2014 年 2 月 4 日。後收入《秦簡牘校讀及所見制度考察》,第 145—165 頁。

② 若考慮取整等因素,徒隸死亡的標準爲"百人而死亡一人"的可能性較大。

又大於羊犬豬、雞鴈。前揭討論的死亡標準中,對徒隸死亡的標準最嚴格(約 2％),牛馬次之(33.3％),羊犬豬再次之,價格較小的雞鴈標準最低。

## (二)"倉曹"與"定課"

### 1."倉曹"與考課

前文我們討論的"倉課志"文書,主要是倉官的考課記録。而在里耶簡中,還常見"倉曹"這一機構。比如,8-1288 記"廷倉曹"、8-766 有"倉曹當計禾稼出入券"、8-1463"史華移倉曹"等等。這裏的"倉曹"顯然是一個與"倉官"關係密切的機構。根據學者的研究,秦遷陵縣官署分稗官和諸曹兩大系統,稗官者如倉、司空、鄉、少内、庫、田官等,它們是縣廷的職能機構,負責處理事務,並設官嗇夫、佐史;諸曹者如倉曹、司空曹、户曹、金布曹等,是縣廷的輔助機構,負責管理諸官,其事務由令史主持。同時,在行政事務方面,稗官和諸曹之間存在交接、互動。[①]

在衆多的倉曹文書中,最能反映"倉曹"職務的是一枚名爲"倉曹計録"的木牘,其釋文作:

> 倉曹計録:AⅠ
>
> 禾稼計,AⅡ
>
> 貸計,AⅢ
>
> 畜計,AⅣ

---

① 相關討論比較多,比如[日]土口史記撰,朱騰譯:《戰國、秦漢的縣——以縣廷與"官"之關係爲中心的考察》,《法律史議評》2013 卷,中國政法大學出版社 2014 年;孫聞博:《秦縣的列曹與諸官——從〈洪範五行傳〉一則佚文説起》,《簡帛》第十一輯;郭洪伯:《稗官與諸曹——秦漢基層機構的部分設置》,《簡帛研究 2013》;鄒水杰:《簡牘所見秦縣廷令史與諸曹關係考》,《簡帛研究 2016》春夏卷;黎明釗、唐俊峰:《里耶秦簡所見秦代縣官、曹組織的職能分野與行政互動》,《簡帛》第十三輯;等等。

器計，BⅠ

錢計，BⅡ

徒計，BⅢ

畜官牛計；BⅣ

馬計，CⅠ

羊計，CⅡ

田官計。CⅢ

凡十計。CⅣ

史尚主。CⅤ                                  （8－481）

該牘共出現"禾稼計""貸計""畜計""器計"等十項内容，即簡文所謂的"凡十計"。黎明釗、唐俊峰兩位先生指出，製作計的官府名稱和曹同名時可以省略官府名。[1] 陳偉老師則認爲，"徒計同時針對倉和司空。這樣，未冠以官名的計，實際上是針對兩個或更多的官"。[2] 比較而言，後一種意見與各官的職能分工更爲吻合。另外，由於"倉曹"主要處理倉官、畜官、田官的事務，那麽這十項計中，與倉官有關的當至少包括"禾稼計、貸計、畜計、器計、錢計、徒計"六項，與畜官相關的應當包括"畜官牛計、馬計、羊計"三項，田官至少有"田官計"一項。這樣，它們的對應關係大概如下：

倉官——禾稼計、貸計、畜計、器計、錢計、徒計

畜官——畜官牛計、馬計、羊計

田官——田官計

孫聞博先生曾指出，"列曹進行人員、物資集計，而諸官以管理具體

---

① 黎明釗、唐俊峰：《里耶秦簡所見秦代縣官、曹組織的職能分野與行政互動》，《簡帛》第十三輯，第146頁。

② 此意見蒙陳偉老師告知。

事務爲多,並定期接受上級的考課。在此意義上,同名曹、官,如倉曹與倉,並不意味着彼此在事務上的完全對口"。① 這裏的倉曹,即對應了"倉官""畜官""田官"三個機構的事務。而在考課方面,亦是如此。

先來看倉官。前文我們討論了"倉課志"文書是對倉官的考課,其中所記的"畜彘雞狗産子課""畜彘雞狗死亡課""畜雁死亡課""畜雁産子課"無疑可以對應"畜計",而"作務産錢課"則可以對應"錢計","徒隸死亡課""徒隸産子課"當可對應"徒計"。

除了"倉官"之外,在"畜官""田官"的課志文書中,也能找到與"倉曹計録"相對應的記録。比如,里耶 8－490＋8－501 號簡是"畜官課志"文書,其內容作:

> 畜官課志: AⅠ
>
> 徒隸牧畜死負、剶賣課,AⅡ
>
> 徒隸牧畜畜死不請課,AⅢ
>
> 馬産子課,AⅣ
>
> 【馬死亡課】AⅤ
>
> 畜牛死亡課,BⅠ
>
> 畜牛産子課,BⅡ
>
> 畜羊死亡課,BⅢ
>
> 畜羊産子課。BⅣ
>
> ·凡八課。BⅤ　　　　　　　　　　(8－490＋8－501)

顯然,其中的"畜官牛計、畜官馬計、畜官羊計",應當與此簡中對馬牛羊的産子、死亡課存在對應關係。

前文我們提到,里耶第 9－1869 號簡是田官守上呈墾田課志的文

---

① 孫聞博:《秦縣的列曹與諸官——從〈洪範五行傳〉一則佚文說起》,《簡帛》第十一輯,第 83 頁。

書,其云"元年八月庚午朔庚寅,田官守灈敢言之:上狠(墾)田課志一牒,敢言之",①可見田官當有"墾田課"。

此外,8-479號簡是一枚"田官課志"文書:

田官課志。Ⅰ

田□□課。Ⅱ

• 凡一課。Ⅲ　　　　　　　　　　　　　　　　　　　(8-479)

簡文第二列"田自食課",②這項内容當是對田官用來自食之官田的考課,此可對應"倉曹計録"的"田官計"。

至此,我們可以將"倉曹計録"中的十項統計,與倉官、畜官、田官的事務分别對應起來。如下表:

表5-2　倉曹與倉官、畜官、田官的事務對應關係

| 計録 | 計録條目 | 主要事務 | 對應考課 | 課志名 | 相關機構 |
|---|---|---|---|---|---|
| 倉曹計録 | 禾稼計 | 禾稼出入 | / | / | 倉官 |
| | 貸計 | 出貸物資 | / | | |
| | 器計 | 器具管理 | / | | |
| | 畜計 | 飼養彘雞狗鴈 | 畜彘雞狗産子課 畜彘雞狗死亡課 畜鴈死亡課 畜鴈産子課 | 倉課志 | |
| | 錢計 | 作務産錢 | 作務産錢課 | | |
| | 徒計 | 徒隸行徭 | 徒隸行徭課 | | |

① 里耶秦簡牘校釋小組(魯家亮執筆):《新見秦簡牘資料選校(二)》,《簡帛》第十輯,201頁。

② 第二列"田□□課",缺釋之字原圖作 ▨ ▨。林獻忠先生曾懷疑"課"前之字或可釋"薪"。詳見林獻忠:《讀里耶秦簡札記六則》,簡帛網2015年4月20日,http://www.bsm.org.cn/show_article.php?id=2215。今按,"薪"字在里耶簡中作▨(8-1117)、▨(8-2193),與之不類。"課"前之字或是"食"。里耶簡中的"食"字有▨(8-1576)、▨(8-902)等寫法,可參看。蒙何有祖老師告知,"田"後之字或可釋"自"。里耶簡中的"自"字有▨(8-770)、▨(6-10)等寫法。"自食"一詞,又見於田官上呈的文書"卅年二月己丑朔壬寅,田官守敬敢言【之】☑Ⅰ官田自食薄(簿),謁言泰守府副☑Ⅱ之。☑Ⅲ(8-672)",可參看。

續　表

| 計録 | 計録條目 | 主要事務 | 對應考課 | 課志名 | 相關機構 |
|------|----------|----------|----------|--------|----------|
| 倉曹計録 | 畜官牛計 | 養牛 | 畜牛死亡課<br>畜牛產子課 | 畜官課志 | 畜官 |
| | 馬計 | 養馬 | 馬產子課<br>【馬死亡課】 | | |
| | 羊計 | 養羊 | 畜羊死亡課<br>畜羊產子課 | | |
| | 田官計 | 墾田<br>/ | 墾田課<br>田自食課 | 田官課志 | 田官 |

在此表中,可以清楚地看到倉曹十項計録的具體内容,以及其與倉官、田官、畜官事務的對應關係。而在這十項計録中,倉官的事務占據六項,畜官三項,田官一項,這似乎也顯示了三者在倉曹事務中占據的位置。僅就倉官而言,與倉有關的事務應當是倉曹日常管理的主要内容。

(2) 定課

由於官曹組織分工協作,因此對倉官的考課,必然也離不開倉曹的參與。在考課事務上,倉曹主要負責對倉官考課文書的核對與"定課"。黎明釗、唐俊峰先生指出,秦代縣曹的一項重要職責,便是"定課"。稗官在呈交"課"予縣廷之後,便需由曹執行"定課"的程序。定課,大多涉及所課項目的日期、數字,又或者是課的格式、内容有没有錯誤、遺漏。①

又,根據"倉曹"的執掌,它或許還負責"定課"田官、畜官上呈的考課文書。倉曹中負責定課的人員是令史,其對倉考課文書的格式、内容進行核對,檢驗其真實性,並查找紕漏等等。前文提到的 8-704+

---

① 黎明釗、唐俊峰:《里耶秦簡所見秦代縣官、曹組織的職能分野與行政互動》,《簡帛》第十三輯,第151—154頁。

8-706號簡是糧食管理的内容,其很可能是下發倉官的文書,其中的"課皆不應式令"(未別小大爲食),即在格式上被核查出不符合規範,並被要求重新上報。

# 小　　結

總之,通過對 8-150＋8-495 號簡的復原,可知倉課志文書中當包括"畜觳雞狗産子課""畜觳雞狗死亡課""徒隸死亡課""徒隸産子課""作務産錢課""徒隸行縣(徭)課"等八項内容。這幾項考課又分爲"對徒隸的考課"和"對禽畜的考課"兩大類,而這當是對秦倉官"管理徒隸""管理禽畜"兩項職能的監督。

分析所考課的項目,可以了解秦代對倉官考課的諸多細節。比如,對徒隸、禽畜死亡和産子的考課標準是不同的,其基本原則是價值越大者管理越嚴格。倉中飼養禽畜,或有安全和防止物資浪費的考慮。除了提供肉食、蛋類之外,多餘的息子還可以售賣,這被視爲倉的一項重要收入。倉官日常記録的各類"券"和"簿",是製作考課文書的原始檔案。倉的考課時間也是在年終進行,大致要在九月之前呈報縣廷。倉課志文書所遵循的"式",當至少"死亡者别以爲二課","當食人口數,别小大爲食"兩項内容。秦代對倉官的考課内容也設有固定的標準(程),並按照是否"中程"等情況實施懲罰或獎勵。另外,倉曹是縣廷中負責管理"倉官""畜官""田官"事務的具體機構,對倉的考課是由倉曹令史負責核對與"定課"。而在考課的過程中,倉曹作爲溝通三個機構與縣廷長官的媒介,發揮着重要作用。

# 第六章
# 嶽麓秦簡涉倉律令解讀

嶽麓秦簡中有一些與秦"倉"有關律文,比如第四卷刊布了《倉律》《内史襍律》,第五卷中有《内史倉曹令》等等,涉倉律令的發現爲秦倉制的研究提供了更翔實的材料。另外,這些律文多未見載於典籍,將其與睡虎地秦律以及里耶文書簡合觀,亦有助於豐富我們對秦倉制的認識。

## 第一節 倉 廩 設 施

倉廩,不僅是糧食收取、存儲、發放、借貸的重要機構,它更是維繫國家正常運轉的命脉所在。我們知道,秦倉包括"倉""廩""廥""困"等不同建築類型,然而關於秦倉廩設施的建築形式、安全措施、器具配置等問題,目前的研究還不够深入,嶽麓秦簡涉倉諸律的發現則提供了更多的信息。

### (一) 牆垣設置

牆垣是將倉與普通建築隔離開的重要防護設施,同時牆垣還兼有防衛安全、保護隱私的功能。因此，秦代對牆垣的修築及維護非常重視，如睡虎地《倉律》有"城旦之垣及它事而勞與垣等者，旦半夕參"的規定，即專門發放給從事修城垣之類的重體力徒隸更多的稟食。不僅如此，睡虎地秦簡《爲吏之道》甚至將"囷屋牆垣，溝渠水道"的建造作爲考核"良吏"的標準。而嶽麓秦簡第四卷的《内史襍律》中也有一些關於秦倉牆垣高度、臨近設施的具體規定。如：

> 内史襍律曰：芻稾廥、倉、庫實官積，垣高毋下丈四尺，它廧（牆）財（裁）爲候，晦令人宿，候二人。備火，財（裁）爲【池】□水官中，不可爲池者財（裁）爲池官旁。①
>
> （《嶽麓書院藏秦簡（肆）》169～170）
>
> 内史襍律曰：黔首室、侍（寺）舍有與廥、倉、庫實官補屬者，絶之，毋下六丈。它垣屬焉者，獨高其侍（置），不從律者，貲二甲。②　（《嶽麓書院藏秦簡（肆）》175～176）

據上引律文可知，秦代對倉廥的牆垣高度、臨近建築都有詳細規定，並要求倉建立起防盜、防火的預警系統。僅就秦倉的牆垣設置而言，《内史襍律》中規定作爲實官的"廥"和"倉"，其高度必須達到一定的標準：一般情況下，倉垣高度"毋下丈四尺"（約 3.22 米），而當"黔首室、寺舍"與之毗鄰時，倉垣的寬度則"毋下六丈"（約 13.8 米），其它牆垣毗鄰則只需單獨加高"其置廥及倉茅蓋者"。③　並且秦律規定，如不以此標準建造則要受"貲二甲"的懲罰，可見這一建築模式在當時應具有一定的普遍性。典籍所載，先秦時期建築多采取"牆方六丈""垣高

---

① 釋文的改讀，參第 21 頁注釋①。
② "庫"與"實官"連讀，從陳偉先生意見。見陳偉：《里耶秦簡所見遷陵縣的"庫"》，載《秦簡牘校讀及所見制度考察》，第 141—142 頁。
③ 睡虎地《内史襍》律文作"它垣屬焉者，獨高其置芻廥及倉茅蓋者"。對比可知，嶽麓簡所抄録當存在闕文。

丈四尺"的標準,如《禮記·儒行》記云"儒有一畝之宮,環堵之室,篳門圭窬,蓬户甕牖",孔穎達疏曰"一畝,謂徑一步,長百步爲畝。若折而方之,則東西南北各十步爲宅也。牆方六丈,故云'一畝之宮'"。又,《墨子·備城門》云"百步一亭,垣高丈四尺,厚四尺,爲閨門兩扇,令各可以自閉"。可見,嶽麓《内史襍律》對倉垣的規定大體是符合當時實際情況的。

## (二) 安全設施

糧倉安全是倉廩管理事務的重中之重,典籍中多有糧倉被盜的記載。如《漢書·石奮傳》記有"今君上書言倉庫城郭不充實,民多貧,盜賊衆",《全晉文·遺謝安書》亦云"倉督監耗盜官米,動以萬計"。爲防衛倉廩安全,秦代也建立了嚴密的防潮、防火、防蟲害、防盜制度。[①] 比如睡虎地秦簡《爲吏之道》告誡官吏"倉庫禾粟"要注意"庇藏封印,水火盜賊"。又,睡簡"内史雜律"也有一些防護倉廩安全的措施,相關記載作:

> 有實官高其垣牆。它垣屬焉者,獨高其置芻膚及倉茅蓋者。令人勿斱(近)舍。非其官人殹(也),毋敢舍焉。善宿衛,閉門輒靡其旁火,慎守唯敬(儆)。有不從令而亡、有敗、失火,官吏有重罪,大嗇夫、丞任之。内[②] 　　　　(195～196)

該記録可與上揭嶽麓《内史襍律》169～170、175～176號簡對讀,

---

① 可參蔡萬進:《從雲夢秦簡看秦國糧倉的建築與設置》。

② 第196號簡末的"内"字,是否爲"内史雜"的簡稱,學界曾存在爭論。如林清源先生曾對此提出懷疑,可參《睡虎地秦簡標題格式析論》,《"中央研究院"歷史語言研究所集刊》第73本第4分册,2002年,第789、790頁。嶽麓簡秦律的發現證明,這裏的"内"當是"内史襍律"之簡稱無疑。

將二者合觀可知：睡簡所言"有不從令而亡、有敗、失火"，當是倉廩防衛所竭力避免的幾種情況；如對倉廩安全監管不力，那麼"官吏有重罪"，或即嶽麓簡中的"貲二甲"；睡簡中所記"實官高其垣牆"，但具體高度並未具體說明，此高度當是嶽麓簡所言的"垣高毋下丈四尺"。

此外，嶽麓秦簡中還呈現一些秦倉廩防火、防盜方面的新內容。比如：（1）建立倉要建立負責預警的"候"，晚上"令人宿候"值守，還置兩人專門負責"備火"防盜。（2）倉附近要在宮中（或宮旁）"裁為池"儲水，用以預防火災。（3）將"黔首室、侍（寺）舍有與廥、倉、庫實官補屬者"隔離，並設"丈四尺"的高牆用以阻擋盜賊。（4）"它垣屬焉者，獨高其置芻廥及倉茅蓋者"，用以隔絕火源。這些記載豐富了我們對秦倉廩安全措施的認識。

## （三）器具設施

倉儲器具是實現糧食收支、發放、借貸等功能所必需的最基礎設施，《禮記·月令》云"是月也（仲春之月），日夜分。日夜分，則同度量，鈞衡石，角斗桶，正權概"，賈誼《惜誓》也稱"苦稱量之不審兮，同權概而就衡"。嶽麓秦簡第四卷《內史襍律》中也有一些有關秦代稱量器具的記載，如：

> ●內史襍律曰：諸官縣料者，各有衡石羸（纍）、斗甬（桶）期足，計其官，毋叚（假）黔首。不用者，平之如用者。以鐵午（杵）閒（扃）甬（桶）口，皆壹用方檃（概），[方]檃（概）毋得，用盤及圜檃（概）。① (171～172)

該律文規定各縣諸官（包括"倉"），必須要配備幾種稱量器具，這

---

包括"衡石纍、斗桶"等常見量器。此外,簡文中還提到"鐵杵""方概""盤""圍概"等專門用具。這些工具多有特殊用途,如"鐵杵"既可以作爲舂米工具,還能"扇桶口",而到稱量穀物時則需要用"方概"等工具將最上端的糧食刮平,這些器具都是倉廩中所不可或缺的。

# 第二節　倉　廩　管　理

一般而言,倉廩具有糧食儲藏與發放兩項基本職能。里耶秦簡的相關資料進一步説明,秦倉不僅負責發放稟食、飼養牲畜、借貸財物等具體事務,秦倉還是管理刑徒的重要機構。上述秦倉的管理職能,在嶽麓秦簡"涉倉諸律"中也得到了一定程度的體現。

## (一) 稟食發放

糧食發放是倉廩的主要職能,這也是徒隸獲得糧食的主要途徑。睡虎地秦律對稟食程序有詳細記載,如:

(1) 出禾,非入者是出之,令度之,度之當堤(題),令出之。其不
　　備,出者負之;其贏者,入之。雜出禾者勿更。

(《秦律十八種・倉律》23～24)

(2) 入禾,萬【石一積而】比黎之爲户,籍之曰:"其廥禾若干石,倉
　　嗇夫某、佐某、史某、稟人某。"是縣入之,縣嗇夫若丞及倉、鄉
　　相雜以封印之,而遣倉嗇夫及離邑倉佐主稟者各一户,以氣
　　(餼)人。其出禾,有(又)書其出者,如入禾然。

(《秦律十八種・效》168～170)

據上引律文可知,秦糧倉出稟規定十分細緻、嚴格。如陳振裕先生所言,秦糧食出入需"先將倉中稱量,稱量的結果與入倉時的題識相符合,才可以出倉。"[1]不僅如此,出稟內容及經辦人等信息還必須按照"其廥禾若干石,倉嗇夫某、佐某、史某、稟人某"的固定格式記於簿籍。這種固定格式在里耶秦簡中也得到準確的反映。如:

(3) 逕廥粟米一石二斗少半斗。 卅一年十一月丙辰,倉守妃、史感、稟人援出稟大隸妾始。I

令史扁視平。 感手。II (8-766)

(4) 粟米二斗。廿七年十二月丁酉,倉武、佐辰、稟人陵出以稟小隸臣益。I

令史戌夫監。II[2] (8-1551)

關於里耶秦簡的稟食標準及其出稟類型,學者已有諸多討論。[3]但總體而言,里耶簡所載徒隸的稟食數量與睡虎地《倉律》中的標準基本吻合。需要注意的是,此類稟食記錄中常有"令史"或"倉佐"等人負責"視監(視平)"的相關記載,但是在何種情況下由"令史(倉佐)"監察以及如何進行監察的細節,睡虎地《倉律》則未能詳述。[4] 幸運的是,嶽麓秦簡第四卷所見《倉律》恰能補其闕失,相關律文作:

●倉律曰:縣官縣料出入必平,稟禾美惡相襍乚,大輸令丞視,令史、官嗇夫視平乚,稍稟,令令史視平乚,不從令,貲一甲。

(163~164)

---

① 陳振裕:《從雲夢秦簡看秦國的農業生產》,《農業考古》1985年第1期。

② 該簡所稟食數量共計爲粟米二斗,若按《倉律》所載"小隸臣,月禾一石半石"的量來計算,該簡當爲四日的稟食總量。據此可以計算出小隸臣的日稟食量大概是"粟米日五升"。

③ 可參看黃浩波:《〈里耶秦簡(壹)〉所見稟食記錄》,《簡帛》第十一輯,第117—139頁;吳方浪、吳方基:《簡牘所見秦代地方稟食標準考論》;平曉婧、蔡邁進:《里耶秦簡所見秦的出糧方式》;等。

④ 《睡虎地秦簡·法律答問》第151號簡:"空倉中有薦,薦下有稼一石以上,廷行【事】貲一甲,令史監者一盾。"可見,秦代糧食出入過程,亦需要"令史"參與,並由其負責監視。

整理者指出，"縣料"即"稱量"，"必平"即稱量出入按照統一標準。[1] 那麼，"稟禾美惡相襍"，當指所出稟糧食的品質，它應是優等與劣質的摻和物。"大輸"與"稍稟"相對，當分別指糧食出稟數量的多寡。"大輸"指數量較多的情況，這需要"縣丞"親自操辦，"令史""官嗇夫"一併視平；而數量較小的"稍稟"，則僅需"令史"一人"視平"即可。然而，"大輸"與"稍稟"又如何區分呢？目前而言，里耶秦簡中絶大多數的稟食文書都是由"令史"視平，且其出糧數量一般不過數石而已，因此頗疑此類出稟當屬於嶽麓秦簡《倉律》所言的"稍稟"之列。那麼，究竟"大輸"的標準又是多少呢？如果僅據當前的資料來看，似仍不足以給出確切的判斷，我們也希望隨着材料的日益豐富，能對"大輸"有更深入的認識。

另外，嶽麓第五卷《內史倉曹令》還有關於倉發放稟食以及食物何人烹炊的律文：

> ●令曰：諸乘傳、乘馬、傳（使）馬傳（使）及覆獄行縣官，留過十日者，皆勿食縣官，以其傳稟米，叚（假）鬵鬴炊之，其257/1663【有】走、僕、司御偕者，令自炊。其毋（無）走、僕、司御者，縣官叚（假）人爲炊而皆勿給薪采。它如前令。　　●內史倉曹令258/1779
> 第丙册六259/1913

律文提到，諸乘傳馬及覆獄行縣官者，如果滯留 10 天，便不能在縣官就食。在出稟糧食之後，會借出一些烹炊器具。如果這些人員有走、僕等輔助人員，令他們自炊。如果没有走、僕等輔助人員，縣官可以借人爲其烹炊但不提供薪菜。反過來考慮，如果這些人員停留時間不超過 10 天，則可能是在縣廷中就食，並且由官方提供烹炊服務。

---

[1]　陳松長主編：《嶽麓書院藏秦簡（肆）》，第 168 頁。

另外,該條律文可與睡虎地秦簡、張家山漢簡《傳食律》對讀。比如,"諸乘傳、乘馬、傳(使)馬傳(使)及覆獄行縣官,留過十日者,皆勿食縣官"一句,與張家山《傳食律》"諸□□及乘置、乘傳者□□,皆毋得以傳食馬(231)","其有事馬,留過十日者,稟米令自炊(234~235)"的規定相近。而對"薪采"的供應,也可以與睡虎地秦簡《傳食律》179~182號簡中供給"采(菜)羹""韭葱""醬"等物品的規定相關。①

還值得一提的是,嶽麓秦簡第四卷中除了《倉律》之外,《司空律》也有一些關於徒隸衣食發放情況的記載。如:

> 司空律曰:有皋以貲贖及有責(債)于縣官,……【凡】不能自衣者,縣官衣之,令居其在如律然。其日未備而坡入錢者,許之。以日當刑而不能自衣食者,亦衣食而令居之。……黔首爲隸臣、城旦、城旦司寇、鬼新(薪)妻而内作者,皆勿稟食。……隸臣妾、城旦舂之司寇、居貲贖責(債)毄(繫)城旦舂者勿責衣食。其與城旦舂作者,衣食之如城旦舂,人奴婢毄(繫)城旦舂,貲衣食縣官,日未[備]而死者,由其衣食。毄(繫)城旦舂食縣官當責者,石卅錢。泰匠有貲贖責(債)弗能入,輒移官司空,除都廥
>
> (257~270)

根據律文,刑徒衣食的發放要視不同情況予以區分:"以日當刑而不能自衣食"的徒隸由縣官提供衣食;黔首爲徒隸而"内作者"則不得稟食;隸臣妾、城旦舂之司寇、居貲贖債等身份的刑徒如"繫爲城旦舂",也不得"責衣食"。上述發放規則之繁複,亦可見秦代對刑徒衣食管理的嚴格。而根據里耶秦簡所見的"司空稟食"記載來看,"司空"不僅能夠掌管刑徒,它同時還向掌管的刑徒發放糧食,這說明秦代的"司

---

① 整理者已指出,"采,通'菜',《秦律十八種·傳食律》'采羹'三見,均作'菜羹'解"。見《嶽麓書院藏秦簡(伍)》,第212頁。

空”可能有專門的糧倉。① 若此推論不誤，那麼嶽麓秦簡《司空律》中所發放的糧食很可能來源於“司空”掌管的倉。

## (二) 糧食借貸

除了負責日常“稟食”事務外，秦倉還負責向徒隸借貸“糧食、衣物”等生活物資。比如，里耶秦簡中出現大量“倉借貸文書”，甚至 8－481 號簡“倉曹計録”文書中還專門出現了統計借貸物資的“貸計”，可見秦代向徒隸借貸衣食等物資當是一種普遍現象。

有意思的是，里耶簡中還有一項由“洞庭郡尉”發給“遷陵倉守”的文書，文書中要求倉向“公卒徐”借貸糧食。其内容作：

> 廿八年七月戊戌朔癸卯，尉守竊敢之：洞庭尉遣巫居貸公卒 I
>
> 安成徐署遷陵。今徐以壬寅事，謁令倉貣食，移尉以展約日。敢言之。II
>
> 七月癸卯，遷陵守丞膻之告倉主，以律令從事。/遝手。即徐
> □入□。III　　　　　　　　　　　　　　　　　　(8－1563)
>
> 癸卯，胸忍宜利錡以來。/敞半。　　　齮手。
>
> 　　　　　　　　　　　　　　　　　　　(8－1563 背)

該文書中提到“公卒徐”的身份是“居貸”。《校釋（一）》懷疑“居貸”與居貲贖債類似。居貲贖債，作爲“居貲”“居贖”“居債”三者合稱，其基本性質與内容乃是以人身勞役作爲對國家的抵負代償手段。② 我

---

① 里耶秦簡中的“司空稟食”多出自“徑廥”，它或許就是秦遷陵縣司空發放稟食的專屬“倉”，其所稟食對象主要是司空掌管的城旦舂。

② 張金光：《秦制研究》，第 553 頁。

們懷疑,里耶簡中的"居貸"可能就是"居債"的别稱。"居債",非嚴格意義上的刑名,而是指一種經濟上的借貸關係。"居貸"與"居債"的内涵相近。根據里耶秦簡來看,"居貸"之稱也是與官府的糧食借貸有關,其實質也是一種經濟上的借貸關係。綜合來看,里耶 8 - 1563 號簡可視爲一封與"糧食借貸"相關的文書。而該文書的出現,也説明在秦代經由官府辦理的糧食借貸應當較爲常見。

儘管嶽麓秦簡第一卷《爲吏治官及黔首》告誡官員要"毋多賖貣"(簡 32),但是秦簡材料中仍能見到不少借貸記録。例如,嶽麓秦簡第四卷《司空律》《田律》還有如下記載:

(1) 司空律曰:有辠以貲贖及有責(債)于縣官,以其令日問之,其弗能人及償,以令日居之,日居八【錢】,食縣官者日居六錢,居官府食縣官者男子參(三),女子駟(四);當居弗居者貲官嗇夫、吏各一甲,丞、令、令【史】各一盾。　　(257~261)

(2) ●田律曰:毋令租者自收入租,人租貣者不給,令它官吏助之。不如令,官嗇夫、吏貲各二甲,丞、令、令史弗得及人租貣不給,不令它官吏助之,貲各一甲。　　(173~174)

(3) 黔首及司寇、隱官、斡官人居賖贖責(債)或病及雨不作,不能自食者,貸食,以平賈(價)賈,令食(?)居作(?)爲它縣吏及冗募羣戍卒有賖贖責(債)爲吏縣及署所者,以令及責(債)券日問其入,能入者,令日入之若移居縣入,弗能入者,以令及責(債)券日居之,如律。　　(259~261)

(4) 芻稾積五歲以上者以貸,黔首欲貣者,到收芻稾時而責(債)之,黔首莫欲貣,貣而弗能索(索)者,以黔首入租貣芻【稾】□□□□□賣,毋(無)衡石斗甬(桶)以縣米,令里□□者,□□□□□□☑☑石(?)斗甬(桶)∟,里量(?)以□□□□爲

□□□縣官衡石斗甬(桶)□縣(?)□□□□□□□□及蒭(?)

□□斗甬(桶)焉,毋奪黔首時,内史布當用者。

(386～389)

(5) 泰上皇時内史言:西工室司寇、隱官、踐更多貧不能自給糧

(糧)。議:令縣遣司寇入禾,<u>其縣毋(無)禾當貣者,告作所縣</u>

<u>償及貣</u>。西王室伐幹沮、南鄭山,令沮、南鄭聽西工室致。其

入禾者及吏移西工室。●二年曰:復用。●内史言,糵卒從

破趙軍∟,長輓粟徒壹夫身貧毋(無)糧,<u>貣縣官者</u>,死軍,爲

長……

(329～332)

上揭諸例中,例(1)當是在有罪或有債的情況下,如何通過"居債"
來償付的具體情況;例(2)爲田官租貸及收貸的具體要求;例(3)、例
(4)是關於官府對黔首、刑徒的貸食條件,以及借貸價格、歸還途徑等
内容的記載;例(5)是關於秦始皇時貸糧給刑徒的記載。在這些借貸
記錄中,多是刑徒在糧食不能自給的情況下而向倉、田官、司空等機構
借貸,而爲了償還借貸,徒隸則只能出賣自己的勞動,於是他們成爲一
類專門的"居債(居貸)"者。

## (三) 徒隸分配

如前所述,里耶秦簡的大量記錄證明了"秦倉不僅負責糧食收支,
同時它還是分配刑徒勞作的重要機構"。然而,典籍中秦倉管理刑徒
的具體細節仍不甚明晰,嶽麓秦簡涉倉諸律中則有不少內容可以補此
缺憾。比如嶽麓第四卷《倉律》有分配"吏僕""官守府"徒隸的相關
規定:

●倉律曰:毋以隸妾爲吏僕、養、官【守】府∟,隸臣少,不足以

231

給僕、養,以居貲責(債)給之;及且令以隸妾爲吏僕、養、官守府,有隸臣,輒伐〈代〉之∟,倉廚守府如故。 (165～166)

在此律文中,明確規定不得以"隸妾"充作"吏僕養"以及"事官府"。但是,當"隸臣少"不足以供應時,才能用"居貲債"來替換,而一旦"有隸臣",則需要用隸臣"輒代之"。我們知道,里耶秦簡"倉徒簿文書"是關於倉分配徒隸從事具體勞作的記錄,[①]此類文書中多見"倉"派遣隸臣妾從事"上事守府"或"爲吏養(徒養)"等勞役的記載。比如10-1170號簡云"卅四年十二月,倉徒薄(簿)取AⅠ:男卅人廷守府BⅥ,其男四百廿人吏養AⅥ",[②]第8-736號簡云"卅一年四月癸未朔甲午,【倉是】□☑Ⅰ,其四人吏養:唯、冰、州、□□Ⅲ"等等。在此例證中,"吏僕養、上事官府"的職務多是由"隸臣"來擔任,這與嶽麓秦簡《倉律》的規定相符合。

嶽麓秦簡第四卷中還有一項關於"載粟"勞役的規定,如:

●繇(徭)律曰:發繇(徭),興有爵以下到人弟子、復子,也先請屬所執灋,郡各請其守,皆言所爲及用積徒數,<u>勿敢擅興</u>,及毋敢擅傳(使)赦童、私屬、奴及不從車牛,凡免老及赦童未傳者,縣勿敢傳(使),節<u>載粟</u>乃發赦童年十五歲以上,史子未傅先覺(學)覺(學)室,<u>令與粟事</u>,赦童當<u>行粟</u>而寡子獨與老父老母居,老如免老,若獨與庈(癃)病母居者,皆勿行。

(《嶽麓書院藏秦簡(肆)》156～159)

"載粟"即"運載粟米",它是倉廩糧食轉運的重要內容,如《管子·輕重》記云:"齊即令隰朋漕粟于趙,趙糴十五,隰朋取之石五十,天下

---

① 湖南省文物考古研究所(張春龍執筆):《龍山里耶秦簡之"徒簿"》,《出土文獻研究》第十二輯,第129頁。
② 里耶秦簡博物館、出土文獻與中國古代文明研究協同創新中心中國人民大學中心編著:《里耶秦簡博物館藏秦簡》,第130頁。

聞之,載粟而之齊。"秦代對"載粟"之事亦非常重視,並派遣專人從事相關勞作,如里耶秦簡中便有"載粟"勞役(8－239、8－1525 等)。[①] 而嶽麓秦律中亦有規定服徭役者"勿敢擅興",具體到"載粟"勞役,則發"放童年十五歲以上"者。官吏之子未傅籍但由於他們已"先學學室",也可以參與載粟之事。律文同時規定,如果家裏有老父老母且放童爲獨子的情況下,則不必行此勞役。此條律文也顯示秦代對"年老獨子者"采取了一定的優待措施。

嶽麓秦簡第五卷《內史倉曹令》中也有關於"倉"分配徒隸勞作的規定:

> ●令曰：毋以隸妾及女子居貲贖者爲吏僕、養、老、守府,及毋敢以女子爲葆(保)庸,令炊養官府、寺舍,不從令,貲二甲,廢。
> 丞、令、令史、官嗇夫弗得,貲二甲。 ·內史倉曹令弟(第)乙六
> 　　　　　　　　　(《嶽麓書院藏秦簡(伍)》255～256)

律文體現了秦倉分配任務所遵循的基本原則。這些原則包括:(1) 不分配隸妾及女子居貲贖者擔任僕、養、守府等雜役。類似的規定,也曾見於睡虎地秦簡《均工律》[②]和嶽麓秦簡第四卷《倉律》(前引 165～166 號簡)[③]。比較而言,幾條律文內容相近但又各有側重,這也顯示了秦律、令之間的相互補充。(2) "毋敢以女子爲葆(保)庸,令炊養官府、寺舍"。這條律文顯示,秦代官方曾禁止以女子擔任葆庸,或令其在官府、寺舍中烹炊。之所以禁止這些行爲,應當是由於這些勞作一般會派遣專門的男性刑徒完成(比如隸臣),同時爲了更大程度地

---

發掘其勞動價值，隸妾等人一般會被安排從事更能創造價值的工作（比如“織”）。

## （四）懲戒規定

秦法歷來以嚴酷、繁複著稱，對於秦倉廩的管理同樣詳細、嚴格。如盧鷹先生指出：“秦代從糧食的入倉，貯藏保管與使用分配的每一道程序都制定了具體詳細的法令，依法管倉，違犯必究，以此維護封建國家的利益不受到絲毫損害。同時在法令嚴明的基礎上使國家倉政各級管理人員責任分明，互相監督，輕易不敢怠忽職守和因私廢公。”[1]嶽麓秦律的内容也大體如此，比如第四卷《賊律》對製作券書時出現錯誤時，應受到何種懲罰都進行了詳細規定。如：

> ●賊律曰：爲券書，少多其實，人户、馬、牛以上，羊、犬、彘二以上及諸誤而可直（值）者過六百六十錢，皆爲大誤；誤羊、犬、彘及直（值）不贏六百六十以下及爲書而誤、脱字爲小誤。小誤，貲一盾；大誤，貲一甲。誤，毋（無）所害□□□□殹（也），減辠一等。
>
> （225～227）

律文規定製作“券書”時如出現失誤，要受到相應懲罰，且具體懲罰要根據所記物資種類、價格的不同分爲“大誤”，“小誤”，“誤，毋所害”等不同情况。典籍所載，統計出現錯誤之事多見，如居延漢簡第317.11A號簡云“宗前受茭五十二積，今白五十三積，多一積”，可爲佐證。[2] 我們知道，倉作爲儲糧與發放糧食的主要機構，在稟食、借貸等具體事務中均需要製作券書以留證，因此《賊律》的相關規定對“倉吏”

① 盧鷹：《秦倉政研究》。
② 謝桂華、李均明、朱國炤：《居延漢簡釋文合校》，文物出版社 1987 年，第 513 頁。

具有極强的針對性。另外，嶽麓第四卷《雜律》第242號簡云"嗇夫擅桎杵(梏)吏，若奪衣寇(冠)、劍、履以辱之，皆貲二甲"，也即規定所有機構的主事嗇夫不得對屬吏動用私刑或進行侮辱，否則要受到"貲二甲"的懲罰。該條律文對於秦"倉嗇夫"也同樣適用。

此外，嶽麓簡第四卷《田律》中有關於"租貸歸還"的記録，其内容作：

> ●田律曰：租禾稼、頃芻稾，盡一歲不赓(畢)入及諸貸它縣官者，書到其縣官，盈卅日弗入及有逋不入者，貲其人及官嗇夫、吏主者各一甲∟，丞、令、令史各一盾。逋其入而死、亡有辠毋(無)後不可得者，有(又)令官嗇夫、吏代償。　　　　(106～108)

這裏的"諸貸它縣官者"當指向"田官"之外的縣官借貸，律文規定歸還所貸物資要在一年之内完成，如果超過期限30天仍没有歸還，則借貸人以及官嗇夫、屬吏、丞、令等人均要受罰；如果借貸人去世或逃亡，那麽官嗇夫、屬吏要代其負償。據此律文，可以管窺秦律對諸官(包括倉)借貸的大致程序及其對借貸人的具體要求，這些也説明了秦對借貸管理的嚴格控制。

# 第三節　餘　　論

嶽麓秦簡的"涉倉諸律"是管窺秦倉廩制度的一個窗口，藉此我們能够看到秦倉的管理無論是其建築形制、器具配置，還是其在事務管理的諸多方面，已形成了一套完備而又行之有效的運作體系，並且該體系對後世產生了深遠的影響。如蔡萬進先生所言，秦倉廩的設置到西漢時發展得更爲系統、更爲完備，後代各朝在倉的設置上，基本都延續了秦漢創制的這一體制。①

我們認爲這種影響不僅體現爲建築形制、倉廩職官的延續，更重要的是倉廩職能、管理程序、制度規範等内容的繼承。比如，嶽麓第四卷《内史襍律》169、170 號簡中規定倉廥附近要"財（裁）爲池"，"宫中不可爲池者裁爲池宫旁"用以防火。《居延漢簡》EPT40：75A 號簡云"道居延遮虜倉其下有河"，②朱奎澤先指出這種靠近河流的做法便於給水，有利於防火，這當是出於儘可能利用自然地利以提高倉儲安全係數的考慮。③ 20 世紀 80 年代發掘的西漢京師倉遺址中，也在糧倉周圍發現有水井 2 眼、水溝 1 條和水池 1 個，這些應當是防止火災的具體設施。④ 時至唐代，《天聖令·倉庫令》中也有"諸倉窖，皆於城内高燥處置之，於倉側開渠泄水，兼種榆柳"一類關於防潮、防火的規定。⑤ 張弓先生通過秦律與唐倉令的對比，認爲先秦時期的縣廷倉廩，當是唐代正倉的前身，⑥這一判斷也大概反映了後世倉制對秦代的繼承和延續。

誠然，嶽麓秦簡涉倉諸律只是浩浩秦律之一隅，而我們據此所窺探的也應只是秦倉廩制度的一斑。但是僅從嶽麓秦簡的零散記載便能看出，秦國對倉廩的設置與管理可謂規範嚴密而又頗具科學性，這種規範且完備的倉廩系統，最終成爲秦國迅速崛起並完成統一大業的重要因素。

---

① 蔡萬進：《從雲夢秦簡看秦國糧倉的建築與設置》。

② 馬怡、張榮强主編：《居延新簡釋校》，天津古籍出版社 2013 年，第 133 頁。

③ 朱奎澤：《漢代河西屯戍系統的倉》，《中國農史》2006 年第 2 期。

④ 陝西省考古研究所華倉考古隊（杜葆仁等執筆）：《漢華倉遺址發掘簡報》。

⑤ 天一閣博物館、中國社會科學院歷史研究所天聖令整理課題組校證：《天一閣藏明鈔本天聖令校證：附唐令復原研究》，第 277 頁。

⑥ 張弓：《唐朝倉廩制度初探》，中華書局 1986 年，第 2 頁。

# 結　語


　　糧食倉儲在社會經濟生活中占有重要地位。秦朝是中國歷史上第一個大一統的王朝，它的建立和運行，必然離不開一個龐大且高效的倉儲系統予以支撑。通過秦簡牘材料，我們對秦"倉"的相關問題予以考察，並得出以下幾點認識：

　　一、倉廥的設置問題。第一章通過對秦簡牘中倉廥辭例的辨析，指出秦簡牘中倉和廥的區別，在於倉一般僅儲藏糧食，廥除了可以儲藏供人食用的糧食外，也能儲藏芻槀。另外，根據《内史倉曹令》的記載，並結合倉官傳遞文書到縣廷的時間，可推測遷陵縣倉距離縣廷可能在 20 里的範圍内。遷陵縣四個廥倉出現的時間存在先後，或有一定的沿革關係。儘管遷陵縣設有多處倉、廥，但從總體看遷陵縣本地產糧並不足以自給。此外，書中根據里耶 9 - 50 號簡中有關貳春鄉倉的相關記載，認爲該簡可以佐證秦簡中的"守官"爲"暫時代理"之意，而縣属官署守官的任命權掌握在縣廷手中。貳春鄉倉儲藏的是"備盜賊糧"，説明秦代的糧倉系統應當包括日常使用和戰略儲備兩類。備盜賊倉的出現，也反映了當時秦遷陵縣仍然存在一些不穩定因素，一些潛在勢力或盜賊仍然對地方統治構成威脅。由該例還可知，秦代鄉官職務的交接應當包含糧倉的相關信息，而鄉倉亦有完善的封印制度。

二、秦代的稟食問題。第二章以里耶秦簡爲中心,分析了遷陵縣的稟食文書,認爲秦縣下屬的倉、司空、鄉、田官、尉、廄舍等機構均有稟食的職能,而倉是最主要的稟食機構,承擔着主要的稟食任務。同時,各機構的出稟存在分工,"就近稟食""管理機構稟食"和"使用機構稟食"應當是分工的主要原則。另一方面,對本地稟食和外地稟食的程序分别予以分析,認爲本地稟食由倉、司空、田官、諸鄉等機構負責,其主要過程可分前期準備、具體發放、發放後的信息匯總與呈報。糧食發放,是其中最爲關鍵和複雜的一個程序。以"倉"出稟爲例,"倉"出稟的過程當包括"開倉""量穀""記錄""封倉"四個關鍵步驟。外出續食大多跨地區、跨機構,這需要多個機構互相協作才能完成。一個比較完整的給食過程,大概要歷經"本地糧食機構提出稟食需求","本地縣廷照會外地縣廷","外地縣鄉接收與批轉外地糧食機構","外地糧食機構稟食"等關鍵環節。

至於發放稟食的對象和日期,文章認爲有秩吏、官嗇夫、佐史、官長等基層吏員,主要是按月發放、單獨發放;城旦舂、鬼薪白粲、小城旦、小舂、隸妾居貲主要是計日受稟,且多是集中發放。結合里耶簡中的相關記載來看,秦代的稟食或可以由親人及相關人員代領。此外,結合秦簡牘中對稟食的相關規定,可以看到粟米和稻米是出稟時最常見的糧食類型。秦軍糧當有固定的稟食對象,並且在受稟之後不得以"傳"向縣貸食,所受稟的糧食也不能向外售賣。通過簡牘秦律和里耶文書簡的稟食記載,可以分别計算出不同發放對象每月、每日乃至每餐的稟食標準,書中將數據繪製成表予以說明。書中還指出,官方制定了對吏員、刑徒稟食的"停、減機制",當這些人員有違禁情況時,官方會通過停止或減少稟食發放的措施予以懲罰。

三、糧倉的安全問題。第三章通過分析里耶秦簡"水火敗亡課"文書,指出秦代有監督各機構物資"水火敗亡"情況的考課制度,倉中糧食遭受水患、火災、腐爛、遺失等各種損耗,皆在考課範圍內。同時,從簡牘秦律也能看到秦代防患災害的各種措施,比如秦代建立了隔絕火源、建造防火墻、加强警衛、儲備水源等較爲系統的糧倉防火制度。這些措施不僅具有很强的操作性,且頗具科學性,後世糧倉管理時亦多沿用。里耶簡中的"束"有多種形態,"鼠券束"是關於捕鼠的券書。里耶簡中的"倉稟人捕鼠"簡以及南越國遺址出土的捕鼠簡,可能是"捕鼠券"的實例。在倉中勞作的"稟人"還需要承擔捕鼠的任務。及時啓閉糧倉窗户以及安裝窗網則是常見的針對鳥雀的防治措施。

四、倉對隸臣妾的管理問題。第四章通過分析里耶秦簡的徒簿文書,指出秦縣的隸臣妾如果患病,作爲管理機構的倉需要對病情予以診問,以掌握隸臣妾的生理狀態並防止其詐病不作。爲了加强管理,隸臣妾生病和病愈的情況,也會由管理機構分別記錄。對患病隸臣妾的管理,雖是暫時減輕剥削的手段,但也可據此看到秦代"恤囚"的一面。同時,根據簡牘秦律的相關記載可知,隸臣妾如果死亡,倉的管理者需要依程序記錄死者信息、診驗死亡現場、上報管理機構。隸臣妾死亡之後若仍有未清理的債務,則管理隸臣妾的吏員要代其賠償。對於逃亡的隸臣妾,秦代亦有許多具體措施予以限制、緝捕。爲了加强對隸臣妾的管理,隸臣妾"死亡"和"逃亡"的情況亦需要由倉統計、上報,並被作爲倉官考課的重要内容。

結合簡牘秦律以及里耶秦簡的相關記載,第四章指出睡虎地秦簡中的"從事公",是隸臣妾在官府各機構勞作行爲的統稱。里耶秦簡作徒簿中的各種勞作,當是"從事公"的具體類型。考察這些勞作名,可以發現隸臣妾參與的事務非常廣泛,但主要屬於雜役和輔助的範圍。爲方便説明,書中還統計了《里耶秦簡(壹)》中隸臣妾的人名和對應事務,並繪製成表。這些雜役大致可分爲生産、傳輸、求取、畜牧、守衛等類型,且大多爲輕體力勞作。另外,據里耶秦簡作徒簿還可知,遷陵縣的隸臣妾呈現出女多男少的特徵，且隸臣妾勞作分工具有一定的穩定性，隸臣妾的使用需遵循申請、分配、上報、歸建等程序。有特殊技能的隸臣妾，會被禁止參與一些較爲低級的勞作種類，以最大程度地利用其價值。同時，徒隸還可以經過學習和實踐掌握某種特殊技能。當隸臣妾不從事公時，他們可以依靠家庭供給、傭作、借貸、獲取購賞等手段謀生。不過，據里耶秦簡來看，隸臣妾絕大部分情況下都是有任務在身的。也即，所謂的"不從事公勿稟"可能是統治者迫使隸臣妾不敢消極怠工的手段。此外，隸臣妾的住所並不固定，並且可能由管理機構根據性別、大小、勞役類型分配住宿。

五、倉的考課問題。第五章過對 8‐150＋8‐495 號簡的復原，指出倉課志文書中當包括"畜彘雞狗產子課""畜彘雞狗死亡課"等八項內容，這幾項考課又分爲"對徒隸的考課"和"對禽畜的考課"兩大類，是對秦倉官"管理徒隸""管理禽畜"兩項職能的監督。此外，書中對所考課的項目分別加以分析，認爲對徒隸、禽畜死亡和產子的考課標準是不同的，其基本原則是價值越大者管理越嚴格。倉中飼養禽畜，或有安全和防止物資浪費的考慮。除了提供肉食、蛋類之外，多餘的息子還可以售賣，這被視爲倉的一項重要收入。另外，倉官日常記錄的各類"券"和"簿"，是製作考課文書的原始檔案。倉的考課時間也是在年終進行，大致要在九月之前呈報縣廷。倉課志文書所遵循的"式"，當至少"死亡者別以爲二課"，"當食人口數，別小大爲食"兩項內容。秦代對倉官的考課內容也設有固定的標準（程），並按照是否"中程"等情況實施懲罰或獎勵。另外，倉曹是縣廷中負責處理"倉官""畜官""田官"事務的具體機構，對倉的考課是由倉曹令史負責核對與"定課"。而在考課的過程中，倉曹作爲溝通三個機構與縣廷長官的媒介，發揮着重要作用。

六、嶽麓簡所見秦倉制的相關問題。嶽麓秦簡《倉律》《內史襍律》

《内史倉曹令》等律令中有諸多關於秦倉廩設置、管理的内容,第六章通過嶽麓秦簡所見涉倉諸律,探討秦倉在牆垣高度、安全措施、器具設施等具體細節方面的詳盡規定。此外,秦倉在稟食發放、糧食借貸、徒隸分配等實際管理中也要遵循固定的程式。嶽麓秦簡"涉倉諸律"的出現,説明我國古代倉廩的設置與管理至少在秦代已經形成了一個較爲完備的體系,而該體系對漢及後世倉儲事業的發展影響深遠。

# 參考文獻

**A**

1. 安作璋：《從睡虎地秦墓竹簡看秦代的農業經濟》，載中國秦漢史研究會編：《秦漢史論叢》第一輯，陝西人民出版社 1981 年。

2. 安作璋、熊鐵基：《秦漢官制史稿》，齊魯書社 1985 年。

**B**

3. 卜風賢：《周秦漢晉時期農業災害和農業減災方略研究》，中國社會科學出版社 2006 年。

4. 卜憲群：《秦漢之際鄉里吏員雜考——以里耶秦簡爲中心的探討》，《南都學壇（人文社會科學學報）》2006 年第 1 期。

5. 步雁：《秦漢時期的陶倉》，《中國文物畫報》2012 年第 7 期。

**C**

6. 曹方向：《試説秦簡“垔穴”及出土文獻所見治鼠措施》，簡帛網 2009 年 8 月 4 日，http://www.bsm.org.cn/show_article.php? id＝1126。

7. 曹建強：《中國農業博物館藏漢代的陶糧倉》，《農業考古》2001 年第 1 期。

8. 蔡萬進：《秦國廥籍制度探略》，《中州學刊》1993 年第 4 期。

9. 蔡萬進：《從雲夢秦簡看秦國糧倉的建築與設置》，《中州學刊》1996 年第 2 期。

10. 蔡萬進：《試論春秋戰國時期秦國的賑災》，《中州學刊》1997 年第 3 期。

11. 蔡萬進：《秦國“是縣入之”糧倉社會功用述論》，《秦文化論叢》第七輯，西北大學出版社 1999 年。

12. 蔡萬進：《秦國糧食運輸政策探略》，《鄭州大學學報》2001 年第 1 期。

13. 蔡萬進:《秦國糧食經濟研究(增訂本)》,大象出版社 2009 年。

14. 蔡萬進、李若飛:《〈里耶秦簡(壹)〉研究綜述》,《魯東大學學報(哲學社會科學版)》2016 年第 5 期。

15. 曹旅寧:《釋"徒隸"兼論秦刑徒的身份及刑期問題》,《上海師範大學學報(哲學社會科學版)》2008 年第 5 期。

16. 曹旅寧:《嶽麓秦簡中的一條内史雜律》,簡帛網 2009 年 5 月 9 日,http://www. bsm. org. cn/show_article. php? id=1048。

17. 曹書林:《"受倉隸妾"解》,《魯東大學學報(哲學社會科學版)》2013 年第 5 期。

18. 曹書林:《里耶秦簡"作徒簿"勞作者身份問題研究》,鄭州大學碩士學位論文,2014 年 4 月。

19. 陳公柔:《瓦因托尼出土廩食簡的整理與研究》,《文史》1988 年第十三辑;又見於《先秦兩漢考古學論叢》,文物出版社 2005 年。

20. 陳侃理:《北大秦簡中的方術書》,《文物》2012 年第 6 期。

21. 陳侃理:《北京大學藏秦代傭作文書初釋》,《出土文獻研究》第十四辑,中西書局 2015 年。

22. 陳夢家:《漢簡綴述》,中華書局 1980 年。

23. 陳松長編著:《香港中文大學文物館藏簡牘》,香港中文大學文物館 2001 年。

24. 陳松長:《嶽麓書院藏秦簡中的行書律令初論》,《中國史研究》2009 年第 3 期。

25. 陳松長:《嶽麓書院所藏秦簡綜述》,《文物》2009 年第 3 期。

26. 陳松長:《睡虎地秦簡中的"將陽"小考》,《湖南大學學報(社會科學版)》2012 年第 5 期。

27. 陳松長主編:《嶽麓書院藏秦簡(肆)、(伍)》,上海辭書出版社 2015、2017 年。

28. 陳松長:《嶽麓秦簡中的秦令令名訂補》,《第六屆"出土文獻與法律史研究"暨慶祝華東政法大學法律古籍整理研究所成立三十周年學術研討會論文集》,上海 2016 年 11 月。

29. 陳偉:《秦簡牘整理與研究》,經濟科學出版社 2017 年。

30. 陳偉:《秦簡牘校讀及所見制度考察》,武漢大學出版社 2017 年。

31. 陳偉:《文本復原是一項長期而艱巨的工作》,《湖北大學學報》1999 年第 2 期。

32. 陳偉:《張家山漢簡〈津關令〉中的涉馬諸令研究》,《考古學報》2003 年第

1 期。

33. 陳偉：《秦蒼梧、洞庭二郡芻論》，《歷史研究》2003 年第 5 期。

34. 陳偉：《嶽麓書院秦簡考校》，《文物》2009 年第 10 期。

35. 陳偉：《關於秦簡牘綜合整理與研究的幾點思考》，《簡帛》第四輯，上海古籍出版社 2009 年。

36. 陳偉：《秦與漢初的文書傳遞系統》，《燕説集》，商務印書館 2011 年。

37. 陳偉：《關於秦與漢初"入錢缿中"律的幾個問題》，《考古》2012 年第 8 期。

38. 陳偉：《里耶秦簡所見的"田"與"田官"》，《中國典籍與文化》2013 年第 4 期。

39. 陳偉：《睡虎地秦簡法律文獻校讀》，《中國古代法律文獻研究》第九輯，社會科學文獻出版社 2015 年。

40. 陳偉：《關於秦遷陵縣"庫"的初步考察》，《簡帛》第十二輯，上海古籍出版社 2016 年。

41. 陳偉：《〈秦二世元年十月甲午詔書〉通釋》，《江漢考古》2017 年第 1 期。

42. 陳偉：《嶽麓書院藏秦簡先王之令解讀及相關問題探討》，《"中央研究院"歷史語言所集刊》第 88 本第 1 分，2017 年 3 月。

43. 陳偉：《秦漢簡牘"居縣"考》，《歷史研究》2017 年第 5 期。

44. 陳偉：《嶽麓秦簡〈爲吏〉與〈説苑〉對讀》，簡帛網 2009 年 12 月 1 日，http：//www. bsm. org. cn/show_article. php? id＝1186。

45. 陳偉：《〈爲吏治官及黔首〉1531、0072 號簡試讀》，簡帛網 2010 年 1 月 22 日，http：//www. bsm. org. cn/show_article. php? id＝1210。

46. 陳偉：《嶽麓秦簡〈爲吏治官及黔首〉識小》，簡帛網 2011 年 4 月 8 日，http：//www. bsm. org. cn/show_article. php? id＝1434。

47. 陳偉：《嶽麓書院藏秦簡（三）識小》，簡帛網 2013 年 9 月 10 日，http：//www. bsm. org. cn/show_article. php? id＝1893。

48. 陳偉：《嶽麓秦簡肆校商（壹）》，簡帛網 2016 年 3 月 27 日，http：//www. bsm. org. cn/show_article. php? id＝2503。

49. 陳偉：《嶽麓秦簡肆校商（貳）》，簡帛網 2016 年 3 月 28 日，http：//www. bsm. org. cn/show_article. php? id＝2504。

50. 陳偉：《嶽麓秦簡肆校商（三）》，簡帛網 2016 年 3 月 29 日，http：//www. bsm. org. cn/show_article. php? id＝2506。

51. 陳偉：《嶽麓秦簡肆校商（四）》，簡帛網 2016 年 11 月 30 日，http：//www. bsm. org. cn/show_article. php? id＝2675。

52. 陳偉：《〈嶽麓書院藏秦簡〔伍〕〉校讀》，簡帛網 2018 年 3 月 9 日，http：//

www. bsm. org. cn/show_article. php? id＝3000。

53. 陳偉：《〈嶽麓書院藏秦簡〔伍〕〉校讀（續二）》，2018 年 3 月 11 日，http：//
www. bsm. org. cn/show_article. php? id＝3011。

54. 陳偉：《〈嶽麓書院藏秦簡〔伍〕〉校讀（續三）》，2018 年 3 月 11 日，http：//
www. bsm. org. cn/show_article. php? id＝3030。

55. 陳偉主編，何有祖、魯家亮、凡國棟撰著：《里耶秦簡牘校釋（第一卷）、（第
二卷）》，武漢大學出版社 2012、2018 年。

56. 陳偉主編，彭浩、劉樂賢等撰著：《秦簡牘合集：釋文注釋修訂本（壹、
貳）》，武漢大學出版社 2016 年。

57. 陳偉主編，李天虹、劉國勝等撰著：《秦簡牘合集：釋文注釋修訂本（叁）》，
武漢大學出版社 2016 年。

58. 陳偉主編，孫占宇、晏昌貴等撰著：《秦簡牘合集：釋文注釋修訂本（肆）》，
武漢大學出版社 2016 年。

59. 陳文華：《中國古代農業科技史圖譜》，農業出版社 1991 年。

60. 陳文華：《中國農業考古圖錄》，江西科學技術出版社 1994 年。

61. 陳文華、胡義慈：《新干縣發現戰國糧倉遺址》，《文物工作資料》1976 年第
2 期。

62. 陳治國：《里耶秦簡之"守"和"守丞"釋義及其他》，《中國歷史文物》2006
年第 3 期。

63. 陳振裕：《從睡虎地秦簡看秦國的農業生產》，《農業考古》1985 年第 1 期。

64. ［日］池田雄一：《中國古代の聚落と地方行政》，汲古書院 2002 年。

65. 程樹德：《九朝律考》，商務印書館 2010 年。

66. 重慶市博物館編：《重慶市博物館藏四川漢畫像磚選集》，文物出版社
1957 年。

**D**

67. ［日］大川俊隆：《秦漢における穀物換算率について》，《大阪產業大學論
集（人文科學編）》2005 年第 116 號。

68. ［日］大庭脩著，林劍鳴等譯：《秦漢法制史研究》，上海人民出版社
1991 年。

69. ［日］大櫛敦弘：《雲夢秦簡「日書」にみえる「困」について》，《中國社會と
文化》1987 年第 2 號。

70. ［日］大櫛敦弘：《秦代國家の穀倉制度》，《海南史學》1990 年第 28 期。

71. ［日］大櫛敦弘：《雲夢秦簡倉律より見た戰國秦の穀制度——〈秦代國

家の穀倉制度〉補論》,《海南史學》1992 年第 30 期。

72. 代國璽:《秦漢的糧食計量體系與居民口糧數量》,《歷史語言研究所集刊》第 89 本第 1 分。

73. 戴衛紅:《中、韓出土"貸食"簡研究》,《中華文史論叢》2015 年第 1 期。

74. 戴衛紅:《東亞簡牘文化的傳播——以韓國出土"椋"字木簡爲中心的探討》,《文史哲》2017 年第 2 期。

75. 鄧瑋光:《走馬樓吴簡"出米簿"的復原與研究》,《簡帛研究 2015》春夏卷,廣西師範大學出版社 2015 年。

76. 鄧雲特:《中國救荒史》,商務印書館 2011 年。

77. 董琴:《簡牘所見秦漢廩食問題》,東北師範大學碩士學位論文,2015 年5 月。

78. 杜葆仁:《京師倉當與西漢的京師倉》,《考古與文物》1981 年第 3 期。

79. 杜葆仁:《我國糧倉的起源和發展》,《農業考古》1984 年第 2 期。

80. 杜葆仁:《我國糧倉的起源和發展(續)》,《農業考古》1985 年第 1 期。

F

81. 〔日〕飯尾秀幸撰,楊振紅譯:《秦、西漢初期里的内與外》,《簡帛研究2007》,廣西師範大學出版社 2010 年。

82. 樊志民:《秦農業歷史研究》,三秦出版社 1997 年。

83. 樊志民:《戰國秦漢農官制度研究》,《史學月刊》2003 年第 5 期。

84. 方勇:《讀秦簡札記兩則》,《江漢考古》2011 年第 3 期。

85. 方勇:《秦簡牘文字編》,福建人民出版社 2012 年。

86. 方勇:《讀秦簡札記三則》,復旦大學出土文獻與古文字研究中心網站2009 年 8 月 25 日,http://www. gwz. fudan. edu. cn/SrcShow. asp? Src_ID=877。

87. 馮柳堂:《中國歷代民食政策史》,商務印書館 1932 年。

88. 〔日〕冨谷至:《漢代穀倉制度——エチナ川流域の食糧支給より》,《東方學報》1996 年第 68 號。

89. 〔日〕冨谷至著,劉恒武、孔李波譯:《文書行政的漢帝國》,江蘇人民出版社 2013 年。

90. 〔日〕冨谷至著,楊振紅譯:《從額濟納河流域的糧食配給論漢代穀倉制度》,載中國社會科學研究簡帛研究中心編:《簡帛研究譯叢》(第二輯),湖南人民出版社 1998 年。

91. 〔日〕冨谷至著,柴生芳、朱恒曄譯:《秦漢刑罰制度研究》,廣西師範大出版社 2006 年。

**G**

92. 甘肅簡牘保護研究中心等編:《肩水金關漢簡(壹)、(貳)》,中西書局 2011、2012 年。

93. 甘肅簡牘博物館等編:《肩水金關漢簡(叁)、(肆)、(伍)》,中西書局 2013、2015、2016 年。

94. 甘肅省文物工作隊編:《漢簡研究文集》,甘肅人民出版社 1984 年。

95. 甘肅省文物考古研究所編:《敦煌漢簡》,中華書局 1991 年。

96. 甘肅省文物考古研究所編:《天水放馬灘秦簡》,中華書局 2009 年。

97. 甘肅省文物考古研究所等編:《居延新簡——甲渠候官與第四燧》,文物出版社 1990 年。

98. 高亨撰,董安治整理:《古字通假會典》,齊魯書社 1989 年。

99. 高恒:《秦律中"隸臣妾"問題的探討》,《文物》1997 年第 7 期。

100. 高敏:《論〈秦律〉中的"嗇夫"一官》,《社會科學戰綫》1979 年第 1 期。

101. 高敏:《雲夢秦簡初探(增訂本)》,河南人民出版社 1981 年。

102. 高敏:《秦漢史探討》,中州古籍出版社 1998 年。

103. 高敏:《秦漢魏晉南北朝史論考》,中國社會科學出版社 2004 年。

104. 高榮:《漢代河西糧食作物考》,《中國農史》2014 年第 1 期。

105. 高一致:《〈嶽麓書院藏秦簡(壹)〉集釋》,武漢大學碩士學位論文,2011 年 5 月。

106. 高一致:《秦漢簡帛農事資料分類匯釋及相關問題研究》,武漢大學博士學位論文,2017 年 5 月。

107. 高一致:《秦漢簡札記三則》,《楚學論叢》第五輯,由湖北人民出版社出版 2016 年。

108. 高一致("白鬍芝"):《〈嶽麓書院藏秦簡(肆)〉初讀》,簡帛網"簡帛論壇" 2016 年 3 月 27 日,http://www. bsm. org. cn/bbs/read. php? tid＝3331&page＝4,第 38 樓回帖。

109. 高震寰:《從〈里耶秦簡(壹)〉"作徒簿"管窺秦代刑徒制度》,《出土文獻研究》第十二輯,中西書局 2013 年。

110. 高震寰:《從勞動力角度看秦漢刑徒管理制度的發展》,臺灣大學博士論文,2017 年 8 月。

111. [日]工藤元男著,徐世虹譯:《秦内史》,《日本中青年學者論中國史(上古秦漢卷)》,上海古籍出版社 1995 年。

112. 宮長爲：《淺談秦代經濟管理中對官吏的幾種規定》，《東北師大學報》1982 年第 6 期。

113. 宮長爲：《秦代的糧倉管理——讀〈睡虎地秦墓竹簡〉札記》，《東北師大學報》1986 年第 2 期。

114. ［日］宮宅潔：《出稟與出貸——里耶秦簡所見戍卒的糧食發放制度》，《中國簡帛學國際論壇 2017 會議論文集》，武漢 2017 年 10 月。

115. 管東貴：《從漢簡看漢代邊塞的俸廩制》，載《陶希聖先生八秩榮慶論文集》，食貨出版社 1979 年。

116. 廣州市文物管理委員會編：《廣州出土漢代陶屋：附陶倉、陶井、陶灶》，文物出版社 1958 年。

117. 廣州市文物考古研究所、中國社會科學院考古研究所、南越王宮博物館籌建處：《廣州市南越國宮署遺址西漢木簡發掘簡報》，《考古》2006 第 3 期。

118. 郭浩：《漢代地方財政研究》，山東大學出版社 2011 年。

119. 郭洪伯：《稗官與諸曹——秦漢基層機構的部門設置》，《簡帛研究 2013》，廣西師範大學出版社 2014 年。

120. 郭濤：《秦帝國行政末端運行研究——以里耶秦簡牘爲中心的考察》，復旦大學博士學位論文，2016 年 4 月。

**H**

121. 韓長松：《焦作陶倉樓》，中州古籍出版社 2015 年。

122. 韓樹峰：《秦漢徒刑散論》，《歷史研究》2005 年第 3 期。

123. 韓巍：《北大秦簡中的數學文獻》，《文物》2012 年第 6 期。

124. 韓巍：《北大秦簡〈算書〉土地面積類算題初識》，《簡帛》第八輯，上海古籍出版社 2013 年。

125. 韓巍：《北大秦簡"魯久次問數於陳起"今譯、圖版和專家筆談》，《自然科學史研究》2015 年第 2 期。

126. 韓偉：《秦國的貯糧設施淺議》，《考古與文物叢刊》1983 年第 3 號。

127. 漢語大字典編輯委員會編：《漢語大字典》，湖北辭書出版社、四川辭書出版社 1992 年。

128. 漢語大字典字形組編：《秦漢魏晉篆隸字形表》，四川辭書出版社 1986 年。

129. 何佳：《長沙走馬樓吳簡所見倉、庫及倉吏、庫吏的研究》，《簡牘學研究》第四輯，甘肅人民出版社 2004 年。

130. 何家英、夏自華、賴惠蘭：《瓦因托尼出土之漢代"食簿"（一）、（二）、（三）》，《簡牘學報》，1980 年第七期。

131. 何慕：《秦代政區研究》，復旦大學年博士學位論文，2009 年 10 月。

132. 何四維（A. F. P. Hulsewé）：Remnants of Ch'in Law, E. J. BRILL, 1985.

133. 何雙全：《居延漢簡所見漢代農作物小考》，《農業考古》1986 年第 2 期。

134. 何有祖：《新出里耶秦簡札記二則》，《出土文獻研究》第十一輯，中西書局 2012 年。

135. 何有祖：《里耶秦簡牘綴合札記（四則）》，《簡帛研究 2014》，廣西師範大學出版社 2014 年。

136. 何有祖：《里耶秦簡牘綴合（七則）》，《簡帛》第九輯，上海古籍出版社 2014 年。

137. 何有祖：《里耶秦簡（壹）》校讀札記（三則），《出土文獻研究》第十四輯，中西書局 2015 年。

138. 何有祖：《里耶秦簡"（牢）司寇守囚"及相關問題研究》，《簡牘學研究》第六輯，甘肅人民出版社 2015 年。

139. 何有祖：《里耶秦簡"取寄爲備"諸簡的復原與研究》，《出土文獻》第十一輯，中西書局 2017 年。

140. 何有祖：《安徽天長西漢墓所見西漢木牘管窺》，簡帛網 2006 年 12 月 19 日，http://www. bsm. org. cn/show_article. php? id＝488。

141. 何有祖：《嶽麓書院藏秦簡〈奏讞書〉1650 號簡略考》，簡帛網 2010 年 9 月 27 日，http：//www. bsm. org. cn/show_article. php? id＝1310。

142. 何有祖：《嶽麓秦簡〈爲吏治官及黔首〉補釋二則》，簡帛網 2011 年 4 月 9 日，http：//www. bsm. org. cn/show_article. php? id＝1438。

143. 何有祖：《嶽麓簡〈爲吏治官及黔首〉札記一則》，簡帛網 2011 年 4 月 11 日，http：//www. bsm. org. cn/show_article. php? id＝1443。

144. 何有祖：《里耶秦簡牘綴合（七則）》，簡帛網 2012 年 5 月 1 日，http：//www. bsm. org. cn/show_article. php? id＝1679。

145. 何有祖：《里耶秦簡牘綴合（二）》，簡帛網 2012 年 5 月 14 日，http：//www. bsm. org. cn/show_article. php? id＝1695。

146. 何有祖：《里耶秦簡牘綴合（四）》，簡帛網 2012 年 5 月 21 日，http：//www. bsm. org. cn/show_article. php? id＝1700。

147. 何有祖：《里耶秦簡牘綴合（六）》，簡帛網 2012 年 6 月 4 日，http：//www. bsm. org. cn/show_article. php? id＝1708。

148. 何有祖：《里耶秦簡牘綴合（八）》，簡帛網 2014 年 2 月 12 日，http：//

www. bsm. org. cn/show_article. php？id＝1988。

149. 何有祖：《里耶秦簡綴合札記（二則）（修訂稿）》，簡帛網 2015 年 3 月 2 日，http：//www. bsm. org. cn/show_article. php？id＝2167。

150. 何有祖：《讀里耶秦簡札記（四則）》，簡帛網 2015 年 6 月 10 日，http：// www. bsm. org. cn/show_article. php？id＝2257。

151. 何有祖：《讀里耶秦簡札記（一）》，簡帛網 2015 年 6 月 17 日，http：// www. bsm. org. cn/show_article. php？id＝2261。

152. 何有祖：《讀里耶秦簡札記（二）》，簡帛網 2015 年 6 月 23 日，http：// www. bsm. org. cn/show_article. php？id＝2265。

153. 何有祖：《讀里耶秦簡札記（三）》，簡帛網 2015 年 7 月 1 日，http：// www. bsm. org. cn/show_article. php？id＝2267。

154. 何有祖：《讀里耶秦簡札記（四）》，簡帛網 2015 年 7 月 8 日，http：// www. bsm. org. cn/show_article. php？id＝2271。

155. 何有祖：《讀里耶秦簡札記（五）》，簡帛網 2015 年 7 月 15 日，http：// www. bsm. org. cn/show_article. php？id＝2273。

156. 何有祖：《讀里耶秦簡札記（七）》，簡帛網 2015 年 10 月 27 日，http：// www. bsm. org. cn/show_article. php？id＝2330。

157. 何有祖：《里耶秦簡牘釋讀札記（二則）（修訂稿）》，簡帛網 2015 年 11 月 13 日，http：//www. bsm. org. cn/show_article. php？id＝2354。

158. 何有祖：《里耶秦簡牘綴合（九）》，簡帛網 2015 年 11 月 23 日，http：// www. bsm. org. cn/show_article. php？id＝2366。

159. 何有祖：《秦二世元年十月甲午詔書》，簡帛網 2015 年 11 月 24 日， http：//www. bsm. org. cn/show_article. php？id＝2373。

160. 何有祖：《讀嶽麓秦簡肆札記（一）》，簡帛網 2016 年 3 月 24 日，http：// www. bsm. org. cn/show_article. php？id＝2492。

161. 何有祖：《讀嶽麓秦簡肆札記（二）》，簡帛網 2016 年 3 月 25 日，http：// www. bsm. org. cn/show_article. php？id＝2496。

162. 何有祖：《利用嶽麓秦簡校釋〈二年律令〉一則》，簡帛網 2016 年 3 月 26 日，http：//www. bsm. org. cn/show_article. php？id＝2498。

163. 何有祖：《北京大學藏秦代備作文書木牘 W－014 補説》，簡帛網 2016 年 3 月 27 日，http：//www. bsm. org. cn/show_article. php？id＝2500。

164. 何有祖：《里耶秦簡所見通緝類文書新探》，簡帛網 2017 年 1 月 30 日， http：//www. bsm. org. cn/show_article. php？id＝2719。

165. 賀潤坤：《從雲夢秦簡〈日書〉看秦國的六畜飼養業》，《文博》1989 年第

6 期。

166. 侯旭東：《長沙三國吳簡三州倉吏"入米簿"復原的初步研究》，《吳簡研究》第二輯，崇文書局 2006 年。

167. 后曉榮：《秦代政區地理》，社會科學文獻出版社 2009 年。

168. 呼林貴：《西漢京師倉儲糧技術淺探》，《農業考古》1984 年第 2 期。

169. 呼林貴：《古代倉名考》，《農業考古》1985 年第 1 期。

170. 胡平生、張德芳：《敦煌懸泉漢簡釋粹》，上海古籍出版社 2001 年。

171. 胡平生：《讀里耶秦簡札記》，《簡牘學研究》第四輯，甘肅人民出版社 2004 年。

172. 胡平生：《胡平生簡牘文物論稿》，中西書局 2012 年。

173. 胡平生、李天虹：《長江流域出土簡牘與研究》，湖北教育出版社 2004 年。

174. 胡平生：《也説"作徒簿及最"》，簡帛網 2014 年 5 月 31 日，http://www.bsm. org. cn/show_article. php? id＝2026。

175. 湖北省荆州市周梁玉橋遺址博物館編：《關沮秦漢墓簡牘》，中華書局 2001 年。

176. 湖北省考古研究所編：《江陵鳳凰山西漢簡牘》，中華書局 2012 年。

177. 湖北省文物考古研究所、孝感地區博物館、雲夢縣博物館：《雲夢龍崗 6 號秦墓及出土簡牘》，《考古學集刊》第八集，科學出版社 1994 年。

178. 湖南省文物考古研究所、湘西土家族自治州文物處、龍山縣文物管理所：《湖南龍山里耶戰國———秦代古城一號井發掘簡報》，《文物》2003 年第 1 期。

179. 湖南省文物考古研究所、益陽市文物處：《湖南益陽兔子山遺址九號井發掘簡報》，《文物》2016 年第 5 期。

180. 湖南省文物考古研究所：《里耶發掘報告》，岳麓書社 2006 年。

181. 湖南省文物考古研究所(張春龍執筆)：《龍山里耶秦簡之"徒簿"》，《出土文獻研究》第十二輯，中西書局，2013 年。

182. 湖南省文物考古研究所：《里耶秦簡(壹)、(貳)》，文物出版社 2012、2017 年。

183. 黃海烈：《里耶秦簡與秦地方官制》，《北方論叢》2005 年第 6 期。

184. 黃浩波：《〈里耶秦簡(壹)〉所見禀食記録》，《簡帛》第十一輯，上海古籍出版社 2015 年。

185. 黃浩波：《里耶秦簡牘所見"計"文書及相關問題研究》，《簡帛研究 2016》春夏卷，廣西師範大學出版社 2016 年。

186. 黃浩波：《〈里耶秦簡(壹)〉刻齒簡再考察》，《里耶秦簡與秦文化學術研討會論文集》,里耶 2017 年 9 月。

187. 黄浩波:《居延漢簡所見士卒家屬廩名籍再考索》,簡帛網 2012 年 5 月 29 日,http://www. bsm. org. cn/show_article. php? id=1705。

188. 黄浩波:《〈里耶秦簡(貳)〉讀札》,簡帛網 2018 年 5 月 15 日,http://www. bsm. org. cn/show_article. php? id=3095。

189. 黄惠賢、陳鋒:《中國俸禄制度史(修訂本)》,武漢大學出版社 2015 年。

190. 黄今言:《漢代田税征課中若干問題的考察》,《中國史研究》1981 第 2 期。

191. 黄今言:《秦漢賦役制度研究》,江西教育出版社 1998 年。

192. 黄今言:《居延漢簡所見西北邊塞的財務"拘校"》,《史學月刊》2006 年第 10 期。

193. 黄展岳:《先秦兩漢考古論叢》,科學出版社 2008 年。

194. 黄展岳:《關於秦漢人的食糧計量問題》,《考古與文物》1980 年第 4 期。

**J**

195. 紀婷婷:《嶽麓秦簡〈亡律〉集釋及文本研究》,武漢大學碩士論文,2017 年 5 月。

196. 賈麗英:《里耶秦簡牘所見"徒隸"身份及監管官署》,後載於《簡帛研究 2013》,廣西師範大學出版社 2014 年。

197. [日]角谷常子:《論里耶秦簡的單獨簡》,《簡帛》第八輯,上海古籍出版社 2013 年。

198. 簡牘整理小組:《居延漢簡(壹)、(貳)、(叁)、(肆)》,"中研院"史語所 2014、2015、2016、2017 年。

199. 靳祖訓:《中國古代糧食貯藏的設施與技術》,農業出版社 1984 年。

200. [韓]金垌吾:《秦代縣的徒隸運用和其特點——以里耶秦簡"作徒簿"爲中心的探討》,《中國古中世史研究》2016 年第 40 輯。

201. 荆三林、宋秀蘭、張量、秦文生:《敖倉故址考》,《中原文物》1984 年第 1 期。

202. [韓]金鍾希:《秦代縣的曹組織與地方官制——以里耶秦簡中出現的遷陵縣土地與財政運營爲中心》,《東洋史學研究》2014 年總第 128 輯。

**K**

203. 康大鵬:《雲夢簡中所見的秦國倉廩制度》,《北大史學》,北京大學出版社 1994 年。

## L

204. 勞榦：《漢代的雇傭制度》，《歷史語言研究所集刊》1951 年第 23 本上冊，收入《勞榦學術論文集甲編》，藝文印書館 1976 年。

205. 郎擎霄：《中國民食史》，商務印書館 1933 年。

206. 雷海龍：《里耶秦簡試綴五則》，《簡帛》第九輯，上海古籍出版社 2014 年。

207. 雷海龍：《〈嶽麓書院藏秦簡（肆）〉初讀》，簡帛網"簡帛論壇"，http://www.bsm.org.cn/bbs/read.php? tid=3331。

208. 黎明釗、唐俊峰：《里耶秦簡所見秦代縣官、曹組織的職能分野與行政互動——以計、課爲中心》，《簡帛》第十三輯，上海古籍出版社 2016 年。

209. 李翠麗：《〈秦簡〉所見秦農業經濟管理法規試析》，《邢臺學院學報》2004 年第 3 期。

210. 李豐娟：《秦簡字詞集釋》，西南大學博士學位論文，2011 年 4 月。

211. 李根蟠：《稷粟同物，確鑿無疑——千年懸案"稷穄之辨"述論》，《古今農業》2000 年第 2 期。

212. 李桂閣：《試論漢代的倉困明器與儲糧技術》，《華夏考古》2005 年第 2 期。

213. 李洪財：《秦簡牘"從人"考》，《文物》2016 年第 12 期。

214. 李家浩：《戰國時代的"冢"字》，載《著名中年青年學者自選集·李家浩卷》，安徽教育出版社 2002 年。

215. 李劍農：《先秦兩漢經濟史稿》，生活·讀書·新知三聯書店 1957 年。

216. 李金鮮：《從雲夢秦簡看秦官吏考核》，《渤海大學學報》2013 年第 6 期。

217. 李均明：《居延漢簡債務文書述略》，《文物》1986 年第 11 期。

218. 李均明：《漢簡會計考（上）、（下）》，《出土文獻研究》第三輯、第四輯，中華書局 1998 年。

219. 李均明：《簡牘文書學》，廣西教育出版社 1999 年。

220. 李均明：《秦漢簡牘文書分類輯解》，文物出版社 2009 年。

221. 李均明：《里耶秦簡"計録"與"課志"解》，《簡帛》第八輯，上海古籍出版社 2013 年。

222. 李均明、何雙全：《散見簡牘合輯》，文物出版社 1990 年。

223. 李孔懷：《秦代的糧倉管理制度》，《上海師範大學學報（社會科學版）》1990 年第 1 期。

224. 李孔懷：《秦律中反映的秦代糧倉管理制度》，《復旦學報》1990 年第 4 期。

225. 李力:《"隸臣妾"身份再研究》,中國法制出版社 2007 年。

226. 李力:《亦談"隸臣妾"與秦代的刑罰制度》,《法學研究》1984 年第 3 期。

227. 李力:《秦刑徒刑期辨正》,《史學月刊》1985 年第 3 期。

228. 李力:《秦簡"小隸臣妾"的身份與來源》,《法學研究》1993 年第 3 期。

229. 李力:《〈歷代刑法考·刑法分考十一〉之補正(之一)——考古資料中所見秦漢"隸臣妾"史料匯輯》,《中國政法大學法律古籍整理研究所會議論文集》,中國法制出版社 2005 年。

230. 李全根:《中國糧食經濟史》,江蘇人民出版社 1991 年。

231. 李權:《戰國簡牘所見秦國農官制度初探》,吉林大學碩士學位論文,2008 年 4 月。

232. 李淑媛:《唐宋時期的糧倉法規——以〈天聖令·倉庫令〉稅物收納、概量和耗條爲中心》,臺師大歷史系、中國法制史學會、唐律研讀會主編《新史料·新觀點·新視角: 天聖令論文集》,元照出版公司 2011 年。

233. 李思思:《漢代建築明器研究》,《中國國家博物館館刊》2012 年第 9 期。

234. 李斯:《里耶秦簡所見縣主官稱謂新考》,《内蒙古農業大學學報(社會科學版)》2009 年第 3 期。

235. 李天虹:《居延漢簡所見侯官少史的任用與罷免》,《史學集刊》1996 年第 3 期。

236. 李天虹:《居延漢簡吏卒廩名籍探析》,《簡帛研究》第三輯,廣西教育出版社 1998 年。

237. 李天虹:《居延漢簡簿籍分類研究》,科學出版社 2003 年。

238. 李天虹:《漢簡"致籍"考辨》,《文史》2004 年第 2 期。

239. 李巍巍:《睡虎地秦簡中所見的農業經濟文書——廥籍》,《現代經濟信息》2008 年第 11 期。

240. 李孝林:《從雲夢秦簡看秦朝的會計管理》,《江漢考古》1984 年第 3 期。

241. 李孝林:《從雲夢秦簡看戰國糧食經濟》,《糧食經濟研究》1989 年第 5 期。

242. 李孝林:《從雲夢睡虎地十一號墓竹簡研究戰國晚期會計史(上)、(下)》,《北京商學院學報》1997 年第 2 期、第 3 期。

243. 李孝林:《基於簡牘的經濟、管理史料比較研究》,社會科學文獻出版社 2012 年。

244. 李學勤:《初讀里耶秦簡》,《文物》2003 年第 1 期。

245. 李亞利:《漢代畫像中的建築圖像研究》,吉林大學博士學位論文,2015 年 6 月。

246. 李迎春：《秦漢郡縣屬吏制度演變考》，北京師範大學博士學位論文，2009年6月。

247. 李永平：《漢簡中的庫及源流》，《敦煌研究》1998年第1期。

248. 李月：《中國古代毒鼠藥研究》，廣西民族大學碩士學位論文，2014年3月。

249. 李真玉：《從漢畫圖像看漢代農俗》，《農業考古》2005年3期。

250. 李振宏：《居延漢簡與漢代社會》，中華書局2003年。

251. 里耶秦簡牘校釋小組（何有祖執筆）：《新見里耶秦簡牘資料選校（一）》《簡帛》第十輯，上海古籍出版社2015年。又見於簡帛網2014年9月1日，http://www. bsm. org. cn/show_article. php? id＝2068。

252. 里耶秦簡牘校釋小組（魯家亮執筆）：《新見里耶秦簡牘資料選校（二）》，《簡帛》第十輯，上海古籍出版社2015年。又見於簡帛網2014年9月3日，http://www. bsm. org. cn/show_article. php? id＝2069。

253. 里耶秦簡牘校釋小組（魯家亮執筆）：《新見里耶秦簡牘資料選校（三）》，簡帛網2015年8月7日，http://www. bsm. org. cn/show_article. php? id＝2279。

254. 里耶秦簡牘校釋小組：《〈《里耶秦簡（貳）》簡牘綴合續表〉等文讀後記》，簡帛網2018年5月15日，http://www. bsm. org. cn/show_article. php? id＝3092。

255. 里耶秦簡牘校釋小組：《〈里耶秦簡（貳）〉綴合補（一）》，簡帛網2018年5月15日，http://www. bsm. org. cn/show_article. php? id＝3093。

256. 里耶秦簡牘校釋小組：《〈里耶秦簡（貳）〉綴合補（二）》，簡帛網2018年5月15日，http://www. bsm. org. cn/show_article. php? id＝3094。

257. 里耶秦簡牘校釋小組：《〈里耶秦簡（貳）〉校讀（一）》，簡帛網2018年5月17日，http://www. bsm. org. cn/show_article. php? id＝3105。

258. 栗勁：《秦律通論》，山東人民出版社1985年。

259. 連劭名：《漢簡中的債務文書及"貰賣名籍"》，《考古與文物》1987年第3期。

260. 連雲港市博物館等：《尹灣漢墓簡牘》，中華書局1997年。

261. 梁方仲：《中國經濟史講稿》，中華書局2008年。

262. 梁煒杰：《讀〈里耶秦簡（壹）〉札記——"作徒簿"類型反映的秦"冣"意義》，簡帛網2013年11月9日，http://www. bsm. org. cn/show_article. php? id＝1949。

263. 廖伯源：《簡牘與制度：尹灣漢墓簡牘官文書考證（增訂版）》，廣西師範大學出版社 2005 年。

264. 廖伯源：《秦漢史論叢（增訂本）》，中華書局 2008 年。

265. 林甘泉：《中國經濟通史：秦漢經濟卷》，中國社會科學出版社 2007 年。

266. 林劍鳴：《秦漢社會文明》，西北大學出版社 1985 年。

267. 林獻忠：《讀里耶秦簡札記六則》，簡帛網 2015 年 4 月 20 日，http://www. bsm. org. cn/show_article. php？ id＝2215。

268. 林益德：《秦、漢初簡牘中之刑徒稟衣問題初探》，《簡牘學報》2008 年第 20 期。

269. 凌文超：《近年來龍山里耶秦簡研究綜述》，《湖南科技學院學報》2006 年第 2 期。

270. 劉興林：《先秦兩漢農業發展過程中的作物選擇》，《农业考古》2016 年第 3 期。

271. 劉國勝：《關於周家臺秦簡 69－130 號的簡序編排問題》，《簡帛》第四輯，上海古籍出版社 2009 年。

272. 劉國勝：《北大藏秦簡讀後記》，《簡帛》第八輯，上海古籍出版社 2013 年。

273. 劉國勝：《秦簡札記三題》，《簡帛》第十輯，上海古籍出版社 2015 年。

274. 劉堅：《中國糧食儲備制度的歷史沿革（一）——先秦時期》，《中國糧食經濟》2016 年 6 期。

275. 劉金華：《〈算數書〉集校及其相關問題研究》，武漢大學博士學位論文，2003 年 5 月。

276. 劉麗：《北大藏秦簡〈制衣〉簡介》，《北京大學學報（哲學社會科學版）》2015 年第 3 期。

277. 劉鵬：《秦代地方稟食的幾個問題》，《中國農史》2018 年第 1 期。

278. 劉鵬：《簡牘所見秦代縣倉經營管理的業務》，《簡帛研究 2019》春夏卷，廣西師範大學出版社 2019 年。

279. 劉太祥：《簡牘所見秦漢國有財物管理制度》，《南都學壇（人文社會科學學報）》2015 年第 3 期。

280. 劉薇：《里耶秦簡與秦代地方行政研究——以農倉管理和公物管理爲中心》，湖南師範大學碩士學位論文，2015 年 5 月。

281. 劉向明：《出土秦漢簡牘看秦代稟衣的範圍》，《嘉應學院學報》2005 年第 4 期。

282. 劉向明：《從睡虎地秦簡看秦代糧倉蟲害、鼠害的防治》，《農業考古》2008 年第 3 期。

283. 劉向明：《從出土簡牘看秦朝應對農作物蟲害的舉措》，《農業考古》2008

年第 4 期。

284. 劉曉滿：《秦漢令史考》,《南都學壇(人文社會科學學報)》2011 年第 4 期。

285. 劉信芳、梁柱：《雲夢龍崗秦簡》,科學出版社 1997 年。

286. 劉叙杰：《中國古代的倉廩》,《建築歷史與理論》第六、七合輯,中國科學技術出版社 2000 年。

287. 劉樂賢：《里耶秦簡和孔家坡漢簡中的職官省稱》,《文物》2007 年第 9 期。

288. 盧鷹：《秦倉政研究》,《人文雜志》1989 年第 2 期。

289. 魯家亮：《試論張家山漢簡〈收律〉及其相關問題》,《古籍整理研究學刊》2007 年第 2 期。

290. 魯家亮：《試論張家山漢簡〈具律〉中所見影響"減刑"的幾個因素》,《社會科學》2008 年第 3 期。

291. 魯家亮：《小議里耶秦簡 8-985 中的兩個人名》,《出土文獻研究》第十一輯,中西書局 2012 年。

292. 魯家亮：《嶽麓秦簡校讀(七則)》,《出土文獻研究》第十二輯,中西書局,2013 年。

293. 魯家亮：《里耶出土秦"捕鳥求羽"簡初探》,《古代長江中游社會研究》,上海古籍出版社 2013 年。

294. 魯家亮：《里耶秦簡(第一卷)所見法律文獻校讀(二則)》,《出土文獻與法律史研究》第二輯,上海人民出版社 2013 年。

295. 魯家亮：《里耶秦簡"令史行廟"文書再探》,《簡帛研究 2014》,廣西師範大學出版社 2014 年。

296. 魯家亮：《里耶秦簡所見遷陵縣的令史》,《中國簡帛學國際論壇 2014 論文集》,芝加哥 2014 年 10 月。

297. 魯家亮：《讀里耶秦簡札記(三則)》,《出土文獻研究》第十四輯,中西書局 2015 年。

298. 魯家亮：《里耶秦簡所見遷陵三鄉補論》,《國學學刊》2015 年第 4 期。

299. 魯家亮：《里耶秦簡所見遷陵縣吏員的構成與來源》,《簡牘與戰國秦漢歷史：中國簡帛學國際論壇 2016》,香港 2016 年 12 月。

300. 魯家亮：《里耶秦簡中的"監"與"視平"》,《中國簡帛學國際論壇 2017 會議論文集》,武漢 2017 年 10 月。

301. 魯家亮：《再讀里耶秦簡 8-145＋9-2294 號牘》,《簡帛研究 2017》春夏卷,廣西師範大學出版社 2017 年。

302. 魯文生：《山東省博物館館藏精品》,山東友誼出版社 2008 年。

303. 逯鵬：《嶺南漢墓出土陶屋的初步分析》，廈門大學碩士學位論文，2008年5月。

304. 羅福頤：《古璽彙編》，文物出版社1981年。

305. 洛陽第二文物工作隊：《黄河小浪底鹽東村漢函谷關倉庫建築遺址發掘簡報》，《文物》2000年第10期。

306. 吕曉紅：《秦漢倉儲糧食的管理》，南京師範大學碩士學位論文，2012年5月。

307. 里耶秦簡博物館、出土文獻與中國古代文明研究協同創新中心中國人民大學中心編著：《里耶秦簡博物館藏秦簡》，中西書局2016年。

**M**

308. 馬大英：《漢代財政史》，中國財政經濟出版社1982年。

309. 馬非百：《秦集史》，中華書局1982年。

310. ［俄］馬碩（Maxim Korolkov）：Convict labor in the Qin empire：A preliminary study of the "Registers of convict laborers" from Liye，《簡帛文獻與古代史・第二屆出土文獻青年學者國際論壇論文集》，中西書局2015年。

311. 馬怡：《里耶秦簡選校》，《中國社會科學院歷史研究所學刊》第四集，商務印書館，2007年。

312. 馬怡：《里耶秦簡幾組涉及校券的官文書》，《簡帛》第三輯，上海古籍出版社2008年。

313. 馬怡：《簡牘時代的倉廩圖：糧倉、量器與簡牘——從漢晉畫像所見糧食出納場景説起》，《中國社會科學院歷史研究所學刊》第七集，商務印書館2011年。又見於簡帛網2012年1月13日，http://www.bsm.org.cn/show_article.php? id=1622。

314. 馬怡：《秦簡所見貲錢與贖錢——以里耶秦簡"陽陵卒"文書爲中心》，《簡帛》第八輯，上海古籍出版社2013年。

315. 馬怡、張榮强主編：《居延新簡釋校》，天津古籍出版社2013年。

316. 閔宗殿：《中國古代農業科技史圖説》，農業出版社1989年。

317. 仉小紅：《論中國古代借貸的産生及其演變》，《經濟思想史評論》2010年第4輯。

318. 慕容浩：《秦漢糧食儲運制度研究》，中國人民大學博士學位論文，2014年6月。

**N**

319. ［日］籾山明：《"束"と表題簡の關係について——遷陵縣における文書保管と行政實務(1)》,"中國古代簡牘の横斷領域的研究"網 2014 年 1 月 13 日,http：//www. aa. tufs. ac. jp/users/Ejina/note/note05（Momiyama）. html。

320. ［日］籾山明：《編むことと束ねること：遷陵縣における文書保管と行政實務（2）》,"中國古代簡牘の横斷領域的研究"網,http：//www. aa. tufs. ac. jp/users/Ejina/note/note06（Momiyama）. html,2014 年 1 月 13 日。

321. 倪洪林主編：《中國民間收藏實用全書：畫像石・畫像磚鑒賞及收藏》,北方文藝出版社 2005 年。

**O**

322. 歐揚：《嶽麓秦簡"毋奪田時令"探析》,《湖南大學學報》2015 年第 3 期。

323. 歐揚：《嶽麓秦簡〈爲吏治官及黔首〉官曹事務類内容之溯源》,《第七届出土文獻與法律史研究學術研討會論文集》,長沙 2017 年 11 月。

**P**

324. 潘策：《從睡虎地秦墓竹簡看秦的土地政策》,《江漢考古》1983 年第 2 期。

325. 潘策：《秦代農業生産芻議》,《西北師大學報》1992 年第 1 期。

326. 彭浩：《張家山漢簡〈算術書〉注釋》,科學出版社 2001 年。

327. 彭浩：《〈河堤簡〉校讀》,《考古》2005 年第 11 期。

328. 彭浩：《睡虎地秦墓竹簡〈倉律〉校讀（一則）》,《考古學研究（六）》,科學出版社 2006 年。

329. 彭浩：《讀里耶"祠先農"簡》,《出土文獻研究》第八輯,上海古籍出版社 2007 年。

330. 彭浩：《讀里耶秦簡"校券"補記》,《里耶古城・秦簡與秦文化研究——中國里耶古城・秦簡與秦文化國際學術研討會論文集》,科學出版社 2009 年。

331. 彭浩：《秦和西漢早期簡牘中的糧食計量》,《出土文獻研究》第十一輯,中西書局 2012 年。

332. 彭浩：《談秦簡〈數〉117 簡的"般"及相關問題》,《簡帛》第八輯,上海古籍
出版社 2013 年。

333. 彭浩：《"將陽"與"將陽亡"》,簡帛網 2012 年 9 月 23 日,http://www.
bsm. org. cn/show_article. php? id=1737。

334. 彭衛：《漢代女性的工作》,《史學月刊》2009 年第 7 期。

335. 平曉婧、蔡萬進：《里耶秦簡所見秦的出糧方式》,《魯東大學學報(哲學社
會科學版)》2015 年第 4 期。

## Q

336. 錢劍夫：《秦漢賦役制度考略》,湖北人民出版社 1984 年。

337. 秦海瀅：《中國古代借貸研究述論》,《中國史研究動態》2014 年第 2 期。

338. 秦其文：《從里耶秦簡和睡虎地秦簡看秦代政府對農業的保護》,《黑龍江
史志》2014 年第 1 期。

339. 秦其文：《里耶秦簡研究述評》,《南都學壇(人文社會科學學報)》2014 年
第 2 期。

340. 秦俑考古隊：《臨潼上焦村秦墓清理簡報》,《考古與文物》1980 年第 2 期。

341. 秦俑考古隊：《秦始皇陵東側馬廄坑鑽探清理簡報》,《考古與文物》1980
年第 4 期。

342. ［日］青木俊介：《里耶秦簡の「稟食文書」について》,《明大アジア史論
集》2014 年第十八號。

343. ［日］青木俊介：《里耶秦簡に見える縣の部局組織について》,《中國出土
資料研究》第九號,中國出土資料學會 2015 年。

344. 丘光明：《中國歷代度量衡考》,科學出版社 1992 年。

345. ［日］秋山進午：《漢代の倉庫について》,《東方學報》1974 年第 46 號。

346. 齊繼偉：《秦簡"月食者"新證》,《"中國秦漢史研究會第十五次年會暨海
昏歷史文化"國際研討會論文集》,南昌 2017 年 10 月。

347. 齊繼偉：《〈嶽麓書院藏秦簡(肆)〉補釋二則》,簡帛網 2017 年 2 月 23 日,
http://www. bsm. org. cn/show_article. php? id=2738。

348. 裘錫圭：《"廩人"別解》,《人文雜志》1988 年第 1 期。
裘錫圭：《裘錫圭學術文集(第二卷)、(第五卷)》,復旦大學出版社
﹍2 年。

﹍﹍研究所：《西漢京師倉》,文物出版社 1990 年。

351. 陝西省考古研究所、漢陵考古隊：《漢景帝陽陵南區從葬坑發掘第一號簡報》，《文物》1992 年第 4 期。

352. 陝西省考古研究所：《漢陽陵帝陵東側 11－21 號外藏坑發掘簡報》，《考古與文物》2008 年第 3 期。

353. 單印飛：《〈里耶秦簡牘校釋（第一卷）〉人名統計表》，《簡帛研究 2014》，廣西師範大學出版社 2014 年。

354. 單印飛：《略論秦代遷陵縣吏員設置》，《簡帛》第十一輯，上海古籍出版社 2015 年。

355. 單印飛：《秦代縣級屬吏的遷轉路徑》，《第二屆簡帛學的理論與實踐學術研討會論文集》，北京 2016 年 11 月。

356. 單育辰：《秦簡"柀"字釋義》，簡帛網 2006 年 6 月 7 日，http://www.bsm. org. cn/show_article. php? id＝358；後刊於《江漢考古》2007 年第 4 期。

357. 上官緒智：《秦漢軍隊糧食、鹽、副食及草料供給問題研究》，《南都學壇（人文社會科學學報）》2011 年第 4 期。

358. 邵鴻：《西漢倉制考》，《中國史研究》1998 年第 3 期。

359. 邵正坤：《論漢代國家的倉儲管理制度》，《史學集刊》2003 年第 4 期。

360. 邵正坤：《漢代國有糧倉建置考略》，《首都師範大學學報》2005 年第 1 期。

361. 邵正坤：《漢代邊郡軍糧廩給問題探討》，《南都學壇（人文社會科學學報）》2005 年第 3 期。

362. 邵正坤：《漢代倉儲職官考述》，《蘭州學刊》2007 年第 4 期。

363. 邵正坤：《漢代糧倉的類型及倉儲糧食用途試論》，《唐都學刊》2007 年第 6 期。

364. 沈剛：《〈里耶秦簡【壹】中的"課"與"計"——兼談戰國秦漢時期考績制度的流變》，《魯東大學學報（哲學社會科學版）》2013 年第 1 期。

365. 沈剛：《"貢""賦"之間——試論〈里耶秦簡【壹】中的"求羽"簡》，《中國社會經濟史研究》2013 年第 4 期。

366. 沈剛：《秦代祠先農制度及其流變》，《出土文獻研究》第十二輯，中西書局 2013 年。

367. 沈剛：《〈里耶秦簡〉（壹）所見廩給問題》，《吉林大學古籍研究所建所三十周年紀念論文集》，上海古籍出版社 2014 年。

368. 沈剛：《〈里耶秦簡〉（壹）所見作徒管理問題探討》，《史學月刊》2015 年第 2 期。

369. 沈剛：《里耶秦簡所見民户簿籍管理問題》，《中國經濟史研究》2015 年第 4 期。

370. 沈剛：《簡牘檔案文書所見秦漢時期的"庫"》，《首届絲綢之路(敦煌)國際文化博覽會系列活動——簡牘學國際學術研討會論文集》，蘭州 2016 年 8 月。後收入張德芳主編《甘肅省第三届簡牘學國際學術研討會論文集》，上海辭書出版社 2017 年，第 290—303 頁。

371. 沈家本：《歷代刑法考》，商務印書館 2011 年。

372. 沈頌金：《秦代漕運初探》，《中國經濟史研究》2000 年第 4 期。

373. 師高民：《中國糧食史圖説》，江蘇鳳凰美術出版社 2015 年。

374. 石寧：《漢陽陵出土的倉和西漢時期的倉》，《農業考古》2016 年第 1 期。

375. 石洋：《荆州高臺 M46 出土記錢木牘考釋》，《第二届簡帛學的理論與實踐學術研討會論文集》，北京 2016 年 11 月。

376. 石洋：《試論新出秦簡牘所見的幾種"庸"(草稿)——戰國末至漢初底層社會的一個側面》，《第六届出土文獻青年學者論壇論文集》，中國人民大學 2017 年 8 月。

377. ［日］石原遼平：《里耶秦簡貳春鄉作徒簿綴合メモ——八-七八七＋一三二七＋八——一六一＋八-七八〇》，"中國古代簡牘の横斷領域的研究"網 2016 年 10 月 6 日，http://www. aa. tufs. ac. jp/users/Ejina/note/note18(Ishihara). html。

378. 石增禮：《中國古代建築類型與分類》，浙江大學碩士學位論文，2004 年 6 月。

379. 時軍軍：《〈嶽麓書院藏秦簡(叁)〉相關問題研究》，鄭州大學碩士學位論文，2016 年 5 月。

380. ［德］史達著，黄海譯：《〈嶽麓書院藏秦簡·爲吏治官及黔首〉的編連修訂——以簡背劃綫與反印字迹爲依據》，《出土文獻與法律史研究》第三輯，上海人民出版社 2014 年。

381. 睡虎地秦墓竹簡整理小組：《睡虎地秦墓竹簡》，文物出版社 1990 年。

382. 宋超：《"先農"與"神農炎帝"——以里耶、周家臺秦簡爲中心的討論》，《帝·姜炎文化與民生》，三秦出版社 2010 年。

《三臺郪江崖墓"狗咬耗子"圖像再解讀》，《四川文物》2008 年第

漢"除道"略論》，《第二届簡帛學的理論與實踐學術研討會論文 6 年 11 月。

秦簡〈雜祝方〉札記》，簡帛網 2017 年 12 月 27 日，http://

www. bsm. org. cn/show_article. php? id＝2957。

386. 宋杰：《敖倉在秦漢時代的興衰》,《北京師範學院學報（社會科學版）》1989 年第 3 期。

387. 宋杰：《九章算術與漢代社會經濟》,首都師範大學出版社 1994 年。

388. 宋杰：《秦漢國家統治機構中的"司空"》,《歷史研究》2011 年第 4 期。

389. 宋濤：《漢代糧食管理的探討》,《甘肅社會科學》1987 年第 2 期。

390. 宋豔萍、邢學敏：《里耶秦簡"陽陵卒"簡蠡測》,《簡帛研究 2004》,廣西師範大學出版社 2006 年。

391. 宋少華、張春龍、鄭曙斌、黃樸華編著：《湖南出土簡牘選編①》,岳麓書社 2013 年。

392. 宋豔萍：《從秦簡所見"祭"與"祠"窺析秦代地域文化——里耶秦簡"祠先農"簡引發的思考》,《里耶古城·秦簡與秦文化研究——中國里耶古城·秦簡與秦文化國際學術研討會論文集》,科學出版社 2009 年。

393. 宋作軍：《秦簡中所載刑徒問題初探》,吉林大學碩士學位論文,2008 年 4 月。

394. 蘇衛國：《試論簡牘中所見穀物"付受"文書》,《瀋陽師範大學學報（哲學社會科學版）》2005 年第 4 期。

395. 孫機：《漢代物質文化資料圖説（增訂本）》,上海古籍出版社 2015 年。

396. 孫家洲主編：《額濟納漢簡釋文校本》,文物出版社 2007 年。

397. 孫聞博：《秦漢簡牘中所見特殊類型奸罪研究》,《中國歷史文物》2008 年第 3 期。

398. 孫聞博：《里耶秦簡"守"、"守丞"新考——兼談秦漢的守官制度》,《簡帛研究 2010》,廣西師範大學出版社 2012 年；又刊於"簡帛網"2014 年 5 月 20 日,http://www. bsm. org. cn/show_article. php? id＝2022。

399. 孫聞博：《秦縣的列曹與諸官——從〈洪範五行傳〉一則佚文説起》,簡帛網 2014 年 9 月 17 日,http://www. bsm. org. cn/show_article. php? id＝2077。後刊於《簡帛》第十一輯,上海古籍出版社 2015 年。

400. 孫聞博：《秦漢帝國"新地"與徙、戍的推行——兼論秦漢時期的内外觀念與内外政策特徵》,《古代文明》2015 年第 2 期。

401. 孫聞博：《秦及漢初的司寇與徒隸》,《中國史研究》2015 年第 3 期。

402. 孫慰祖主編：《古封泥集成》,上海書店出版社 1994 年。

**T**

403. ［日］太田幸男：《湖北睡虎地出土秦律の倉律をめぐつて・その一

《東京學藝大學紀要(第三部門)》,1980 年第 31 集。

404. 〔日〕太田幸男:《湖北睡虎地出土秦律の倉律をめぐつて・その二》,
《東京學藝大學紀要(第三部門)》,1980 年第 32 集。

405. 〔日〕太田幸男:《湖北睡虎地出土秦律の倉律をめぐつて・追補——大
櫛敦弘氏の批判に答えて-》,《東京學藝大學紀要(第三部門)》,1992 年
第 43 集。

406. 〔日〕太田幸男:《中國古代國家形成史論》,汲古書院 2007 年。

407. 〔德〕陶安あんど:《秦漢刑罰体系の研究》,創文社 2009 年。

408. 〔德〕陶安:《嶽麓秦簡〈爲獄等狀四種〉新見的一枚漏簡與案例六的編
聯》,《湖南大學學報(社會科學版)》2014 年第 4 期。

409. 譚競男:《出土秦漢算術文獻若干問題研究》,武漢大學博士學位論文,
2016 年 5 月。

410. 湯志彪、孫德軍:《秦簡文字瑣記(三則)》,《西華大學學報(哲學社會科學
版)》2011 年第 1 期。

411. 唐俊峰:《里耶秦簡所示秦代的"見戶"與"積戶"——兼論秦代遷陵縣的
戶數》,簡帛網 2014 年 2 月 8 日,http://www. bsm. org. cn/show_
article. php? id=1987。

412. 唐俊峰:《秦漢的地方都官與地方行政》,《新史學》2014 年第二十五卷
三期。

413. 唐俊峰:《秦代遷陵縣行政信息傳遞效率初探》,《簡牘與戰國秦漢歷史:
中國簡帛學國際論壇 2016》,香港 2016 年 12 月。

414. 〔日〕藤田勝久:《里耶秦簡的文書與信息系統》,《簡帛》第三輯,上海古
籍出版社 2008 年。

415. 〔日〕藤田勝久:《里耶秦簡所見秦代郡縣的文書傳遞》,《簡帛》第八輯,
上海古籍出版社 2013 年。

416. 天長市文物管理所、天長市博物館:《安徽天长西漢墓發掘簡報》,《文物》
2006 年第 11 期。

417. 天一閣博物館、中國社會科學院歷史研究所天聖令整理課題組校證:《天
一閣藏明鈔本天聖令校證:附唐令復原研究》,中華書局 2006 年。

《北大秦簡〈祓除〉初識》,《簡帛》第八輯,上海古籍出版社 2013 年。

農與靈星:秦漢地方農神祭祀叢考》,《中國國家博物館館刊》
期。

秦簡〈雜祝方〉簡介》,《出土文獻研究》第十四輯,中西書局

421. 田旭東：《從里耶秦簡“祠先農”看秦的祭祀活動》，《里耶古城·秦簡與秦文化研究——中國里耶古城·秦簡與秦文化國際學術研討會論文集》，科學出版社 2009 年。

422. 田振洪、楊士泰：《睡虎地秦簡所反映的公物管理法》，《河南科技大學學報（社會科學版）》2008 年第 6 期。

423. 仝晰綱：《秦漢郡國農官考實》，《史林》1996 年第 4 期。

424. 塗光馭：《中國古代糧政之研究》，說文社出版部 1946 年。

425. ［日］土口史記：《秦代の令史と曹》，《東方學報》2015 年第 90 册。

426. ［日］土口史記撰，朱騰譯：《戰國、秦漢的縣——以縣廷與“官”之關係爲中心的考察》，《法律史議評》2013 卷，中國政法大學出版社 2014 年。

427. ［日］土口史記：《里耶秦簡 8－739＋8－42＋8－55 綴合》，簡帛網 2017 年 9 月 15 日，http://www.bsm.org.cn/show_article.php? id=2886。

## W

428. 萬國鼎：《中國歷史紀年表》，中華書局 1978 年。

429. 萬義廣：《從里耶秦簡看遷陵地區農業生產與農民負擔》，《江西社會科學》2015 年第 11 期。

430. 汪桂海：《從湘西里耶秦簡看秦官文書制度》，《簡帛研究 2004》，廣西師範大學出版社 2006 年。

431. 汪桂海：《漢代官文書制度》，廣西教育出版社 1999 年。

432. 汪桂海：《秦漢農業生產中的信仰習俗》，《甘肅省第二届簡牘學國際學術研討會論文集》，上海古籍出版社 2012 年。

433. 王潮生：《中國古代耕織圖》，中國農業出版社 1995 年。

434. 王俊梅：《秦漢郡縣屬吏研究》，中國人民大學博士學位論文，2008 年 5 月。

435. 王輝、王偉：《秦出土文獻編年訂補》，三秦出版社 2014 年。

436. 王輝：《秦文字編》，中華書局 2015 年。

437. 王明欽：《王家臺秦墓竹簡概述》，艾蘭、邢文編：《新出簡帛研究：新出簡帛國際學術研討會》，文物出版社 2004 年。

438. 王團華：《從漢畫像磚和漢代陶倉看漢代糧食儲藏（摘要）》，《農業考古》2005 年第 1 期。

439. 王偉、孫兆華：《“積户”與“見户”：里耶秦簡所見遷陵編户數量》，《四川文物》2014 年第 2 期。

440. 王偉：《里耶秦簡貲贖文書所見陽陵地望考》，《考古與文物》2007 年第

4 期。

441. 王偉：《秦漢簡牘所見刑罰研究》，中國人民大學博士學位論文，2013 年 6 月。

442. 王偉：《秦璽印封泥職官地理研究》，中國社會科學出版社 2014 年。

443. 王偉雄：《秦倉制研究》，花木蘭文化出版社 2013 年。

444. 王彥輝：《田嗇夫、田典考釋——對秦及漢初設置兩套基層管理機構的一點思考》，《東北師大學報》2010 年 2 期。

445. 王彥輝：《〈里耶秦簡〉（壹）所見秦代縣鄉機構設置問題蠡測》，《古代文明》2012 年第 4 期。

446. 王勇：《秦漢地方農官建置考述》，《中國農史》2008 年第 3 期。

447. 王戰闖：《由“訾粟而稅”看秦代糧食稅徵收》，《商丘師範學院學報》2013 年第 10 期。

448. 王占通、栗勁：《“隸臣妾”是帶有奴隸殘餘屬性的刑徒》，《法學研究》1984 年第 3 期。

449. 王忠全：《秦漢時代“鍾”、“斛”、“石”新考》，《中國史研究》1988 年第 1 期。

450. 王子今：《睡虎地秦簡〈日書〉甲種疏證》，湖北教育出版社 2002 年。

451. 王子今：《秦漢交通史稿（增訂本）》，中國人民大學出版社 2013 年。

452. 王子今：《秦漢稱謂研究》，中國社會科學出版社 2014 年。

453. 王子今：《漢簡河西社會史料研究》，商務印書館 2017 年。

454. 王子今：《漢末米倉道與“米賊”“巴漢”割據》，《陝西理工學院學報（社會科學版）》2013 年第 2 期。

455. 王子今：《生態史視野中的米倉道交通》，《陝西理工學院學報（社會科學版）》2014 年第 2 期。

456. 王子今：《東方朔“跋貓”“捕鼠”說的意義》，《南都學壇》2016 年第 1 期。

457. 王子今：《里耶秦簡“捕羽”的消費主題》，《湖南大學學報（社會科學版）》2016 年第 4 期。

458. 魏娟：《香港中文大學文物館藏簡牘集釋》，吉林大學碩士學位論文，2013 年 4 月。

459. 魏永康：《秦及漢初的農田管理制度——以簡牘材料爲中心的研究》，東北師範大學碩士學位論文，2010 年 6 月。

460. 魏永康：《秦漢“田律”研究》，東北師範大學博士學位論文，2014 年 5 月。

461. 魏永康：《里耶秦簡所見秦代公田及相關問題》，《中國農史》2015 年第 2 期。

462. 魏悦：《先秦借貸活動探析》，《中國社會經濟史研究》2004 年第 2 期。

463. 魏悦：《先秦時期借貸活動的發展及其演變》，《上海財經大學學報》2004年第 4 期。

464. 魏悦：《先秦借貸思想初探》，《史學月刊》2005 年第 6 期。

465. 聞人軍：《考工記譯注》，上海古籍出版社 1993 年。

466. 鄔文玲：《里耶秦簡所見“户賦”及相關問題瑣議》，《簡帛》第八輯，上海古籍出版社 2013 年。

467. 鄔文玲：《里耶秦簡所見“續食”簡牘及其文書構成》，《簡牘學研究》第五輯，甘肅人民出版社 2014 年。

468. 鄔勛：《秦地方司法諸問題研究——以新出土文獻爲中心》，華東政法大學博士學位論文，2014 年 5 月。

469. 吳賓、馮焯：《中國古代糧食倉儲制度與糧食安全研究》，《陝西農業科學》2006 年第 4 期。

470. 吳賓、黨曉虹：《論中國古代糧食安全問題及其影響因素》，《中國農史》2008 年第 1 期。

471. 吳朝陽、晉文：《秦畝産新考——兼析傳世文獻中的相關畝産記載》，《中國經濟史研究》2013 年第 4 期。

472. 吳方浪、吳方基：《簡牘所見秦代地方稟食標準考論》，《農業考古》2015年第 1 期。

473. 吳方基：《論秦代金布的隸屬及其性質》，《古代文明》2015 年第 2 期。

474. 吳慧：《中國歷代糧食畝産研究》，農業出版社 1985 年。

475. ［韓］吳俊錫：《〈里耶秦簡〉所見秦代縣廷的租稅徵收》，《中國簡帛學國際論壇 2017 會議論文集》，武漢 2017 年 10 月。

476. 吳榮曾：《秦的官府手工業》，載《雲夢秦簡研究》，中華書局 1981 年。

477. 吳榮曾、汪桂海：《簡牘與古代史研究》，北京大學出版社 2012 年。

478. 吳樹平：《雲夢秦簡所反映的秦代社會階級情况》，《雲夢秦簡研究》，中華書局 1981 年。

479. 吳小强：《秦簡〈日書〉與戰國秦代農業經濟生活》，《秦文化論叢》第十輯，三秦出版社 2003 年。

480. 吳曉懿：《戰國文字所見“廣”部官府官名》，《簡帛語言文字研究》第五輯，巴蜀書社 2010 年。

481. 吳雪飛：《從嶽麓簡看里耶秦簡中的一條秦令》，簡帛網 2016 年 12 月 9 日，http://www.bsm.org.cn/show_article.php? id＝2679。

482. 吳忠起：《秦漢倉儲思想綜述》，《物流技術》1994 年第 2 期。

483. 伍成泉：《近年來湘西里耶秦簡研究綜述》，《中國史研究動態》2007 年第

6 期。

484. 武漢大學簡帛研究中心、湖北省博物館、湖北省文物考古研究所編,陳偉主編:《秦簡牘合集(壹)》,武漢大學出版社 2014 年。

485. 武漢大學簡帛研究中心、湖北省文物考古研究所、四川省文物考古研究院編,陳偉主編:《秦簡牘合集(貳)》,武漢大學出版社 2014 年。

486. 武漢大學簡帛研究中心、荊州博物館編,陳偉主編:《秦簡牘合集(叁)》,武漢大學出版社 2014 年。

487. 武漢大學簡帛研究中心、甘肅簡牘博物館編,陳偉主編:《秦簡牘合集(肆)》,武漢大學出版社 2014 年。

488. 武漢大學簡帛研究中心、荊州博物館、早稻田大學長江流域文化研究所、彭浩、陳偉、工藤元男主編:《二年律令與奏讞書——張家山二四七號漢墓出土法律文獻釋讀》,上海古籍出版社 2007 年。

## X

489. 向福貞、鄭民德:《以商代巨橋倉爲視角的歷史考察》,《農業考古》2015 年第 6 期。

490. 肖燦:《秦簡〈數〉之"耗程"、"粟爲米"算題研究》,《湖南大學學報》2011 年第 2 期。

491. 肖燦:《對里耶秦簡刻齒簡調研簡報的理解和補充》,簡帛網 2012 年 10 月 13 日,http://www.bsm.org.cn/show_article.php? id=1743。

492. 肖燦:《嶽麓書院藏秦簡〈數〉研究》,中國社會科學出版社 2015 年。

493. 肖克之、張合旺、曹建强:《漢代陶器與古代文明》,中國農業出版社 2000 年。

494. 蕭高洪:《倉印與古代糧倉的管理》,《農業考古》1992 年第 1 期。

495. 蕭正洪:《秦農業經濟立法探析》,《陝西師大學報》1992 年第 4 期。

496. [日]篠田統著,高桂林、薛來運、孫音譯:《中國食物史研究》,中國商業出版社 1978 年。

497. 謝桂華、李均民、朱國炤:《居延漢簡釋文合校》,文物出版社 1987 年。

498. 謝桂華、周年昌:《秦漢物價資料輯録》,《中國古代社會經濟史資料》第一輯,福建人民出版社 1985 年。

499. 謝坤:《〈里耶秦簡(壹)〉校讀札記》,《中國文字研究》第二十三輯,上海書店出版社 2016 年。

500. 謝坤:《〈里耶秦簡(壹)〉綴合四則》,《簡帛》第十二輯,上海古籍出版社 2016 年。

501. 謝坤:《嶽麓涉倉諸律所見秦倉制考述》,《中國農史》2016 年第 6 期。

502. 謝坤:《里耶秦簡所見秦代作物考略》,《農業考古》2017 年第 3 期。

503. 謝坤:《里耶秦簡所見逃亡現象——從"繚可逃亡"文書的復原説起》,《古代文明》2017 年第 1 期。

504. 謝坤:《里耶秦簡牘校讀札記(六則)》,《出土文獻研究》第十六輯,中西書局 2017 年。

505. 辛德勇:《秦漢政區與邊界地理研究》,中華書局 2009 年。

506. 邢義田:《"手"、"半"、"曰誯曰荆"與"遷陵公"——里耶秦簡初讀之一》,簡帛網 2012 年 5 月 7 日,http://www. bsm. org. cn/show_article. php? id=1685。

507. 邢義田:《地不愛寶——漢代的簡牘》,中華書局 2011 年。

508. 邢義田:《畫爲心聲——畫像石、畫像磚與壁畫》,中華書局 2011 年。

509. 邢義田:《治國安邦——法制、行政與軍事》,中華書局 2011 年。

510. 徐富昌:《睡虎地秦簡研究》,文史哲出版社 1993 年。

511. 徐光冀主編:《中國出土壁畫全集》,科學出版社 2011 年。

512. 徐海榮主編:《中國飲食史》,杭州出版社 2014 年。

513. 徐世虹:《秦"課"芻議》,《簡帛》第八輯,上海古籍出版社 2013 年。

514. 徐世虹、鄔文玲、[德] 陶安、南玉泉、支强、李力:《秦律研究》,武漢大學出版社 2017 年。

515. 徐學炳:《北大秦簡〈魯久次問數於陳起〉補釋》,簡帛網 2015 年 4 月 21 日,http://www. bsm. org. cn/show_article. php? id=2360。

516. 徐揚杰:《居延漢簡廩名籍所記口糧的標準和性質》,《江漢論壇》1993 年第 2 期。

**Y**

517. 閻步克:《從稍食到月俸——戰國秦漢禄秩等級制新探》,《學術界》2000 年第 2 期。

518. 嚴耕望:《秦漢地方行政制度》,"中研院"歷史語言研究所專刊之四十五,1997 年。

519. 晏昌貴、郭濤:《里耶簡牘所見秦遷陵縣鄉里考》,《簡帛》第十輯,上海古籍出版社 2015 年。

520. 晏昌貴:《簡帛數術與歷史地理論集》,商務印書館 2010 年。

521. 楊際平:《秦漢財政史》,湖南人民出版社 2015 年。

522. 楊寬:《戰國史》,上海人民出版社 1980 年。

523. 楊寬：《雲夢秦簡所反映的土地制度和農業制度》，《楊寬古史論文選集》，上海人民出版社 2003 年。

524. 楊鐮：《在絲綢古道閱讀歷史（上）、（下）》，載《楊鐮西域探險考察文集（第 1 集）：烏魯木齊四季》，新疆人民出版社 2015 年。

525. 楊清越：《唐〈倉庫令〉與隋唐倉窖的糧食保存方法》，《中國國家博物館館刊》2013 年第 12 期。

526. 楊先雲：《〈里耶秦簡（貳）〉簡牘綴合續表》，簡帛網 2018 年 5 月 13 日，http：//www. bsm. org. cn/show_article. php？ id＝3085。

527. 楊先雲：《秦簡所見"癘"及"癘舍"初探》，簡帛網 2018 年 5 月 16 日，http：//www. bsm. org. cn/show_article. php？ id＝3102。

528. 楊釗：《先秦食物的貯藏》，《農業考古》2001 年 3 期。

529. 楊振紅：《出土文獻與秦漢社會》，廣西師範大學出版社 2009 年。

530. 楊振紅：《出土簡牘與秦漢社會（續編）》，廣西師範大學出版社 2015 年。

531. 楊振紅：《從張家山漢簡看秦漢時期的市租》，《中日學者論中國古代城市社會》，三秦出版社 2007 年。

532. 楊振紅：《秦漢簡中的"冗"、"更"與供役方式》，《簡帛研究 2006》，廣西師範大學出版社 2008 年。

533. 楊振紅：《從出土簡牘看秦漢時期的芻稾稅》，《簡牘與古代史研究》，北京大學出版社 2012 年。

534. 姚登君：《里耶秦簡［壹］文書分類》，中國石油大學碩士學位論文，2014 年 5 月。

535. 姚磊：《讀〈里耶秦簡（壹）〉札記（一）》，簡帛網 2015 年 8 月 19 日，http：//www. bsm. org. cn/show_article. php？ id＝2292。

536. ［加］葉山著、胡川安譯：《解讀里耶秦簡——秦代地方行政制度》，《簡帛》第八輯，上海古籍出版社 2013 年。

537. ［韓］尹在碩：《秦漢〈日書〉所見"序"和住宅及家庭結構再探》，《簡帛》第八輯，上海古籍出版社 2013 版。

538. 游逸飛：《説"繫城旦舂"——秦漢刑期制度新論》，《新史學》，2009 年第二十卷三期。

539. 游逸飛：《戰國至漢初的郡制變革》，臺灣大學博士學位論文，2014 年 6 月。

540. 游逸飛、陳弘音：《里耶秦簡博物館藏第九層簡牘釋文校釋》，簡帛網 2013 年 12 月 12 日，http：//www. bsm. org. cn/show_article. php？ id＝1968。

541. 游逸飛、陳弘音:《里耶秦簡博物館藏第十至十六層簡牘校釋》,《法律史譯評》第四卷,中西書局 2017 年。

542. 于豪亮:《雲夢秦簡所見職官述略》,《于豪亮學術文存》,中華書局 1985 年。

543. 于洪濤:《試析睡虎地秦簡中的"稟衣"制度》,《古代文明》2012 年第 3 期。

544. 于洪濤:《睡虎地秦簡中的"稟衣"範圍再考析》,《魯東大學學報(哲學社會科學版)》2012 年第 4 期。

545. 于洪濤:《試析里耶秦簡"御史問直絡裙程書"的傳遞過程》,《长江文明》2013 年 3 期。

546. 于洪濤:《嶽麓秦簡〈爲吏治官及黔首〉研究》,花木蘭出版社 2015 年。

547. 于洪濤:《里耶秦簡文書簡分類整理與研究》,吉林大學博士學位論文,2017 年 5 月。

548. 于琨奇:《秦漢糧食畝産量考辨》,《中國農史》1990 年第 1 期。

549. 于振波:《里耶秦簡中的"除郵人"簡》,《湖南大學學報(社會科學版)》2003 年第 3 期。

550. 于振波:《秦漢時期的郵人》,《簡牘學研究》第四輯,甘肅人民出版社 2004 年。

551. 于振波:《走馬樓吳簡賦税收支記錄管窺》,《南都學壇(人文社會科學學報)》2009 年第 4 期。

552. 于振波:《秦律中的甲盾比價及相關問題》,《史學集刊》2010 年第 5 期。

553. 于振波:《秦簡所見田租的徵收》,《湖南大學學報(社會科學版)》2012 年第 5 期。

554. 于振波:《秦漢法律與社會》,湖南人民出版社 2000 年。

555. 于振波:《簡牘與秦代社會》,湖南大學出版社 2012 年。

556. 余扶危:《我國古代地下儲糧之研究(中)》,《農業考古》1983 年第 1 期。

557. 余全有:《試論先秦時期糧食安全觀》,《糧食問題研究》2012 年第 2 期。

558. 余全有:《從〈睡虎地秦墓竹簡〉看秦政權對糧食的管控》,《蘭臺世界》2012 年第 12 期。

559. 郁長榮、王璋:《中國古代糧食經濟史》,中國商業出版社 1987 年。

560. 袁雅芝:《唐代糧倉管理制度研究》,河北師範大學碩士學位論文,2009 年 3 月。

561. 袁仲一、劉鈺:《秦陶文新編》,文物出版社 2009 年。

## Z

562. 藏知非:《秦漢賦役與社會控制》,三秦出版社 2012 年。

563. ［日］增淵龍夫：《中國古代の社會と國家》，岩波書店 1996 年。

564. 張馳：《〈爲吏治官及黔首〉編連補證——以揭取示意圖爲中心》，《武漢大學研究生學報(人文社會科學版)》2014 第 4 期。

565. 張馳：《里耶秦簡券類文書綴合三則》，簡帛網 2015 年 7 月 31 日，http：//www. bsm. org. cn/show_article. php？ id＝2276。後刊於《簡帛》第十二輯，上海古籍出版社 2016 年。

566. 張馳：《〈里耶秦簡(壹)〉文書學研究》，武漢大學碩士學位論文，2016 年 5 月。

567. 張馳：《〈里耶秦簡(壹)〉所見"往來書"的文書學考察》，《出土文獻》第十輯，中西書局 2017 年。

568. 張馳：《里耶秦簡所見券類文書的幾個問題》，《簡帛研究 2016》秋冬卷，廣西師範大學出版社 2017 年。

569. 張春龍：《里耶秦簡中的祠先農簡》，《"第三屆簡帛學術討論會"會議論文》，臺灣中國文化大學，2005 年。

570. 張春龍：《里耶秦簡校券和户籍簡》，《"中國簡帛學國際會議論壇 2006"會議論文集》，武漢 2006 年 11 月。

571. 張春龍：《里耶秦簡祠先農、祠窨和祠隄校券》，《簡帛》第二輯，上海古籍出版社 2007 年。

572. 張春龍：《里耶一號井的封檢和束》，《湖南考古輯刊》第八集，岳麓書社 2009 年。

573. 張春龍：《里耶秦簡中疾已和丞主的用餐記録》，《2007 年中國簡帛學國際論壇論文集》，臺灣大學中國文學系 2011 年。

574. 張春龍：《里耶秦簡中遷陵縣之刑徒》，《古文字與古代史》第三輯，"中研院"歷史語言研究所 2012 年。

575. 張春龍、大川俊隆、籾山明：《里耶秦簡刻齒簡研究——兼論嶽麓秦簡〈數〉中的未解讀簡》，《文物》2015 年第 3 期。

576. 張春龍、張興國：《湖南益陽兔子山遺址九號井出土簡牘概述》，《國學學刊》2015 年第 4 期。

577. 張春龍：《湖南益陽兔子山遺址九號井發掘簡報》，《文物》2016 年第 5 期。

578. 張春龍：《秦朝遷陵縣社會狀況漫談——〈里耶秦簡(貳)〉選讀》，《第六屆出土文獻青年學者論壇論文集》，中國人民大學 2017 年 8 月。

579. 張春龍：《里耶，秦朝的七月——據里耶古城遺址一號井出土簡牘》(單印本)，《里耶秦簡與秦文化學術研討會論文集》，里耶 2017 年 9 月。

580. 張德芳：《敦煌馬圈灣漢簡集釋》，甘肅文化出版社 2013 年。

581. 張德芳主編，孫占宇著：《天水放馬灘秦簡集釋》，甘肅文化出版社 2013 年。

582. 張德芳主編：《居延新簡集釋(一～七)》，甘肅文化出版社 2016 年。

583. 張冬冬：《20 世紀以來出土簡牘(含帛書)年代學暨簡牘書署制度研究》，吉林大學博士學位論文，2012 年 11 月。

584. 張弓：《唐朝倉廩制度初探》，中華書局 1985 年。

585. 張煥育：《明代預備倉研究》，蘇州大學碩士學位論文，2010 年 4 月。

586. 張家山二四七號漢墓竹簡整理小組：《張家山漢墓竹簡〔二四七號墓〕(釋文修訂本)》，文物出版社 2006 年。

587. 張建鋒：《兩漢時期陶囷的類型學分析》，《江漢考古》1995 年第 4 期。

588. 張佼：《從秦簡看秦代奴隸買賣問題》，《許昌學院學報》2015 年第 4 期。

589. 張金光：《秦簡牘所見内史非郡辨》，《史學集刊》1992 年第 4 期。

590. 張金光：《秦制研究》，上海古籍出版社 2011 年。

591. 張俊民：《秦代的討債方式——讀〈湘西里耶秦代簡牘選釋〉》，《陝西歷史博物館館刊》第十輯，三秦出版社 2003 年。

592. 張鍇生：《漢代糧倉初探》，《中原文物》1986 年第 1 期。

593. 張夢晗：《"新地吏"與"爲吏之道"——以出土秦簡爲中心的考察》，《中國史研究》2017 年第 3 期。

594. 張醅、戚亦農：《試論漢代國家應對糧食安全問題的措施》，《安徽農業科學》2010 年第 8 期。

595. 張培瑜：《中國先秦史歷表》，齊魯書社 1987 年。

596. 張培瑜：《根據新出曆日簡牘試論秦和漢初的曆法》，《中原文物》2007 年第 5 期。

597. 張榮芳、高榮：《簡牘所見秦代刑徒的生活及服役範圍》，《秦文化論叢》第七輯，西北大學出版社 1999 年；後收入張榮芳《秦漢史與嶺南文化論稿》，中華書局 2005 年。

598. 張榮强：《讀嶽麓秦簡論秦漢户籍制度》，《晉陽學刊》2013 年第 4 期。

599. 張瑋：《漢代儲糧方式的考古學觀察》，南京大學碩士學位論文，2012 年 5 月。

600. 張曉東：《秦漢漕運的軍事功能研究——以秦漢時期的漕倉爲中心》，《社會科學》2009 年第 9 期。

601. 張新斌：《敖倉史迹研究》，《中國歷史地理論叢》2003 年第 1 輯。

602. 張燕蕊：《里耶秦簡債務問題初探》，《簡帛研究 2012》，廣西師範大學出版社 2013 年。

603. 張穎嵐：《秦墓出土陶囷模型及相關問題研究》，《秦文化論叢》第七輯，西北大學出版社 1999 年。

604. 張越、王天龍：《漢代官營經濟思想及經濟政策》，《南都學壇（人文社會科學學報）》2005 年第 2 期。

605. 張兆凱：《兩漢俸祿制度研究》，《中國經濟史研究》1996 年第 1 期。

606. 張忠煒：《秦漢律令法系研究初編》，社會科學文獻出版社 2012 年。

607. 趙粲然、李若飛、平曉婧、蔡萬進：《里耶秦簡綴合與釋文補正八則》，《魯東大學學報（社會科學版）》2015 年第 2 期。

608. 趙岩：《里耶秦簡札記（十二則）》，《簡帛》第九輯，上海古籍出版社 2014 年。

609. 趙岩：《由出土簡牘看漢代的馬食》，《農業考古》2009 年 1 期。

610. 趙岩：《論漢代邊地傳食的供給——以敦煌懸泉置漢簡爲考察中心》，《敦煌學輯刊》2009 年第 2 期。

611. 趙岩：《也論簡牘所見漢代河西屯戍系統的倉》，《中國農史》2009 年第 3 期。

612. 趙岩：《里耶秦簡專題研究》，吉林大學博士後出站報告，2014 年 5 月。

613. 趙岩：《秦令佐考》，《魯東大學學報（哲學社會科學版）》2014 年第 1 期。

614. 趙岩：《里耶秦簡“出糧券”校讀（五則）》，《簡帛研究 2015》秋冬卷，廣西師範大學出版社 2015 年。

615. 趙岩：《里耶秦簡所見秦遷陵縣糧食收支初探》，《史學月刊》2016 年第 8 期。

616. 鄭實：《嗇夫考——讀秦簡札記》，《文物》1978 年第 2 期。

617. 鄭曙斌、張春龍、宋少華、黃樸華編著：《湖南出土簡牘選編》，岳麓書社 2013 年。

618. 中國畫像石全集編輯委員會編：《中國畫像石全集》，河南美術出版社、山東美術出版社 2000 年。

619. 中國畫像磚全集編輯委員會編：《中國畫像磚全集》，四川美術出版社 2015 年。

620. 中國科學院考古研究所：《洛陽燒溝漢墓》，科學出版社 1959 年。

621. 中國社會科學院考古研究所編：《居延漢簡甲乙編》，中華書局 1980 年。

622. 中國社會科學院歷史研究所《天聖令》讀書班：《〈天聖令·倉庫令〉譯注稿》，《中國古代法律文獻研究》第七輯，中國科學出版社 2013 年。

623. 中國文物研究所、湖北省文物考古研究所編：《龍崗秦簡》，中華書局

2001 年。

624. 中國文物研究所、甘肅省文物考古研究所編：《敦煌懸泉月令詔條》，中華書局 2001 年。

625. 中國政法大學中國法制史基礎史料研讀會：《睡虎地秦簡法律文書集釋（二）：〈秦律十八種〉（〈田律〉〈廐苑律〉）》，《中國古代法律文獻研究》第七輯，社會科學文獻出版社 2013 年。

626. 中國政法大學中國法制史基礎史料研讀會：《睡虎地秦簡法律文書集釋（三）：〈秦律十八種〉（〈倉律〉）》，《中國古代法律文獻研究》第八輯，社會科學文獻出版社 2014 年。

627. 中國政法大學中國法制史基礎史料研讀會：《睡虎地秦簡法律文書集釋（五）：〈秦律十八種〉（〈效〉——〈屬邦〉）、〈效〉》，載《中國古代法律文獻研究》第十輯，社會科學文獻出版社 2016 年。

628. 鍾華、宋先世：《糧與倉之源》，《農業考古》2014 年第 6 期。

629. 周傳麗：《論秦朝的會計管理制度》，《河南大學學報》1996 年第 4 期。

630. 周國林：《戰國迄唐田租制度研究》，華中師範大學出版社 1993 年。

631. 周俊玲：《秦漢陶倉上的動物造型及其審美意蘊》，《四川文物》2010 年第 5 期。

632. 周俊玲：《從建築明器看秦漢房屋的架構》，《文物世界》2012 年第 6 期。

633. 周海鋒：《嶽麓秦簡藏秦簡〈亡律〉研究》，《簡帛研究 2016》春夏卷，廣西師範大學出版社 2016 年。

634. 周海鋒：《秦律令研究——以〈嶽麓書院藏秦簡〉（肆）爲重點》，湖南大學博士學位論文，2016 年 5 月。

635. 周海鋒：《〈里耶秦簡（貳）〉初讀（一）》，簡帛網 2018 年 5 月 15 日，www.bsm. org. cn/show_article. php? id＝3089。

636. 周曉陸主編：《二十世紀出土璽印集成》，中華書局 2010 年。

637. 周曉陸、路東之：《秦封泥集》，三秦出版社 2000 年。

638. 周玉梅：《里耶秦簡田官研究》，湖南大學碩士學位論文，2014 年 5 月。

639. 周振鶴：《中國地方行政制度史》，上海人民出版社 2014 年。

640. 周振鶴主編：《中國行政區劃通史（秦漢卷）》，復旦大學出版社 2016 年。

641. 朱德貴：《漢簡與財政管理新證》，中國財政經濟出版社 2006 年。

642. 朱德貴《秦簡所見"更戍"和"屯戍"制度新解》，《蘭州學刊》2013 年第 11 期。

643. 朱德貴：《嶽麓秦簡所見"租禾"、"芻稾"税和"泉税"芻議》，《史學集刊》2014 年第 5 期。

644. 朱德貴：《嶽麓秦簡所見"隸臣妾"問題新證》，《社會科學》2016 年第 1 期。

645. 朱鳳瀚、韓巍、陳侃理：《北京大學藏秦簡牘概述》，《文物》2012 年 6 期。

646. 朱鳳瀚：《北大藏秦簡〈從政之經〉述要》，《文物》2012 年第 6 期。

647. 朱漢民、陳松長主編：《嶽麓書院藏秦簡（壹）、（貳）、（叁）》，上海辭書出版社 2010、2011、2013 年。

648. 朱和平：《關於秦時農業的幾個問題》，《史學月刊》1990 年第 3 期。

649. 朱紅林：《張家山漢簡〈二年律令〉研究》，黑龍江人民出版社 2008 年。

650. 朱紅林：《里耶秦簡債務文書研究》，《古代文明》2012 年第 3 期。

651. 朱紅林：《嶽麓簡〈爲吏治官及黔首〉人口管理與控制研究》，《上海師範大學學報（哲學社會科學版）》2013 年第 4 期。

652. 朱紅林：《〈嶽麓書院藏秦簡（肆）〉補注六》，《第七屆出土文獻與法律史研究學術研討會論文集》，長沙 2017 年 11 月。

653. 朱錦程：《簡牘所見秦官吏的待遇》，《秦漢研究》第十一輯，陝西人民出版社 2017 年。

654. 朱錦程：《秦對新征服地的特殊統治政策——以"新地吏"的選用爲例》，《湖南師範大學社會科學學報》2017 年第 2 期。

655. 朱奎澤：《漢代河西屯戍系統的倉》，《中國農史》2006 年第 2 期。

656. 朱奎澤：《漢代河西屯戍軍糧管理措施述論——以漢簡資料爲中心》，《中國邊疆史地研究》2007 年第 2 期。

657. 朱奎澤：《漢代西北屯戍系統糧食分配問題探析——以漢簡資料爲中心》，《中國農史》2007 年第 2 期。

658. 朱紹侯：《秦漢土地制度與階級關係》，中州古籍出版社 1985 年。

659. 莊小霞：《東牌樓簡"中倉租券簽牌"考釋》，《簡帛》第五輯，上海古籍出版社 2010 年。

660. 禚振西、杜葆仁：《論秦漢時期的倉》，《考古與文物》1982 年第 6 期。

661. 宗福邦、陳世饒、蕭海波主編：《故訓匯纂》，商務印書館 2003 年。

662. 鄒大海：《關於〈算數書〉、秦律和上古米糧計量單位的幾個問題》，《内蒙古師範大學學報（自然科學漢文獻）》2009 年第 5 期。

663. 鄒水杰：《簡牘所見秦漢縣屬吏設置及演變》，《中國史研究》2007 年第 3 期。

664. 鄒水杰：《再論秦簡中的田嗇夫及其屬吏》，《中南大學學報》2014 年第 5 期。

665. 鄒水杰：《簡牘所見秦代縣廷令史與諸曹關係考》，《簡帛研究 2016》春夏卷，廣西師範大學出版社 2016 年。

666. 鄒逸麟：《從含嘉倉的發掘談隋唐時期的漕運和糧倉》，《文物》1974 年第 2 期。

667. ［日］佐原康夫著，徐世虹譯：《居延漢簡月俸考》，《日本中青年學者論中 國史（上古秦漢卷）》，上海古籍出版社 1995 年。

# 後　記

　　這本小書是在我博士論文的基礎上修訂而成的,其中較大的修改是增加了"嶽麓秦簡涉倉律令解讀"這一章。

　　論文能够順利出版,需要特別感謝的是我的博士導師陳偉先生。2014年,我有幸考入武漢大學簡帛中心跟陳先生攻讀博士學位,研究方向是先秦秦漢出土文獻。在博士二年級時,我對秦簡中"稟食"材料比較關注,于是向先生請教相關問題。先生鼓勵説秦代的稟食、稟衣制度有比較高的研究價值,而且還有較大的研究空間,如果進行研究比較順利的話,可以考慮以此爲基礎做博士論文。先生的這些話讓我心裏一亮,並開始考慮博士論文做糧食相關問題的研究。後來,經過一段時間的資料搜集,我向先生匯報説想做秦簡牘中倉儲資料的研究,也得到了先生的同意。陳先生又再三提醒,一個優秀的學者要能從微觀、中觀、宏觀三個層次開展研究。此後,經過兩年的整理和寫作,我的博士論文《秦簡牘所見"倉"的研究》最終完稿,並順利通過了答辯。至於論文用時兩年才完成的原因,主要是由於本人資質駑鈍,思考和撰寫的速度都比較慢,還時常犯暈、游離,不能準確理解老師提示的要義。現在我還清晰記得在論文預答辯時,陳先生調侃説"謝坤的CPU轉得比較慢",這句話簡直不能再形象了。比如,博士期間我常寫一些小札記發郵件請先生看,先生都會很快回復。有時候,一些

278

意見得到了先生的認可，便會開心好幾天。不過絶大多數情況是，打開論文之後看到文檔裏是密密麻麻的批注，郵件裏還會再提醒我注意哪些問題，並鼓勵説"請更多努力"。平時的小札記已是如此，可以想像整個博士論文從選題、寫作到最終定稿、答辯，其間又耗費了先生多少心力。思慮至此，爲自己常犯下低級錯誤以及經常不得要領而深感愧疚。在博士畢業之後，先生繼續關心着我的工作、科研情況，論文出版時還積極幫助聯繫出版社，並給書稿作序。師恩如此，怎能不讓人感懷！

在跨出校門走向工作崗位之後，求學的時光總是那麽美好而讓人懷念。在武大簡帛中心讀博的四年，有機會聆聽李天虹老師、劉國勝老師、宋華强老師、何有祖老師、魯家亮老師的教導，甚感榮幸，老師們的教導、關愛、包容、鼓勵，回想起來心中充滿溫暖。早先畢業的楊芬、凡國棟、曹方向、羅小華、伊强、高一致等師兄師姐，都曾給予各種幫助，在此一併致謝。同屆的姚磊、雷海龍、謝盛、何强、袁勁等好友，讓讀博的時光裏充滿了有趣的回憶。

還要特別感謝當年參加博士論文答辯的王子今教授、李力教授，感謝兩位專家提出寶貴的修改意見。感謝我的碩士生導師西南大學的張顯成教授，先生在我讀博之後仍一直關心我的學業和工作情況，鼓勵和幫助頗多。感謝江南大學的楊暉院長，張春梅教授，蔡華祥教授，黄艷萍師姐，周麗穎副教授，史應勇副教授，他們在課題申報、書稿出版、文稿校對等方面提供了很多的幫助。

我能够順利完成學業，最離不開的是我的妻子，從高中的相識、相知，到如今攜手十餘年，小兒已兩歲。這十幾年間，謝謝她一直守候在我身邊，做我最堅實的後盾。還要感謝雙方的家人，謝謝他們給予最大的理解和支持。

最後，還要特別感謝上海古籍出版社的編輯徐卓聰先生。感謝他的高效編輯以及辛勤付出，没有他的鼎力相助就不會有該書的儘早面世。


謝　坤

2021 年 5 月記於江南大學人文學院